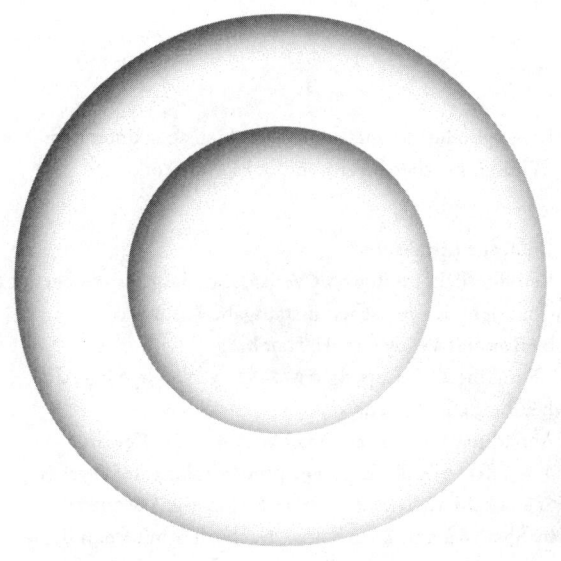

KLAR DENKEN EINE ANLEITUNG
WOO-KYOUNG AHN

Aus dem amerikanischen Englisch
von Elisabeth Liebl

ROWOHLT

Die englische Originalausgabe erschien 2022 unter dem Titel
«Thinking 101» bei Flatiron Books, New York.

Deutsche Erstausgabe
Veröffentlicht im Rowohlt Verlag, Hamburg, November 2022
Copyright der deutschen Erstausgabe © 2022
by Rowohlt Verlag GmbH, Hamburg
«Thinking 101» Copyright © 2022 by Woo-kyoung Ahn
Lektorat Ulrich Wank
Abbildung Seite 221 aus Shali Wu und Boaz Keysar:
The Effect of Culture on Perspective Taking. In: Psychological
Science Bd. 18/Nr. 7, S. 600–606, Copyright © 2007
by Shali Wu und Boaz Keysar. Nachdruck mit freundlicher
Genehmigung von SAGE Publications.
Satz aus der Bely
bei CPI books GmbH, Leck
Druck und Bindung GGP Media GmbH, Pößneck, Germany
ISBN 978-3-498-00250-3

Die Rowohlt Verlage haben sich zu einer nachhaltigen
Buchproduktion verpflichtet. Gemeinsam mit unseren
Partnern und Lieferanten setzen wir uns für eine klima-
neutrale Buchproduktion ein, die den Erwerb von Klima-
zertifikaten zur Kompensation des CO_2-Ausstoßes ein-
schließt.
www.klimaneutralerverlag.de

KLAR DENKEN

Für Marvin, Allison und Nathan

INHALT

EINFÜHRUNG

Als ich meinen Graduierten-Studiengang an der University of Illinois in Urbana-Champaign absolvierte und auf dem Gebiet der Kognitionspsychologie forschte, ging unser Labor-Team hin und wieder gemeinsam aus, auf ein Bier und ein paar Nachos. Das war eine tolle Gelegenheit, um auch mal Dinge zu besprechen, für die im formellen Kontext der Universität kein Platz war. Bei einer dieser Gelegenheiten nahm ich all meinen Mut zusammen, um unserem Tutor eine Frage zu stellen, die mich schon eine ganze Weile beschäftigte: «Glauben Sie, dass die Kognitionspsychologie die Welt ein klein bisschen besser machen kann?»

Die Frage mutete vielleicht ein wenig merkwürdig an, denn sie kam doch ein klein bisschen spät für jemanden, der sich bereits für dieses Fach entschieden hatte. Aber obwohl ich meine Forschungsergebnisse weltweit auf Konferenzen zum Thema präsentierte und in renommierten Fachzeitschriften veröffentlichte, fiel es mir immer schwer, meinen Freunden aus der Highschool-Zeit zu erklären, welchen Nutzen meine Arbeit für das Leben der normalen Menschen hatte. An jenem Tag hatte ich mich durch einen wissenschaftlichen Aufsatz gequält, dessen Autoren wohl nur ein Ziel verfolgt hatten: zu zeigen, wie unglaublich schlau sie waren, indem sie ein höchst kompliziertes Problem erklärten, das in der realen Welt gar nicht existierte. Und so hatte ich Mut genug, diese Frage aufzuwerfen – vermutlich tat das Bier das Seinige dazu.

Unser Tutor war bekannt dafür, dass er sich gerne kryptisch äußerte. Wenn ich ihn fragte: «Soll ich für das nächste

Experiment A oder B machen?», dann kam unweigerlich die Antwort: «Ja.» Oder er drehte den Spieß um und fragte: «Was denken Sie denn?» Dieses Mal hatte ich ihm eine einfache Ja-Nein-Frage gestellt, also gab er eine einfache Antwort: «Ja.» Meine Kollegen aus dem Labor und ich saßen rund fünf Minuten schweigend da und harrten einer Erklärung, aber die blieb aus.

Also versuchte ich in den folgenden etwa dreißig Jahren, selbst eine Antwort auf diese Frage zu finden, indem ich mich Problemen zuwandte, die – so hoffte ich zumindest – mit der wirklichen Welt zu tun hatten. Bei meinen Forschungsarbeiten an der Universität Yale, wo ich seit 2003 Professorin für Psychologie bin, konzentriere ich mich auf einige der bekanntesten Wahrnehmungsfehler, die uns regelmäßig in die Irre führen. In diesem Zusammenhang habe ich dann auch Strategien entwickelt, wie man sie in alltäglichen Situationen vermeidet.

Neben den Wahrnehmungsverzerrungen, an denen ich wissenschaftlich arbeite, bin ich in der wirklichen Welt auch auf andere Denkfehler gestoßen, die sich für mich und meine Umwelt – Studenten, Freunde, Angehörige – zum Problem auswachsen können. Ich beobachte zum Beispiel immer wieder, wie meine Studenten in Aufschieberitis verfallen, weil sie unterschätzen, wie viel mehr Energie sie später in die Lösung einer Aufgabe investieren müssen, die sie auch gleich hätten erledigen können. Ein anderes Beispiel: Eine Studentin erzählte mir, dass ihr Arzt ihr eine Fehldiagnose gestellt hatte, weil er sie nur Dinge fragte, die seine ursprüngliche Meinung bestätigten. Mir fiel auf, dass viele Menschen unglücklich sind, weil sie für alles, was ihnen widerfährt, sich grundsätzlich selbst die Schuld geben. Und auf der anderen Seite gibt es die, die immer wieder Ärger verursachen, weil sie nie für irgendetwas die Verantwortung übernehmen. Mehr als einmal habe ich die Frustration von Paaren miterlebt, bei denen beide Partner glaubten, sie würden glasklar kommunizieren, obwohl sie völlig aneinander vorbeiredeten.

Und ich sah, wie bestimmte «Denkfehler» Probleme verursachen, die über den Bereich des Individuellen weit hinausgingen. Diese grundlegenden Wahrnehmungsverzerrungen sind für eine ganze Reihe gesellschaftlicher Schieflagen verantwortlich: die Spaltung in politische Lager, unsere Mitschuld beim Klimawandel, ethnisches Profiling, Polizeigewalt und fast jedes andere Problem, das auf Vorurteile und stereotype Wahrnehmung zurückgeht.

Daher habe ich ein Seminar zum Thema «Denken» konzipiert, um meinen Studenten zu zeigen, wie die Psychologie ihnen helfen kann, einige dieser ganz realen Probleme anzugehen und bessere Entscheidungen für ihr Leben zu treffen. Offensichtlich bin ich damit auf ein echtes Bedürfnis gestoßen, denn allein im Jahr 2019 haben sich mehr als 450 Studenten für diesen Kurs angemeldet. Es bestand wohl Bedarf an der Hilfe, welche die Psychologie hier bieten kann, und die Studenten gaben sich gegenseitig den Tipp, den Kurs zu belegen. Bald machte ich eine kuriose Beobachtung: Wenn ich zufällig einem meiner Studenten begegnete, der Eltern oder Verwandte an der Uni herumführte und mich vorstellte, erzählten mir diese häufig, meine Studenten würden ihnen voller Begeisterung von dem Seminar berichten, weil sie lernen würden, wie sie ihre Alltagsprobleme lösen könnten. Manche erzählten sogar, meine Studenten würden ihren Verwandten, selbst ihren Eltern, gute Ratschläge geben. Kollegen trugen mir zu, dass meine Studenten in der Mensa leidenschaftlich darüber debattierten, wie die Experimente, die in diesem Kurs vorgestellt wurden, zu interpretieren seien. Wenn ich Leuten, die mit Psychologie nichts am Hut haben, die Probleme beschrieb, die das Seminar behandelte, wollten sie regelmäßig wissen, wo sie mehr darüber finden könnten. All das sagte mir, dass die Menschen diese Instrumente wollen und brauchen. Also beschloss ich, darüber ein Buch zu schreiben und die entsprechenden Lektionen für alle verfügbar zu machen.

Ich habe acht Themenbereiche ausgewählt, die aus meiner Sicht für den Alltag meiner Studenten und anderer Menschen (mich eingeschlossen!) relevant sind. Jedem dieser Themen ist ein eigenes Kapitel gewidmet. Ich beziehe mich zwar immer wieder auf alle Themenbereiche, doch ist jedes Kapitel so geschrieben, dass es eigenständig gelesen werden kann.

Obwohl in diesem Buch ständig die Rede von Denkfehlern und Wahrnehmungsverzerrungen ist, geht es *nicht* darum, was die Menschen angeblich falsch machen. «Denkfehler» passieren, weil wir auf eine ganz bestimmte Weise verdrahtet sind. Dafür gibt es meist triftige Gründe. Fehlerhafte Schlussfolgerungen sind Nebenwirkungen unserer hoch entwickelten Kognition, die uns als Spezies sehr weit gebracht hat und die beeinflusst, wie wir in dieser Welt überleben und gedeihen. Daher sind die sich daraus ergebenden Probleme nicht immer einfach zu lösen. Tatsächlich ist die Überwindung solcher Verzerrungen eine echte Herausforderung.

Denn um sie zu vermeiden, reicht es nicht, dass wir wissen, welche Denkfehler es gibt, und uns im Kopf eine Notiz machen, um sie zu vermeiden. Das ist wie mit der Schlaflosigkeit: Wenn Sie sich im Bett wälzen, wissen Sie, wo das Problem liegt: Sie können nicht schlafen. Aber wenn Sie einem Menschen, der unter Schlaflosigkeit leidet, raten, er solle doch einfach länger schlafen, löst das sein Problem keineswegs. Einige der hier vorgestellten Wahrnehmungsverzerrungen kennen

Sie vermutlich bereits. Aber um sie zu vermeiden, braucht es mehr als nur ein simples: «Lass das doch!» Glücklicherweise zeigen immer mehr Studien, dass es durchaus praxistaugliche Techniken gibt, um unser Denken zu verbessern. Diese Methoden machen uns deutlich, welche Dinge wir nicht kontrollieren können. Und sie werden uns zeigen, wie Lösungen, die auf den ersten Blick vielversprechend wirken, letztendlich fatale Folgen haben können.

Die Grundlage dieses Buches bilden wissenschaftliche Forschungen, die sowohl von meinen Kollegen als auch von mir durchgeführt wurden. Viele der von mir zitierten Untersuchungen sind bereits Klassiker, denen der Zahn der Zeit nichts anhaben konnte. Andere sind brandneue und aktuelle Studien. Wie in meinen Seminaren präsentiere ich auch hier eine Reihe von Beispielen aus den unterschiedlichsten Lebensbereichen, um die einzelnen Punkte zu veranschaulichen. Dafür gibt es einen guten Grund, den Sie bald erfahren werden.

Also zurück zu der Frage, die ich damals meinem Tutor stellte: «Glauben Sie, dass die Kognitionspsychologie die Welt ein klein bisschen besser machen kann?» All die Jahre, seit ich sie zum ersten Mal gestellt habe, haben mir gezeigt, dass die Antwort tatsächlich ein Ja ist, wie mein Betreuer damals lakonisch meinte. Absolut und ganz eindeutig: Ja.

DER FLUENCY-EFFEKT:
WARUM MANCHE DINGE
SO LEICHT AUSSEHEN

Mit 450 Sitzplätzen ist das Levinson-Auditorium einer der größten Hörsäle der Universität Yale. Am Montag und am Mittwoch zwischen 11.35 Uhr und 12.50 Uhr, wenn ich dort meine Vorlesung mit dem Titel «Denken» halte, ist fast jeder Platz besetzt. Die Vorlesung über Selbstüberschätzung ist besonders unterhaltsam, weil ich da einige meiner Studenten bitte, doch nach vorne zu kommen und zu einem K-Pop-Video zu tanzen.

Ich fange an mit einer Beschreibung des «Above-Average»-Effekts. Als man eine Million Highschool-Studenten bat, ihre eigenen Führungsqualitäten einzuschätzen, gaben 70 Prozent an, sie lägen über dem Durchschnitt. 60 Prozent verorteten sich im obersten Zehntel, als man sie fragte, wie sie denn im Allgemeinen mit anderen Menschen auskämen. Als man College-Professoren im Hinblick auf ihr Geschick in der Lehre befragte, sahen sich zwei Drittel in den obersten 25 Prozent. Nachdem ich meinen Studenten diese und ähnliche Beispiele von Selbstüberschätzung vorgestellt habe, stelle ich eine Frage: «Wie viel Amerikaner glauben Ihrer Ansicht nach, bessere Fahrer zu sein als der Durchschnitt?» Die Studenten rufen mir Zahlen zu, die weit über dem liegen, die wir gerade eben gehört haben: 80 oder 85 Prozent. Sie kichern dabei, weil das Ganze so unglaublich wirkt. Dann aber stellt sich heraus, dass sie mit ihren Schätzungen immer noch zu tief gegriffen haben. Die richtige Antwort ist tatsächlich: 93 Prozent.

Wenn Sie Studenten etwas über die Verzerrungen in unserem Denken beibringen wollen, reicht es nicht, ihnen nur die Resultate einzelner Studien zu präsentieren. Ich versuche immer, sie diese Erfahrung persönlich machen zu lassen, um zu verhindern, dass sie in den klassischen «Ich doch nicht»-Fehler verfallen – die Vorstellung, dass andere vielleicht einer Wahrnehmungsverzerrung unterliegen, wir selbst aber dagegen immun sind. So könnte ein Student beispielsweise glauben, nicht anfällig zu sein für Selbstüberschätzung, weil er gelegentlich Gefühle der Unsicherheit empfindet. Eine Studentin denkt vielleicht, dass sie die Dinge im Allgemeinen realistisch sieht, weil sie ja auch ihre Prüfungsergebnisse immer fast richtig schätzt. Daher könne sie doch gar nicht so weit danebenliegen, wenn sie ihre Führungsqualitäten, ihr Talent für zwischenmenschliche Beziehungen oder ihr Geschick als Fahrerin im Vergleich zu ihren Altersgenossen bewerten solle.

Ich zeige den Studenten sechs Sekunden aus einem Video von BTS: «Boy with Luv», das auf *YouTube* mehr als 1,4 Milliarden Mal angeklickt wurde. Ich habe ganz bewusst einen Ausschnitt ausgewählt, bei dem die Choreografie nicht zu schwierig ist. (Wenn Sie das Musikvideo gefunden haben: Der Ausschnitt umfasst den Zeitraum zwischen 1.18 und 1.24 Minuten.)

Danach sage ich den Studenten, dass es einen Preis für all jene gibt, die diesen Ausschnitt erfolgreich nachtanzen können. Wir sehen uns die sechs Sekunden noch zehnmal an. Wir studieren eine Zeitlupenaufnahme, die extra gemacht wurde, damit die Leute die Moves nachtanzen können. Dann frage ich, ob es Freiwillige gibt. Zehn tapfere Studenten kommen nach vorne auf der spontanen Suche nach Ruhm. Der Rest feuert sie an. Vermutlich denken Hunderte von ihnen, dass sie das auch könnten. Nachdem ich den Clip so oft gesehen habe, glaube sogar ich, dass ich die Schritte beherrsche. Schließlich sind es ja nur sechs Sekunden. Wie schwer kann das schon sein?

Das Publikum verlangt, dass die Tänzer mit dem Gesicht zu ihm stehen. Der Song fängt an. Die Freiwilligen rudern mit den Armen, springen in die Höhe, treten mit den Füßen. Alle zu ganz unterschiedlichen Zeiten. Einer erfindet ganz neue Schritte. Einige geben nach drei Sekunden auf. Und alle brechen in schallendes Gelächter aus.

DER FLUENCY-EFFEKT

Alles, was unser Geist für leicht befindet, kann zu Selbstüberschätzung führen. Dieser Fluency-Effekt betrifft uns auf ganz unterschiedliche Weise.

Die Illusion, etwas zu können

Die Idee mit dem BTS-Video entspringt einer Studie über den Verfügbarkeits-Effekt beim Erlernen neuer Fähigkeiten.[1] In dieser Studie sahen die Probanden ein sechs Sekunden langes Video von Michael Jackson, der den «Moonwalk» macht. Dabei scheint er rückwärtszugehen, ohne seine Füße vom Boden zu heben. Die Schritte sehen nicht weiter kompliziert aus, und er führt sie so spielerisch aus, dass er darüber nicht mal nachzudenken scheint.

Einige Versuchspersonen sahen den Clip einmal, andere zwanzigmal. Dann sollten die Probanden einschätzen, wie gut sie den «Moonwalk» wohl selbst hinbekommen würden. Wer das Video zwanzigmal gesehen hatte, legte ein höheres Maß an Selbstvertrauen an den Tag als die Gruppe, der es nur einmal vorgespielt wurde. Da diese Personen das Video so oft gesehen hatten, glaubten sie, sie hätten jede einzelne Bewegung abgespeichert und könnten sie wieder abrufen. Aber als der Moment der Wahrheit kam und man die Versuchsteilnehmer bat, selbst zu «moonwalken», gab es zwischen der Performance beider Gruppen keinen Unterschied. Michael Jacksons Moonwalk zwanzigmal nur gesehen zu haben, ohne Gelegenheit, ihn zu üben, machte die Probanden nicht zu besseren «Moonwalkern» als die Teilnehmer der Kontrollgruppe, die den Sänger nur einmal hatten beobachten können.

Menschen sitzen häufig der Illusion auf, sie könnten eine schwierige Aufgabe lösen, nur weil sie gesehen haben, wie jemand anderer dies mühelos hinbekommen hat. Wie oft haben wir uns Whitney Houstons «A-I-A-I-O-A-I-A-I-A will always love you» in unserem Kopf geträllert und gedacht, es könne ja nicht so schwer sein, diesen hohen Ton zu treffen? Oder versucht, nach einer Anleitung auf *YouTube* ein Soufflé zu backen? Oder eine Diät angefangen, nur weil man uns diese Vorher-und-Nachher-Bilder präsentiert hat?

Wenn wir ein Endergebnis vor Augen haben, das flüssig rüberkommt, das meisterlich oder einfach nur vollkommen normal wirkt wie ein fluffiges Soufflé oder ein Mensch mit guter Figur, begehen wir den Fehler zu glauben, dass der Weg, an dessen Ende das Resultat steht, ebenso geradlinig, locker und einfach war. Wenn Sie ein Buch lesen, das leicht verständlich ist, glauben Sie vielleicht, es zu schreiben sei ebenso simpel gewesen. Wenn jemand noch nie auf Schlittschuhen auf dem Eis gestanden hat, fragt er sich vermutlich, wieso Eiskunstläufer stürzen, wenn sie einen doppelten Axel springen, wenn doch so viele andere das offenbar mühelos hinbekommen. Man vergisst dabei leicht, wie oft das Buch überarbeitet wurde oder wie viel Übung der doppelte Axel voraussetzt. Oder wie Dolly Parton so treffend sagte: «Es kostet ganz schön viel Geld, so billig auszusehen.»

Die TED-Talks sind ein weiteres Beispiel für die Illusion der Geläufigkeit. Diese Vorträge dauern gewöhnlich 18 Minuten, was bedeutet, dass das Skript dazu zwischen sechs und acht Seiten umfasst. Da die Sprecher gewöhnlich ausgewiesene Experten auf ihrem Gebiet sind, stellen wir uns vor, so ein Vortrag müsse doch für so jemanden ein Klacks sein. Es wirkt so, als würden manche Vortragende schlicht improvisieren. Doch die TED-Richtlinien sprechen eine klare Sprache: Man erwartet von den Vortragenden, dass sie sich Wochen oder besser noch Monate auf den Talk vorbereiten. Sprechtrainer machen klare Vorgaben für TED-ähnliche Vorträge: für jede Minute Sprechzeit mindestens eine Stunde Übung. Anders gesagt: Sie müssen Ihren TED-Talk 60-mal proben. Und diese etwa 20 Stunden sind nur für die Probe gedacht – nicht eingerechnet die Stunden, Tage und Wochen, in denen Sie überlegen, was Sie in dieses sechs- bis achtseitige Skript packen oder – noch wichtiger – was Sie weglassen.

Kurze Präsentationen sind noch schwerer vorzubereiten als längere, weil Sie da einfach keine Zeit haben, über den nächsten Satz nachzudenken oder die perfekte Überleitung zum nächsten Abschnitt zu finden. Ich habe mal einen meiner ehemaligen Studenten, der mittlerweile für ein renommiertes Consulting-Unternehmen arbeitet, gefragt, ob Yale ihn adäquat auf seinen Job vorbereitet hätte. Seine Antwort lautete: Er hätte sich gewünscht zu lernen, wie man einen Kunden in drei Minuten von etwas überzeugt. Das ist eine der härtesten Präsentationen überhaupt, weil dabei jedes einzelne Wort zählt. Und es sieht so unglaublich leicht aus, wenn es richtig gemacht wird.

Die Illusion des Wissens

Diese Verfügbarkeits-Illusion beschränkt sich nicht auf Fähigkeiten wie Tanzen, Singen oder Vortragen. Im Bereich des Wissens kommt ein weiterer Typus zum Tragen. Wir glauben nämlich neue Erkenntnisse eher, wenn wir verstehen, wie sie zustande gekommen sind.

Nehmen wir nur mal das Klebeband. Wir reparieren damit fast alles: ein Loch im Sneaker, ja sogar einen unvorhergesehenen Riss in der Hose. Studien haben ergeben, dass Isolierband Warzen ebenso gut oder manchmal besser bekämpft als die übliche Behandlung mit flüssigem Stickstoff. Das wirkt eher unwahrscheinlich, bis Sie die Erklärung hören: Warzen werden von einem Virus verursacht, das abstirbt, wenn man ihm Luft und Licht entzieht. Und genau das passiert, wenn Sie die Warze mit Isolierband abkleben. Sobald Sie wissen, wie das funktioniert, erscheint die therapeutische Wirkung des Isolierbands gleich viel glaubwürdiger.

Einige meiner frühen Experimente drehten sich genau um diese Art von Phänomenen: dass die Menschen eher bereit sind, eine zufällige Korrelation als kausalen Zusammenhang zu betrachten, wenn sie sich den zugrunde liegenden Mechanismus vorstellen können.[2] Obwohl die Fakten dieselben sind, sind wir eher bereit, eine Ursache-Wirkungs-Beziehung anzunehmen, wenn wir uns den Prozess, der zu dem Ergebnis führt, leicht vorstellen können. Und das ist eigentlich kein Problem – außer natürlich, der Mechanismus ist falsch. Wenn wir fälschlicherweise überzeugt sind, dass wir einen Prozess gut verstehen, kommen wir eher auf falsche Schlussfolgerungen.

Ein Beispiel: Während dieser Forschungsarbeiten stieß ich auf ein Buch mit dem Titel «Die Uhren des Kosmos gehen anders». Es wurde in den 1960ern veröffentlicht und stammt von einem selbst ernannten «Neo-Astrologen» namens Michel Gauquelin. Gleich auf den ersten Seiten präsentierte er einige statistische Daten. (Die teils auf fragwürdiger Basis entstanden sind, aber nehmen wir für unser Beispiel kurz an, sie seien korrekt gesammelt worden.) So meinte Gauquelin zum Beispiel, dass Menschen, die unmittelbar nach dem Aufstieg des Mars am Horizont geboren wurden (was immer das heißen mag), eher zu berühmten Ärzten, Wissenschaftlern oder Sportlern werden. Gauquelin hatte Hunderte, mitunter auch Tausende Horoskopdaten ausgewertet und gelangte mit komplexen statistischen Mitteln zu seinen Schlussfolgerungen. Er lehnte die wenig wissenschaftliche Hypothese ab, dass die Planeten Babys zum Zeitpunkt ihrer Geburt mit bestimmten Talenten ausstatten. Stattdessen bot er eine leichter nachvollziehbare Erklärung an. Bis zu einem gewissen Grad, so Gauquelin, seien unsere Persönlichkeit, unsere Charakterzüge und Intelligenz angeboren. Das heißt, dass wir sie schon in uns tragen, wenn wir noch im Mutterleib planschen. Die Föten würden chemische Signale senden, sobald sie zur Geburt bereit seien, woraufhin die Wehen einsetzten. Föten mit einer bestimmten Persönlichkeit senden diese Signale aufgrund von feinstofflichen Schwankungen in der Schwerkraft, die wiederum von Ereignissen im Weltall gesteuert werden. Auf solch eine komplexe Erklärung könnte sogar ein absoluter Skeptiker hereinfallen, sodass er nicht mehr sagt: «Nie im Leben!» Sondern vielmehr: «Hm, vielleicht ist doch was dran.»

Die Wissensillusion erklärt auch, warum sich manche Verschwörungstheorien so lange halten. Die Theorie, dass Lee Harvey Oswald John F. Kennedy ermordet hat, weil er ein CIA-Agent war, mag weit hergeholt erscheinen. Fügt man aber eine zweite Erklärung hinzu – nämlich, dass die CIA Bedenken hatte angesichts der Art, wie der Präsident mit dem Kommunismus umging –, dann wirkt sie gleich plausibler. Die Theorie von QAnon, dass Präsident Trump gegen die Intrigen satanischer Pädophiler und Kannibalen kämpfte, die einen Staat im Staat errichtet hatten, soll von einer Quelle mit dem Signum «Q» stammen, die die höchste Sicherheitsfreigabe besaß und daher die inneren Zirkel der Regierung bestens kannte. Natürlich ist nichts davon wahr, aber die Illusion des besonderen Wissens von «Q», die entstand, weil diese Quelle ihre Meldungen stets mit Fachjargon garnierte, überzeugte viele von ihrer Richtigkeit.

Illusionen, die aus etwas vollkommen Belanglosem entstehen

Die dritte Form des Fluency-Effekts ist die tückischste und irrationalste überhaupt. Was ich bisher beschrieben habe, passiert, wenn wir eine Leichtigkeit beziehungsweise Mühelosigkeit bei Dingen sehen, die wir direkt vor der Nase haben. Die wahrgenommene «Flüssigkeit» bei der Ausführung einer bestimmten Aufgabe verleitet uns dazu, deren Komplexität zu unterschätzen, wenn wir sie selbst ausführen sollen. Beschreibungen der Mechanismen, die hinter einer Behauptung stehen, machen ansonsten unannehmbare faktische Behauptungen annehmbarer, auch wenn die «Fakten» sich dadurch nicht verändert haben. Aber auch unser Urteil kann verzerrt werden, wenn wir Faktoren, die für das Urteil, das wir zu treffen haben, durch und durch belanglos sind, als «leicht verfügbar» auffassen.

So hat sich eine Studie mit der Frage beschäftigt, ob der Name bestimmter Aktien unsere Erwartung beeinflusst, wie diese sich in Zukunft entwickeln werden.[3] Oh ja, Namen lösen Fluency-Effekte aus. Zuerst dachten die Wissenschaftler sich Firmennamen aus, die einfach nur leicht auszusprechen waren (wie «Flinks» oder «Tanley»). Diesen stellte man schwer auszusprechende Namen gegenüber (wie «Ulymnius» oder «Queown»). Obwohl die Probanden keinerlei Informationen über die Aktienwerte erhielten, schätzten sie die Performance der leicht (d. h. flüssig) auszusprechenden Firmennamen höher ein als die der Werte mit den schwierigen (d. h. nicht flüssigen) Namen.

Dann untersuchte man wirkliche Aktien im Vergleich (beispielsweise «Southern Pacific Rail Corp.» versus «Guangshen Railway Co.») und deren reale Entwicklung an der New Yorker Börse NYSE. Auch hier entwickelten sich die Werte der Aktien besser, deren Name leichter über die Zunge ging. Hätte ein Anleger in die Aktien von zehn leicht auszusprechenden Unternehmen investiert und ein anderer in zehn schwer auszusprechende, hätte Ersterer mit den leicht auszusprechenden Titeln nach einem Tag, einer Woche, sechs Monaten und einem Jahr jeweils 113 Dollar, 119 Dollar, 277 Dollar und 333 Dollar mehr verdient.

Nun mögen manche Leser einwenden, dass der Grund einfach nur der war, dass die Anleger auf dem amerikanischen

Markt keine Aktien kaufen würden, die sich fremdländisch anhören. Also wurde noch eine Studie durchgeführt, bei der man die Drei-Buchstaben-Kürzel untersuchte, die im Börsenticker verwendet werden. Da steht beispielsweise KAR für «KAR Global», was leicht auszusprechen ist. HPQ steht für «Hewlett Packard» und ist nicht leicht auszusprechen. Überraschenderweise entwickelten sich die Aktien mit den leicht auszusprechenden Kürzeln sowohl an der NYSE als auch an der American Stock Exchange (NYSE American) deutlich besser als Werte mit schlecht auszusprechenden Abkürzungen.

Wenn Sie sich nicht für den Aktienmarkt interessieren, werfen wir doch mal einen Blick auf die Fluency-Effekte bei Internetrecherchen. Heute kann man ja schließlich alles googeln. Der Nachteil daran, dass man Zugang zu allerlei Expertenwissen hat, ist die Tatsache, dass dies meist zu Selbstüberschätzung führt. Die Leute halten sich dann für deutlich sachverständiger, selbst bei Themen, die sie nicht gegoogelt haben.[4]

So stellte man bei einer Studie den Versuchspersonen Fragen wie: «Warum gibt es Schaltjahre?» Oder: «Wie kommt es zu den verschiedenen Mondphasen?» Die Hälfte der Teilnehmer durfte sich im Internet informieren, die andere Hälfte nicht. In der zweiten Phase der Studie stellte man den Probanden dann neue Fragen wie: «Wodurch wurde der Amerikanische Bürgerkrieg verursacht?» Oder: «Warum hat ein Schweizer Käse Löcher?» Diese Fragen hatten mit denen, die im ersten Teil gestellt wurden, nichts zu tun. Die Teilnehmer, die sich im Internet hatten informieren können, hatten den anderen also gar nichts voraus. Man möchte meinen, dass beide Teilnehmergruppen ähnlich sicher oder unsicher auf die Fragen antworteten. Wer jedoch zu Anfang das Internet genutzt hatte, hielt sich für sachkundiger als die Teilnehmer der Kontrollgruppe, obwohl sie diese speziellen Fragen nicht gegoogelt hatten. Die Tatsache, dass die erste Gruppe Zugang zu Informationen hatte, die für die später gestellten Fragen nicht von Belang waren, hatte ihr intellektuelles Selbstvertrauen gestärkt.

DIE ADAPTIVE NATUR DES FLUENCY-EFFEKTS

Obwohl mir der Fluency-Effekt bekannt ist, falle ich doch immer wieder selbst darauf herein. Einmal sah ich mir ein 40-minütiges *YouTube*-Video darüber an, wie man die Fellpflege bei einem langhaarigen Hund am besten anpackt. Dann verbrachte ich weitere sinnlose 40 Minuten damit, meinen wunderschönen Havaneser zu striegeln. Ich widerlegte damit eine Behauptung des American Kennel Club zu dieser Hunderasse: «Havaneser sind niedlich, ganz egal, welche Haartracht Sie ihnen verpassen.»

Ich bin auch süchtig nach Gartenkatalogen. Wann immer ich diese Bilder von tadellos gepflegten Gärten sehe, vor allem wenn es Gemüsegärten sind, kaufe ich regelmäßig Saatgut in Mengen, die locker ausreichen würden, um einen Morgen Land zu bestellen – den ich nicht habe. Dann lasse ich die Aussaat im Hausinnern sprießen, natürlich unter der richtigen Beleuchtung. Nur um am Ende festzustellen, dass ich, trotz all der investierten Zeit und Dollars, nur geringe Erträge vorzuweisen habe. Letztes Jahr habe ich gerade mal vier Paprikaschoten geerntet und habe drei Mal Grünkohlsalat gegessen. Dabei sah es im Katalog so einfach aus!

Ich forsche und lehre nun seit mehr als 30 Jahren zum Thema «Wahrnehmungsverzerrungen». Und doch lasse ich mich von der flüssigen Bürstleistung des Hundefriseurs überzeugen und von den Hochglanzbildchen im Gartenkatalog. Aber geht es bei den Wahrnehmungsverzerrungen nicht eben darum, dass wir lernen, sie zu erkennen und zu vermeiden? Sollte ich auf diesem Gebiet wirklich eine Expertin sein, warum bin ich dann nicht immun dagegen?

Die Antwort lautet: Wir sind für kognitive Verzerrungen selbst dann anfällig, wenn wir sie kennen, weil die meisten (vielleicht sogar alle) aus jenen Anpassungsvorgängen entstanden sind, die sich über Jahrtausende entwickelt haben, um uns als Art das Überleben zu erleichtern. Wir können sie also nicht so einfach abstellen.

Der Fluency-Effekt hat seine Wurzeln in einer simplen Gesetzmäßigkeit, die wirksam wird bei einem Prozess, den Kognitionspsychologen «Metakognition» nennen. Dieser Begriff bezeichnet das Wissen, dass wir etwas wissen, zum Beispiel wie man schwimmt oder was eine Festzinshypothek ist. Die Metakognition ist ein wichtiger Baustein unseres Wissens. Wenn Sie wissen, dass Sie nicht schwimmen können, dann wissen Sie auch, dass Sie nicht in ein tiefes Schwimmbecken hüpfen dürfen, auch wenn Sie an einem heißen Tag sehnlichst eine Abkühlung herbeiwünschen. Wenn der Begriff «Festzinshypothek» für Sie ein Fremdwort ist, wissen Sie, dass Sie sich tunlichst darüber informieren sollten, bevor Sie einen solchen Vertrag unterschreiben. Die Metakognition steuert unser ganzes Handeln: Zu wissen, was wir wissen (und was nicht), macht uns klar, was wir vermeiden beziehungsweise anstreben sollten, wo wir reinhüpfen dürfen und wo nicht. Ohne sie können wir nicht leben.

Eines der aussagekräftigsten Signale für die Auswertung

durch Metakognition ist das Gefühl der Vertrautheit, Leichtigkeit oder eben «Flüssigkeit». Wir sind vertraut mit Dingen, die wir wissen und können. Wenn ich Sie frage, ob Sie Mr. John Robertson kennen, sagen Sie «ja», «nein» oder «vielleicht», je nachdem wie vertraut der Name in Ihren Ohren klingt. Wenn Sie im Ausland einen Leihwagen mieten möchten und man sagt Ihnen, dass es keinen mit Automatikgetriebe gibt, dann sollten Sie sich überlegen, ob Sie noch wissen, wie man so ein Fahrzeug bedient, genauer gesagt, wie vertraut es sich anfühlt, mit dem linken Fuß die Kupplung zu betätigen, während Sie mit der rechten Hand den Gang einlegen.

Aber Vertrautheit ist nichts weiter als eine Heuristik, eine Faustregel: was heißt, dass Sie nach einer einigermaßen passenden Antwort suchen, für die Sie sich nicht allzu sehr anstrengen müssen. Wenn Sie beispielsweise herausfinden wollen, ob sich jemand ein Haus leisten kann, gibt es da eine Pi-mal-Daumen-Lösung, die man die 28-Prozent-Hypotheken-Regel nennt: Ihre Monatsrate sollte nicht mehr betragen als 28 Prozent Ihres monatlichen Einkommens vor Steuern. Heuristiken liefern keine perfekten Antworten. Die 28-Prozent-Regel ist eben nur ein ungefährer Richtwert. Ob Sie sich ein bestimmtes (oder überhaupt ein) Haus leisten können, hängt von vielen anderen Faktoren ab. Dementsprechend ist Vertrautheit oder «Verfügbarkeit» bei metakognitiven Urteilen eine *Abkürzung*, die wir für Situationen benutzen, in denen wir unser Wissen nicht systematisch abschätzen können. Wir können nicht jedes Mal eine Schwimmprüfung machen, um herauszufinden, ob wir noch schwimmen können. Also verlassen wir uns auf das Gefühl der Vertrautheit.

Das Problem ist nur, dass eine Heuristik, die meist zu unserem Vorteil funktioniert, auch Chaos stiften kann, wie wir bereits gesehen haben. Eine Person wird durch zwanzigfaches Ansehen eines Videos vertraut mit dem «Moonwalk». Dieses Gefühl der Vertrautheit verleitet sie dann zu der Vorstellung, sie beherrsche den «Moonwalk». Gleichermaßen leicht verfällt man in den Glauben, dass man nach dem Setzen, Düngen und Wässern von Gemüsesamen köstliches, reifes Gemüse ernten könnte. Wir verfallen der Grüne-Daumen-Illusion, auch wenn wir Professorinnen sind, die über kognitive Verzerrungen forschen.

Obwohl die Fluency- oder Vertrautheits-Heuristik uns manchmal auf den Holzweg führt, ist sie ein sehr nützliches Instrument, das uns in Erinnerung ruft, was wir tatsächlich wissen. Vermutlich verlässt sich die Menschheit aus diesem Grund darauf – weil die Vorzüge der Metakognition die Nachteile der Illusionen überwiegen, die sie mitunter verursacht. Okay, das war jetzt sehr viel abstrakte Information, also lassen Sie uns ein bisschen konkreter werden und uns das Ganze noch einmal ansehen. Dazu nehmen wir eine bekannte visuelle Illusion zum Vergleich, die Daniel Kahneman, der Nobelpreisträger für Wirtschaftswissenschaften, in seinem berühmten Buch «Schnelles Denken, langsames Denken» vorstellt.

Die Bilder der Welt, die wir mit unseren Augen wahrnehmen, werden auf einen Bildschirm projiziert, den wir die Netzhaut nennen. Diese ist eine lichtempfindliche Schicht an der Rückwand unseres Augapfels. Da die Netzhaut eine Fläche ist, kommt das Bild im Gehirn zweidimensional an. Das Problem? Nun, die Welt ist bekanntlich dreidimensional. Um die Welt trotzdem in drei Dimensionen wahrzunehmen, nutzt unser Gehirn verschiedene Tricks. Einer nennt sich die lineare Perspektive. Sie lässt es so aussehen, als würden parallele Linien in der Ferne in einem Punkt zusammenlaufen, wie wir das in der Abbildung unten sehen. Unser visuelles System im Gehirn nimmt automatisch an, dass – wann immer wir zwei Linien sehen, die sich in einem Fluchtpunkt schneiden – jedes Objekt, das näher am Fluchtpunkt liegt (Linie A in der Abbildung), weiter von uns entfernt ist als ein Objekt im Vordergrund (Linie B in der Abbildung). Da wir wissen, dass Objekte, die weiter von uns entfernt sind, kleiner erscheinen, nimmt unser visuelles System automatisch an, dass die Linie, die dem Fluchtpunkt näher ist, länger ist. Aber Linie A und B in der Abbildung sind tatsächlich gleich lang, nur eben in linearer Perspektive angeordnet. Daher «denkt» unser visuelles System, dass A länger ist. Man nennt dies die «Ponzo-Illusion», benannt nach dem italienischen Psychologen Mario Ponzo, der auf diesen Effekt hingewiesen hat. Sie können mit einem Lineal oder mit Ihrem Finger nachprüfen, dass die beiden Linien tatsächlich gleich lang sind. Aber Sie werden die Linie immer noch als länger wahrnehmen. Auf ähnliche Weise bleiben auch kognitive Verzerrungen wie der Fluency-Effekt wirksam, auch wenn Sie die dahinterstehende Illusion verstanden haben.

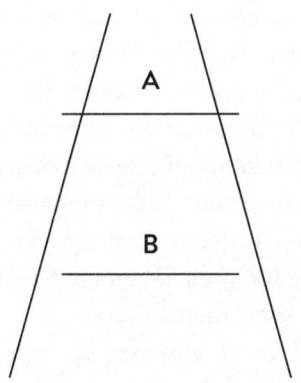

Zu sagen, dass wir unser Gefühl der «Verfügbarkeit» ignorieren sollten, um nicht in Selbstüberschätzung zu verfallen, wäre genauso absurd, als würde man uns predigen, wir sollten der Linearperspektive misstrauen und die Welt als flach ansehen, damit wir der «Ponzo-Illusion» nicht auf den Leim gehen. Illusionen sind das Resultat der verschiedenen Mittel, die unser kognitives System herausgebildet hat, um uns zu ermöglichen, uns in einer unsicheren Welt mit unbegrenzten Möglichkeiten zu bewegen. Offensichtlich ist es besser, mit der «Ponzo-Illusion» zu leben, weil uns der dahinterstehende Mechanismus erlaubt, die dreidimensionale Struktur der Welt wahrzunehmen. Genauso ist es vorzuziehen, mithilfe des Gefühls der Geläufigkeit einzuschätzen, was wir wissen oder nicht wissen, auch wenn uns dieses mitunter in die Irre führt.

Damit ist aber auch schon Schluss mit Analogien zu visuellen Täuschungen und deren Vorteil und Nutzen. Denn visuelle Täuschungen sind nur selten schädlich. Doch Selbstüberschätzung vor dem Hintergrund fehlender Daten kann im wirklichen Leben Folgen haben, die sehr viel gravierender sind als ein schlechter Haarschnitt, mit dem Ihr Havaneser eine Zeit lang rumlaufen muss. Oder die Tatsache, dass man für vier Paprika ungefähr das Fünfzigfache dessen bezahlt hat, was sie im Laden gekostet hätten. Sie können mit einer Präsentation Ihre Karriere ins Aus schießen oder Ihre gesamten Ersparnisse verlieren, weil Sie sich fälschlich von einem schönen Namen zu einem katastrophalen Investment am Aktienmarkt haben verleiten lassen. Oder Sie stürmen das Kapitol in Washington, weil Sie an die Geschichten glauben, die QAnon in Umlauf bringt.

Doch es reicht nicht aus, nur zu wissen, dass es den Fluency-Effekt gibt und dass er schädlich sein kann. Das ist ein bisschen so, als wollten Sie abnehmen: Unser Körper ist – mit gutem Grund – darauf ausgelegt, dass es uns nach Essen gelüstet. Wenn wir nur denken, dass wir abspecken sollten, genügt das nicht. Wir müssen uns schon konkrete Strategien überlegen, wie wir diesen Gelüsten gegensteuern. Gibt es also Möglichkeiten, den Fluency-Effekt auszumanövrieren? Die Antwort ist ein klares Ja.

PROBIEREN GEHT ÜBER STUDIEREN

Dass Fluency-Effekte auf die Anpassungsleistung unseres kognitiven Systems zurückgehen, heißt nicht, dass wir ihnen immer folgen müssen. Man kann ganz einfach einer Aufgabe die «Geläufigkeitsillusion» dadurch nehmen, indem man sich praktisch darin versucht. Backen Sie das Soufflé, bevor Sie den Vater Ihrer neuen Freundin zum Essen einladen. Singen Sie «I Will Always Love You» zuerst zu Hause im stillen Kämmerchen, bevor Sie bei der Betriebsfeier vor versammelten Chefs und Kollegen ein Karaoke-Ständchen geben. Keiner der zehn Studenten, die damals im Levinson-Auditorium tanzten, bildet sich heute noch ein, ohne Übung eine K-Pop-Tanzsequenz aufs Parkett legen zu können.

Dass das Austesten unserer Fähigkeiten eine gute Lösung ist, scheint ja auf der Hand zu liegen. Erstaunlicherweise aber tun die meisten genau das nicht. Manche Leute glauben zu proben, wenn sie einen Ablauf tatsächlich nur im Kopf durchspielen, statt ihre Muskeln einzusetzen. Wenn Sie Tanzschritte oder Ihre Präsentation vor einem Kunden nur im Geist durchgehen, verstärken Sie die Illusion letztlich. In Ihrer mentalen Simulation läuft alles rund, was Ihre Selbstüberschätzung verstärkt. Schreiben Sie Ihre Präsentation lieber Wort für Wort nieder. Lesen Sie diese sodann laut, sodass Zunge und Stimmbänder aktiv werden. Oder üben Sie jeden einzelnen Tanzschritt vor dem Spiegel, damit Sie sehen, wie Sie Arme, Beine und Hüften bewegen.

Und die Bedeutung des Probens und Einstudierens beschränkt sich nicht auf das Aneignen bestimmter Fähigkeiten. Wir überschätzen auch unser Wissen häufig – wir meinen, mehr zu wissen, als es tatsächlich der Fall ist. Eine wissenschaftliche Untersuchung belegt, dass es uns vor Selbstüberschätzung bewahrt, wenn wir unser Wissen auf den Prüfstand stellen.[5] In dieser Studie sollten die Teilnehmer einschätzen, wie gut sie über die Funktion verschiedener Dinge wie Toiletten, Nähmaschinen oder Hubschrauber Bescheid wussten. Wie würden Sie auf einer Skala mit 7 Punkten (1 = «absolut keine Ahnung», 7 = «ich weiß genau, wie das funktioniert») Ihr Wissen über Toiletten, Nähmaschinen und Hubschrauber einschätzen? Wir sind mit diesen Dingen vertraut. Wir haben häufig gesehen, wie die Abläufe funktionieren. Wir könnten so ein Ding vielleicht nicht zusammenbauen, aber wir wissen doch, wie sie arbeiten und was sie machen. Vor allem wissen wir, wie man eine Toilettenspülung bedient. In dieser Studie gaben die Probanden einen Durchschnittswert von 4 Punkten an. Das sieht nicht nach Selbstüberschätzung aus, aber genau das ist es. Und verursacht wird sie von der Fluency-Illusion.

Machen Sie die Probe aufs Exempel. Picken Sie sich eines dieser Dinge heraus, zum Beispiel den Hubschrauber, und schreiben Sie Schritt für Schritt auf, wie er funktioniert. Oder beschreiben Sie das laut. Dann schätzen Sie ein, wie gut Sie die Funktionsweise von Helikoptern verstanden haben. Die meisten Versuchspersonen, die man dazu auffordert, sind sich plötzlich ihrer Kenntnisse gar nicht mehr so sicher. Wenn sie erklären sollten, was sie wissen, merkten sie recht schnell, dass sie viel weniger wussten als angenommen. Man könnte sogar noch weiter gehen. In der Studie stellte man den Probanden dann Fragen wie: «Wie funktioniert beim Hubschrauber der Übergang vom Abheben in die Vorwärtsbewegung?» Und die Versuchspersonen wurden mit jeder Frage bescheidener.

Diese Art von Reality-Check kann einem dummerweise auch *während* eines Vorstellungsgesprächs abverlangt werden. Sie kennen ja diese Fragen, die man den Kandidaten üblicherweise stellt: «Warum bewerben Sie sich um diese Stelle?» Oder: «Was sind Ihre Stärken, was Ihre Schwächen?» Sie glauben vermutlich zu wissen, was Sie auf solche Fragen sagen sollten. Nehmen wir mal an, Ihr Gesprächspartner fragt: «Was sind Ihre Stärken?» Sie freuen sich über die Frage, weil Sie darauf schon eine Antwort haben: Ihr Organisationstalent. Aber der Personalchef bohrt weiter: «Können Sie uns dafür ein paar Beispiele nennen?» Und plötzlich ist Ihr Gehirn schockgefrostet. Ihnen fällt bloß ein, dass Sie erst kürzlich Ihr Gewürzregal alphabetisch geordnet haben. Und wenn Sie das erwähnen, kommt unweigerlich als nächste Frage: «Wieso glauben Sie, dass Ihnen das in *diesem* Job nützlich sein könnte?» Da wird Ihnen klar, dass Sie vermutlich keine Gelegenheit bekommen werden, das auszuprobieren, weil man Ihnen die Stelle nicht geben wird.

Bereits im Vorfeld Antworten auf häufig gestellte Fragen zu finden, ist unerlässlich, weil Sie dann Ihre Reaktionen objektiv einschätzen können. Sobald Sie Ihre Antworten zu Papier gebracht haben, können Sie so tun, als hätte eine andere Person sie gegeben, und sich überlegen, ob Sie diesem Menschen den Job geben würden. Oder Sie nehmen sich auf.

Ich weiß, ich weiß: Das ist wirklich schrecklich, sich selbst in einem Video zu sehen. Aber es ist nun mal besser, Sie sehen selbst, wie gut Sie mit solchen Fragen umgehen können, bevor einer der Entscheidungsträger es tut.

Das Ablegen der Selbstüberschätzung hat nicht nur persönliche Vorteile wie bessere Präsentationen, besseres Abschneiden bei Vorstellungsgesprächen und das Vermeiden peinlicher Auftritte auf Betriebsfesten. Es ist auch für die Gesellschaft als Ganzes nützlich. In einer Studie zeigte sich, dass dies ein probates Mittel gegen politischen Extremismus ist.[6] Viele Menschen haben eine klare Meinung zu vielen sozialen Themen wie Abtreibung, Sozialversicherung und Klimawandel. Unglücklicherweise merken wir häufig nicht, wie wenig wir das dahinterstehende Problem verstehen, bis man uns bittet, unsere Meinung darzulegen.

In einer Studie stellte man den Teilnehmern einige politische Maßnahmen vor: unilaterale Sanktionen gegen den Iran wegen des Atomwaffenprogramms, Anhebung des Rentenalters, Einführung eines Emissionshandelssystems für Kohlendioxid-Ausstoß oder eine einheitliche Pauschalsteuer für alle. Anschließend sollten sie angeben, wie sehr sie diese Maßnahmen befürworten oder ablehnen würden. Abschließend fragte man sie, ob sie das Ausmaß der Folgen dieser Maßnahmen verstanden hätten.

Im nächsten Schritt sollten die Probanden – wie schon bei der Hubschrauber-Studie – diese Auswirkungen schriftlich festhalten. Danach sollten sie nochmals einschätzen, wie gut sie die einzelnen Maßnahmen verstanden hatten. Wie bei der vorigen Studie fiel die Selbsteinschätzung nun deutlich bescheidener aus. Dass sie schriftlich erklären sollten, was sie wussten, reichte schon aus, um den Teilnehmern klarzumachen, dass ihr Verständnis doch recht oberflächlich war. So weit, so ähnlich wie bei der Hubschrauber-Studie.

Bemerkenswert war vielmehr der letzte Teil des Experiments. Am Ende der Studie bat man die Teilnehmer nämlich erneut, ihre Meinung zu den Maßnahmen zu äußern. Sobald der Selbstüberschätzung der Boden entzogen war, wurden die Probanden moderater in ihren Ansichten. Je deutlicher ihre Wissensillusion in sich zusammenfiel, desto weniger extremistisch waren sie. Interessanterweise beharrten sie auf ihren extremen Ansichten, wenn man sie nur mit Gegenargumenten konfrontierte. Eine Veränderung stellte sich erst ein nach dem kleinen Stups, der darin bestand, dass sie ihr Wissen erklären mussten.

Aus diesem Grund ist es so wichtig für die Gesellschaft, dass wir mit den Menschen reden, die anderer Meinung sind als wir. Gewöhnlich fühlen wir uns zu den Menschen hingezogen, die ähnliche Ansichten vertreten wie wir. Verharren wir aber in unserer Meinungsblase, dann findet keine Diskussion statt über die Auswirkungen der Politik, die wir unterstützen. Weil wir nämlich davon ausgehen, dass unser Umfeld diese kennt. Erst wenn wir die Folgen jener Maßnahmen einem Andersdenkenden erklären sollen, wird uns klar, dass unser Wissen Lücken aufweist und unsere Argumente nicht stichhaltig sind. Was uns wiederum dazu anregt, diese Lücken zu füllen.

WENN SIE NICHTS AUSPROBIEREN KÖNNEN: DER PLANUNGSFEHLSCHLUSS

Unglücklicherweise gibt es viele Situationen, in denen wir unsere Selbstüberschätzung nicht durch Ausprobieren oder eine ausführliche Erklärung unseres Wissens eindampfen können. Das hat mit dem sogenannten «Planungsfehlschluss» zu tun.

Häufig unterschätzen wir die Zeit und Mühe, die wir aufwenden müssen, um eine Aufgabe zu erledigen. Aus eben diesem Grund schaffen wir es häufig nicht, Termine einzuhalten, unser Budget nicht zu überziehen oder ein Projekt abzuschließen, bevor wir vor Erschöpfung zusammenbrechen. Ein besonders berüchtigtes Beispiel ist das Opernhaus in Sydney. Ursprünglich waren dafür 7 Millionen Dollar veranschlagt, am Ende verschlang es 102 Millionen Dollar (in der abgespeckten Variante). Man brauchte bis zur Fertigstellung zehn Jahre länger als geplant. Der Denver International Airport überschritt das veranschlagte Budget um sage und schreibe 2 Milliarden Dollar. Auch hier dauerte es 16 Monate länger bis zur Fertigstellung als ursprünglich vorgesehen. Aus diesem Grund, so heißt es, rankten sich darum auch allerhand Verschwörungserzählungen. Eine dieser Theorien besagt, dass der Bau nur deshalb so viel Zeit in Anspruch nahm, weil darunter ein Netz geheimer Bunker eingerichtet wurde, als Fluchtburg für Milliardäre im Falle einer Apokalypse. Eine andere Verschwörungstheorie hat natürlich mit Aliens zu tun. Die Verschwörungsmythen sind schließlich so ausgeufert, dass der Flughafen für sie ein «Verschwörungsmuseum» eingerichtet hat. So weit, so gut. Aber es wäre gegenüber der Bevölkerung von New England unfair, den Big Dig Highway in Boston nicht zu erwähnen: Er kostete 19 Milliarden mehr als geschätzt, und das Bauprojekt dauerte zehn Jahre länger als ursprünglich kalkuliert.

Der Planungsfehlschluss hat nicht nur Folgen für Bauprojekte. Die Standish Group, eine unabhängige, internationale IT-Forschungs- und Beratungsfirma, legt Jahr für Jahr Berichte über verschiedene Software-Projekte vor. Man möchte doch meinen, dass IT-Leute Daten aus der Vergangenheit auswerten können, um exakte Vorhersagen für die Zukunft zu treffen. Doch der Standish Group zufolge lag der Prozentsatz der zwischen 2011 und 2015 erfolgreich zu Ende geführten IT-Projekte in US-amerikanischen Unternehmen zwischen 29 und 31 Prozent – wobei es dann als Erfolg gilt, wenn alle geplanten Funktionen rechtzeitig und budgetgerecht umgesetzt wurden. Die Hälfte der Projekte wurde zu spät fertig, fiel zu teuer aus oder bot zu wenig Funktionen. Zwischen 17 und 22 Prozent der Projekte scheiterten vollkommen. Und es sieht nicht so aus, als würde sich dieser Trend in absehbarer Zeit umkehren.

Der Planungsfehlschluss hat gleich mehrere Gründe. Einer davon ist Wunschdenken: Wir hoffen, dass wir unsere Projekte eher früher als später abschließen, ohne dass wir zu viel Geld ausgeben müssen. Und dieses Wunschdenken schlägt sich in unserer Zeit- und Budgetplanung nieder.

Doch natürlich geht der Planungsfehlschluss weitgehend auf eine Form der Selbstüberschätzung zurück, die eine Folge der Fluency-Illusion ist. Wenn wir planen, konzentrieren wir uns darauf, wie das Projekt laufen *sollte* und was wir machen müssen, um ihm zum Erfolg zu verhelfen. Man stellt sich im Geiste vor, wie diese Prozesse ablaufen, und natürlich tun sie das ohne Probleme. Das führt zur Selbstüberschätzung.

Eine wissenschaftliche Untersuchung zum Planungsfehlschluss belegte diese Dynamik und lehrt uns gleichzeitig, *was wir nicht tun sollten*, wenn wir ihr nicht aufsitzen wollen.[7] Die Teilnehmer sollten einschätzen, wie lange sie für ihre Weihnachtseinkäufe brauchen würden. Im Durchschnitt gingen sie davon aus, bis zum 20. Dezember alles unter Dach und Fach zu haben. Das erwies sich als eindeutiger Planungsfehlschluss, denn die Einkäufe waren erst am 22. oder 23. Dezember erledigt.

Manche Menschen gehen davon aus, dass sich der Planungsfehlschluss durch besonders genaue, detaillierte Planungen überwinden lässt. Man bat also eine weitere Gruppe von Versuchspersonen, Schritt für Schritt schriftlich festzuhalten, was sie für die Weihnachtseinkäufe planten. Ein Teilnehmer stellte eine Liste seiner Angehörigen auf und schrieb daneben, was er ihnen schenken wollte. Ein anderer schrieb auf, welches Einkaufszentrum er an welchem Tag aufsuchen und was er dort für wen besorgen wollte. Diese Planungen wirkten auf den ersten Blick absolut machbar. Aber trugen sie auch dazu bei, die zeitliche Einschätzung zu verbessern? Ganz im Gegenteil: Die exakten Planer blieben noch weiter hinter ihrem Zeitplan zurück. Die meisten dachten, sie wären im Durchschnitt siebeneinhalb Tage vor Weihnachten fertig. Damit lagen sie drei Tage unter den Schätzungen der Kontrollgruppe, die keinen detaillierten Plan aufgestellt hatte. Aber wie die andere Gruppe, so hatten auch die Planer erst am 22. bzw. 23. Dezember alles beisammen.

Der Grund, warum diese Schritt-für-Schritt-Planung den Effekt des Planungsfehlschlusses noch verstärkte, war, dass die Erstellung der Pläne die Illusion förderten, das Shoppen würde so glatt und mühelos verlaufen wie bei Julia Roberts in «Pretty Woman»: Die fand all diese schicken Outfits in ihrer Größe bei einem Einkauf, der gerade mal einen halben Tag dauerte. Oder bei Alicia Silverstone in «Clueless»: Sie beendete ihre Shoppingtour mit zwei riesigen, vollgestopften Einkaufstaschen und spazierte damit locker die Straße hinunter, ohne dass ihr Make-up auch nur ein bisschen darunter gelitten hätte.

Das soll nun nicht heißen, dass ein Plan, der jeden einzelnen Schritt der vor uns liegenden Aufgabe erfasst, nicht funktionieren kann. Eine Aufgabe in zahlreiche kleine Schritte herunterzubrechen und sich für diese exakte Termine zu setzen, ist einer der wichtigsten Schritte bei der Planung – vor allem wenn es um mehr geht als Shopping für die Feiertage. Eine andere Studie zeigt klar, dass der Effekt des Planungsfehlschlusses durch sinnvolle Pläne reduziert wird. Denn wenn Sie Ihre Aufgaben in kleine Schritte zerlegen, merken Sie schnell, dass sie nicht so simpel sind, wie sie auf den ersten Blick wirkten. Doch wir sollten uns der Tatsache bewusst sein, dass auf diese Weise auch die Fluency-Illusion gefördert wird, die uns das Gefühl gibt, alles unter Kontrolle zu haben, was wiederum den Planungsfehlschluss verstärkt.

Wie aber entziehen wir uns dieser Illusion am besten? Ich habe ja schon darauf hingewiesen, dass wir die aus dem Fluency-Effekt entstehende Selbstüberschätzung umschiffen können, indem wir einfach die praktische Probe aufs Exempel machen. Der Haken beim Planungsfehlschluss ist, dass wir planen müssen, *ohne* die Dinge vorher ausprobieren zu können. Wir können uns nicht im Weihnachtseinkauf üben oder schnell mal ein Opernhaus bauen. Allerdings *können* wir unsere mentale Simulation so anlegen, dass sie weniger «flutscht», indem wir mögliche Hindernisse in die Planung einbeziehen. Es gibt zwei Arten von Hindernissen, wovon sich eine leichter antizipieren lässt als die andere.

Es ist vergleichsweise einfach, Hindernisse zu berücksichtigen, die direkt mit der zu erfüllenden Aufgabe zu tun haben. Beim Weihnachtseinkauf wäre das zum Beispiel der Verkehrsstau am Wochenende vor Weihnachten. Oder die Tatsache, dass es nirgendwo mehr diesen tollen Kaschmir-Cardigan mit Leopardenmuster gibt, der genau das Richtige für Oma wäre. Solche aufgabenbezogenen Hindernisse lassen sich leicht in die Planung integrieren.

Was wir gerne übersehen, sind jedoch jene Hindernisse, die mit der Aufgabenstellung nichts zu tun haben: die Erkältung, die Sie sich eingefangen haben; der leckende Boiler; der gebrochene Knöchel Ihres Sohnes und so weiter, und so fort. Unvorhersehbare Rückschläge wie diese lassen sich schlecht planen, einfach weil es dafür viel zu viele Möglichkeiten gibt. Außerdem würden Sie, selbst wenn sich Ihr Sohn letztes Jahr beim Weihnachtseinkauf den Knöchel gebrochen hat und Sie einen ganzen Tag in der Notaufnahme verbracht haben, doch nicht erwarten, dass das dieses Jahr wieder passiert.

Unerwartete Ereignisse sind bekannte Unbekannte. Und wenn wir über das Leben eines wissen, dann doch das: Irgendwas ist immer. Nur was, das wissen wir nicht. Ich habe dafür eine ganz einfache Lösung gefunden, die aber nicht auf wissenschaftlich fundierten Tatsachen beruht, sondern nur auf meiner überreichen Erfahrung mit dem Planungsfehlschluss: Ich kalkuliere immer 50 Prozent mehr Zeit ein, als ich ursprünglich geschätzt habe. Wenn ich beispielsweise einem Mitarbeiter verspreche, dass ich mir sein Manuskript in drei Tagen durchlesen werde, obwohl ich sicher bin, es auch in zweien zu schaffen. Für mich funktioniert das vergleichsweise gut.

OPTIMISMUS UND FLUENCY-EFFEKTE

Wir haben uns bisher damit beschäftigt, wie wir die Fluency-Illusion umgehen können. Doch es lohnt sich auch, einen Blick auf jene Faktoren zu werfen, die sie nähren: Einer der wichtigsten Verstärker ist nämlich unser Optimismus. Optimismus ist sozusagen das Schmieröl des Fluency-Effekts: Er lässt alles viel leichter scheinen, als es ist. Wenn wir optimistisch drauf sind, verschließen wir die Augen vor möglichen Rückschlägen und Hindernissen.

Im Allgemeinen ist Optimismus gut. Optimistisch zu sein reduziert Stress und schenkt uns Glücksgefühle. Glücklich und stressfrei zu sein verbessert unsere geistige und körperliche Gesundheit. Vermutlich aus diesem Grund leben Optimisten länger. Aber Optimismus ist nicht nur gut für unsere Gesundheit, sondern dient auch unserem Überleben. Wir alle wissen, dass wir am Ende sterben müssen. Ohne einen optimistischen Ausblick auf die Zukunft könnten wir uns zu nichts motivieren.

Man hört immer wieder das Argument, dass Optimismus vor allem im Wettbewerb von Vorteil ist. Nehmen wir mal an, Tom und Jerry seien in geschäftlicher Hinsicht Rivalen. Sie bewerben sich immer wieder um die gleichen Ausschreibungen. Jerrys Firma ist viel kleiner als die von Tom. Tom kann daher fast immer das bessere Angebot machen. Wenn Jerry kein optimistisches Naturell hat und sich nur auf die objektiven Tatsachen verlässt, wird er einfach aufgeben. Ist Jerry aber optimistisch, kann er für sich einen Platz an der Sonne erobern, indem er die Projekte übernimmt, an denen Tom nicht interessiert ist.

Aus all diesen Gründen ist anzunehmen, dass wir bis zu einem gewissen Grad auf Optimismus gepolt sind. Das zeigen auch Studien mit Tieren wie Vögeln und Ratten.[8] In einer solchen Studie brachte man europäischen Staren bei, auf einen roten Knopf zu picken, sobald ein zwei Sekunden langes Geräusch ertönte, wofür sie mit Futter belohnt wurden. Erklang das Signal jedoch zehn Sekunden lang, mussten sie einen grünen Knopf betätigen, um Futter zu erhalten. Drückten sie aber auf den falschen Knopf, gab es gar nichts zu futtern. Außerdem statteten die Forscher das Betätigen des roten Knopfs noch mit einem weiteren Vorzug aus: Die Vögel bekamen das Futter sofort, während sie sich beim grünen Knopf ein wenig gedulden mussten. Und wer wartet schon gerne auf sein Essen? Nachdem die Tiere alle Eventualitäten erlernt hatten (und es ist tatsächlich beeindruckend, dass die kleinen Vögel so etwas hinbekommen!), stellten die Forscher die Stare vor ein neues Problem: Sie spielten ihnen ein Signal von sechs Sekunden Länge vor. Wie würden die Tiere jetzt reagieren? Würden sie sich für den grünen oder den roten Knopf entscheiden? Die Stare waren optimistisch. Angesichts des nicht eindeutigen Signals drückten sie auf den roten Knopf – der ihnen die bessere Option versprach.

Da der Optimismus bei den meisten Menschen ebenfalls zur Grundausstattung gehört, kann das den Fluency-Effekt verstärken und für blinden Optimismus sorgen. Realistischer Optimismus heißt, dass Sie das Glas als halb voll betrachten oder Licht am Ende des Tunnels sehen. Um blinden Optimismus geht es, wenn Sie leugnen, dass das Glas halb leer ist, oder nicht einsehen wollen, dass Sie sich überhaupt in einem Tunnel befinden. Ein historisches Beispiel für blinden Optimismus, das jeder noch gut in Erinnerung hat, ist die Art, wie man in den USA während der kritischen ersten Tage und Wochen mit Covid-19 umging: Es wurden schlicht keinerlei Maßnahmen auf nationaler Ebene getroffen, um die Ausbreitung der Pandemie zu verhindern. Manche glaubten ja, das Virus würde im Frühjahr wie durch ein Wunder verschwinden, wenn die Sonne wieder länger scheinen und die Temperaturen entsprechend steigen würden. Weil eine Welt mit Lockdowns, Quarantäne, ohne Ferien und Konzerte, ja ohne Restaurants für mehr als ein Jahr unvorstellbar schien. Und weil es einfacher war, sich vorzustellen, dass auf eine Art Erkältungssaison ein normaler April folgen würde, verfielen viele Menschen damals in blinden Optimismus. Hätte man das verhindern können?

Eine Strategie, die blinden Optimismus recht effektiv dämpft, ist es, die Menschen an ähnliche Fälle in der Vergangenheit zu erinnern und die daraus abgeleiteten Lektionen konsequent auf die aktuelle Situation anzuwenden. Natürlich ist es sinnvoll, sich mit früheren, ähnlichen Erfahrungen auseinanderzusetzen, aber gewöhnlich reicht das nicht aus. Selbst wenn man uns vergleichbare Ereignisse in Erinnerung ruft, winken wir meist ab: «Aber dieses Mal ist alles anders.» Oder: «Ich habe meine Lektion gelernt, das kommt nicht wieder vor.» Und so weiter. Als wir es mit Covid-19 zu tun bekamen, verglichen viele Menschen die Situation mit der Spanischen Grippe von 1918. Doch die Lektionen aus dieser Pandemie ließen sich leicht vom Tisch wischen: «Das medizinische Wissen von heute ist viel weiter entwickelt. Außerdem war das ein ganz anderes Virus.» Selbst als wir lasen, was in China passierte, war die Versuchung groß anzunehmen, dass es in Amerika anders laufen würde. Als würde es uns immun machen, wenn wir den Erreger als «dieses Virus aus China» bezeichneten.

Das zeigt klar und deutlich, warum es nicht genügt, ähnliche Fälle aus der Vergangenheit zu betrachten, solange wir dabei nur nach Gründen suchen, warum dieses Mal alles anders sein wird. Um nicht in Versuchung zu geraten, uns Ausflüchte auszudenken und aus blindem Optimismus zu agieren, sollten wir lieber davon ausgehen, dass die aktuelle Situation ganz genauso geartet ist wie die frühere, und dies bei unseren Plänen und Vorhersagen berücksichtigen. Im Falle von Covid-19 hätten wir voraussetzen müssen, dass das Virus sich in New York, Los Angeles oder andernorts ganz genauso verbreiten wird wie in Wuhan. Vorhersagen, die sich auf Daten stützen, sind immer genauer als solche, die auf Intuition oder Wunschdenken beruhen.

KURZ ZUSAMMENGEFASST: WIE ICH MEIN HAUS RENOVIERTE

Um die Erkenntnisse aus diesem Kapitel zusammenzufassen, möchte ich Ihnen von meinen Plänen erzählen, mein Haus zu renovieren. Und wie die Anwendung dieser Erkenntnisse dazu beigetragen hat, Probleme bei der Renovierung zu vermeiden. Unser Haus ist ungefähr 100 Jahre alt, allerdings ohne den Charme, den alte Häuser haben. Wir haben es gekauft, weil es eine absolut wunderbare Lage hat. Die Hälfte der Fenster geht nach dem Öffnen nicht wieder zu oder lässt sich erst gar nicht aufmachen. Das zweite Badezimmer wurde in den 1960ern eingebaut: mit viel Plastik und Linoleum. Es ist nicht möglich, diesen Anblick vielleicht mit einem schicken Duschvorhang oder schönen Handtüchern zu kaschieren. Wenn ein Sturm tobt, brechen Stücke der Fassadenverkleidung weg und mulchen unsere Gartenbeete. Nachdem ich aufgrund der Pandemie schon eineinhalb Jahre zu Hause verbracht hatte, nervte mich am meisten die hüfthohe Mauer, die ohne jeden Nutzen mitten im Wohnzimmer aufragt. Wir beschlossen also, sie abzubrechen.

Weder ich noch mein Mann verstehen viel von Renovierung. Als wir vor 25 Jahren unser erstes Haus kauften, fragten wir den Besitzer, was wir mit den Drehflügelfenstern anfangen sollten, wenn es regnet. Wir waren besorgt, dass die schönen Holzrahmen darunter leiden könnten. Der Besitzer, der das Haus gebaut hatte, sagte: «Nun, Sie machen die Fenster eben zu.» Er schien auch recht erpicht darauf, uns das Haus zu verkaufen. Doch wenn man sich überlegt, was ich Ihnen in diesem Kapitel erzählt habe, dann war mein mangelndes Vertrauen in meine renoviererischen Fähigkeiten ein echter Vorteil.

Obwohl das Herausnehmen der halbhohen Wand im Wohnzimmer eine simple Sache für den Vorschlaghammer zu sein scheint, könnte sich hinter dieser Annahme der Fluency-Effekt verbergen. Und das würde für unser großes Schlafzimmer, das direkt darüber liegt, vermutlich das Ende bedeuten. Was das zweite Badezimmer angeht, habe ich mich für ein absolut minimalistisches Design entschieden, das sich in dem uns zur Verfügung stehenden Raum verwirklichen ließ – und Minimalismus heißt hier wirklich: so einfach wie möglich. Viele Renovierungsexperten raten, auf den Kostenvoranschlag des Bauunternehmers in puncto Zeit und Kosten nochmals 50 Prozent draufzuschlagen, also haben wir das getan. Wenn die Fenster ausgetauscht werden, stoßen die Arbeiter vielleicht auf Wasserschäden, Schimmel, Wespennester und wer weiß was, was ich zwar nicht glaube, worauf ich mich aber trotzdem einstelle – seelisch und finanziell. Die letzte Renovierungsmaßnahme hat mich im Übrigen noch eines gelehrt: Ich sollte den Auftragnehmer nicht allzu lange unbeaufsichtigt lassen. Der letzte nahm nämlich dann einige kreative Abänderungen vor. Also werde ich dieses Mal rund um die Uhr ein Auge auf ihn haben. Ich weiß, dass Renovierungen nicht so schnell über die Bühne gehen, wie man bei Lektüre des *Architectural Digest* vermuten würde, aber ein Licht am Ende des Tunnels sollte auf diese Weise doch sichtbar sein.

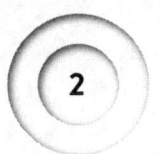

2

DER BESTÄTIGUNGSFEHLER: WIE WIR IN DIE IRRE GEHEN, WENN WIR ES RICHTIG MACHEN WOLLEN

Eines Spätnachmittags, ich saß in meinem Büro und arbeitete, da läutete das Telefon. Am Apparat war Bisma (nicht ihr richtiger Name), deren Tutorin ich einmal war. Sie war außerdem eine der klügsten Studentinnen, die je meinen Kurs «Thinking» belegt hatten. Bisma klang aufgeregt, obwohl sie eigentlich nicht leicht aus der Fassung zu bringen ist. Also ließ ich meine Arbeit Arbeit sein und hörte ihr zu.

Sie erzählte mir, sie sei gerade bei einem neuen Arzt gewesen. Man muss wissen, dass Bisma schon seit der Highschool an merkwürdigen gesundheitlichen Problemen leidet. So kann sie zum Beispiel kaum bei sich behalten, was sie gegessen hat, vor allem morgens. Manchmal wurde ihr derart übel, dass sie sogar in Ohnmacht fiel. Daher war Bisma sehr mager. Die Ärzte hatten die üblichen Verdächtigen – Zöliakie, Magengeschwüre oder Magenkrebs – ausgeschlossen. Was ihre Symptome nun tatsächlich verursachte, war nach wie vor ein Rätsel. Sie habe diesen neuen Arzt aufgesucht, erzählte sie, weil sie ein Rezept für ihre Medikamente gegen die Übelkeit brauchte, bevor sie im nächsten Semester nach Nepal und Jordanien gehen würde. Der Arzt hatte ihr höflich zugehört, als sie ihre Symptome beschrieb. Dann fragte er: «Erbrechen Sie sich gerne?»

Bisma war klar, dass er sie für magersüchtig hielt. Das brachte sie so aus dem Konzept, dass sie sich nicht mehr genau erinnerte, wie das Gespräch verlaufen war. Aber sie rekonstruierte es wie folgt:

> Bisma: «Nein, ich erbreche mich nicht gerne.»
>
> Arzt (denkt offensichtlich, *dass sie ihr Problem leugnet*): «Mögen Sie Essen denn überhaupt?»
>
> Bisma (fragt sich, wer denn bitte gern essen würde, wenn er ihre Symptome hätte): «Nein.»
>
> Arzt (geht davon aus: *Das habe ich mir gedacht. Jetzt wird die Sache schon klarer*): «Möchten Sie sich das Leben nehmen?»
>
> Bisma: «Nein!»

Danach war Bisma so aufgebracht, dass sie einfach aufstand und die Praxis verließ. Der Arzt, der ihre Reaktion wohl als Abwehrhysterie interpretierte, war von seiner Diagnose überzeugter denn je. Er nahm an, dass Bisma nicht nur aus seiner Praxis weglief, sondern auch vor ihren Problemen. Er folgte ihr ins Wartezimmer und schrie sie vor allen anderen Patienten an: «Kommen Sie sofort zurück! Sie haben ein ernsthaftes Problem!» Bisma aber lief auf schnellstem Weg zu ihrem Auto und rief mich an.

Bisma trat ihr Auslandssemester an, musste es aber mittendrin wegen Covid-19 abbrechen. In den zwei Monaten ihrer Abwesenheit verschwanden ihre Symptome ganz. Bis heute weiß niemand, was bei ihr diese Übelkeit und den Gewichtsverlust ausgelöst hat. Sie vermutet heute, dass sie in den Vereinigten Staaten auf irgendetwas allergisch reagiert hatte. In den zwei Monaten im Ausland war sie keinen Allergenen ausgesetzt, und so konnte sich ihr Immunsystem regenerieren. Wir wissen mit Sicherheit, dass sie nie wegen Magersucht in Behandlung war und dass angesichts der globalen Pandemie und der durchkreuzten Pläne für ihr drittes Studienjahr ihr Stressniveau sicher nicht geringer war als in den Jahren zuvor.

Wir wissen, dass die Diagnose des Arztes falsch war. Aber es ist auch klar, weshalb er sich seiner Sache so sicher war. Bisma war extrem mager. Andere Ursachen, die für ihre Symptome hätten verantwortlich sein können, hatte man weitgehend ausschließen können. Sie hatte dem Arzt gesagt, dass ihr Essen nicht schmeckte. Und sie schien psychische Ursachen vollkommen zu verdrängen. Der Arzt kam zu einer falschen Diagnose, weil er ihr nur Fragen stellte, die seinen Verdacht bestätigten. Und weil er sie so stellte, dass sein Verdacht sich bestätigen musste, ganz egal, was Bisma sagte.

WASONS 2-4-6-AUFGABE

Versuchen Sie sich mal an diesem Problem: Ich werde Ihnen nun eine Folge von drei Zahlen nennen. Diese Zahlenfolge ist nach einer einfachen Regel aufgebaut, die Sie herausfinden sollen. Aufgepasst: Die Regel beschreibt, wie diese Folge zu bilden ist – also welche Beziehung zwischen den drei Zahlen besteht. Sie überprüfen, ob Sie die richtige Lösung gefunden haben, indem Sie mir Zahlenfolgen nennen, die Sie selbst nach dieser Regel gebildet haben. Und ich werde Ihnen im Gegenzug sagen, ob Ihre Zahlenfolge der Regel gehorcht oder nicht. Sie haben so viele Versuche, wie Sie möchten. Wenn Sie sicher sind, dass Sie die Regel erkannt haben, sagen Sie mir das. Dann verrate ich Ihnen, ob ich diese Regel angewandt habe, um meine Zahlenfolge zu bilden.

Bereit? Hier sind die Zahlen: 2, 4, 6.

Welche drei Zahlen würden Sie nun nennen? Lassen Sie mich Ihnen erzählen, was gewöhnlich passiert, wenn Leute dieses Experiment machen. Nehmen wir an, ein Student namens Michael versucht es. Ich bin die Versuchsleiterin. Michael nennt die Zahlen: 4, 6 und 8. Ich sage ihm, dass diese Folge der Regel gehorcht. Michael denkt, er hat es. «Das ist viel zu einfach!», sagt er. «Die Regel lautet: gerade Zahlen, die um den Wert 2 ansteigen.» Ich sage ihm, dass das falsch ist.

Michael überprüft seine Hypothese. «Okay», denkt er. «Vielleicht sind es ja nicht unbedingt gerade Zahlen, sondern x-beliebige, die um den Wert 2 steigen.» Stolz auf seine neue Idee sagt er: «3, 5 und 7.» Und ich antworte: «Ja.» Aber Michael ist vorsichtig. Er nennt noch eine Zahlenfolge: «13, 15, 17.» Und wieder sage ich: «Ja.» Also erklärt er triumphierend: «Beliebige Zahlen, die um den Wert 2 steigen!!!» Ich sage ihm, dass auch dies nicht der Regel entspricht. Michael hat beim Matheteil des Studierfähigkeitstests die Bestnote erhalten. Das ist also jetzt echt ein Schlag für sein Ego. Er versucht es nochmals:

Michael: «−9, −7, −5.»
Ich: «Ja.»
Michael: «Hmmmmmm. Und wie ist es mit 1004, 1006, 1008?»
Ich: «Ja.»
Michael: «Und wieso sind es dann nicht beliebige Zahlen, die um den Wert 2 steigen?»

Michael hat getan, was die meisten Versuchsteilnehmer machen, die an Peter Wasons berühmtem 2-4-6-Experiment teilnehmen. Er hat seine Hypothese nur mit Werten getestet, die sie bestätigen sollten. Daten zu bestätigen ist ein wichtiger Punkt, aber damit allein ist es noch nicht getan. Sie müssen auch versuchen, die eigene Hypothese zu *widerlegen*. Wie das geht, sehen wir, wenn wir jene Zahlenfolgen unter die Lupe nehmen, von denen ich sagte, sie würden der Regel entsprechen. Das waren:

2, 4, 6
4, 6, 8
13, 15, 17
−9, −7, −5
1004, 1006, 1008

Nun gibt es aber eine ganze Menge Regeln, die für diese Daten stimmen würden. Zahlen, die um den Wert 2 steigen und die gleiche Anzahl an Stellen haben. Zahlen, die um den Wert 2 steigen und größer sind als −10. Zahlen, die um den Wert 2 steigen und größer sind als −11. Und so weiter, und so fort.

Wir können unmöglich all diese Hypothesen überprüfen. Der Knackpunkt hier ist: Wenn es zu den vorhandenen Daten derart viele mögliche Bildungsregeln gibt, dann werden Sie mit der Hypothese, die Ihnen als Erstes in den Sinn kommt, die korrekte Regel nicht finden.

Das fällt auch Michael auf. Also versucht er es mit einer anderen Regel: «Zahlen, die um den gleichen Wert steigen.» Um seine ursprüngliche Hypothese zu widerlegen, nennt er mir die Zahlenfolge: 3, 6, 9. Ich sage: «Ja.»

Michael: «Ich hab's! Wie ist es mit 4, 8, 12?»

Ich: «Ja.»

Michael (stellt eine schicke Gleichung auf, um zu beweisen, dass er keineswegs doof ist): «Okay. Ich bin sicher, die Regel lautet: X + k, wobei X jede beliebige Zahl ist, und k eine Konstante.»

Ich: «Nein.»

Was Michael tun sollte, ist: versuchen, seine Hypothese ein weiteres Mal zu widerlegen. Mittlerweile ist er ordentlich frustriert und nennt mir irgendeine zufällige Zahlenfolge:

Michael: «Und was ist mit 4, 12, 13?»

Ich lächle und sage: «Ja.» Was heißt, dass diese Folge der Regel entspricht.

Michael: «WAAAAS?»

Das ist der Moment, da der Stein ins Rollen kommt. Und die Hypothese zu Fall bringt, an der Michael gerade gearbeitet hat. Nachdem er eine Weile nachgedacht hat, sagt er: «5, 4, 3?»

Ich schüttle den Kopf. Nein, diese Zahlenfolge entspricht nicht der Regel.

Michael hat jetzt seine Ansprüche deutlich heruntergeschraubt und fragt zögerlich: «Lautet die Regel dann: beliebige Zahlen in aufsteigender Folge?»

Und ich sage: «JA! Genau.»

DER BESTÄTIGUNGSFEHLER

Peter C. Wason war Kognitionspsychologe am University College in London. Er entwickelte 1960 den berühmten 2-4-6-Test. Dieser Test lieferte den ersten experimentellen Beleg für etwas, was er den Bestätigungsfehler («confirmation bias») nannte, also unsere Neigung, Belege für das zu finden, was wir ohnehin schon glauben. Damals nahmen fast alle kognitiven Psychologen an, der Mensch sei logisch und rational. Wie von einem Psychologen, der den Begriff des «Bestätigungsfehlers» prägte, nicht anders zu erwarten, widerlegte Wason diese weitverbreitete Annahme.

Als er diesen Test zum ersten Mal einer Reihe von Probanden vorlegte, schaffte es nur etwa ein Fünftel, auf Anhieb die korrekte Regel zu nennen, ohne vorher falsche Regeln aufzustellen.[9] Wason war entsetzt, dass so viele Probanden daran scheiterten, dieses scheinbar simple Problem zu lösen, dass er zunächst glaubte, der Fehler liege in der Versuchsanordnung selbst. Er suchte also nach Wegen, das Experiment zu verbessern. Als das Experiment in Harvard wiederholt wurde, sagte man den Probanden, sie hätten nur einen einzigen Versuch, um die korrekte Antwort zu finden. Das, so hoffte Wason, würde die Versuchsteilnehmer zum Nachdenken anhalten. Doch immer noch gaben 73 Prozent der Teilnehmer eine falsche Bildungsregel an.

Manche Probanden widersprachen ihm sogar. «Das kann nicht falsch sein, denn schließlich beschreibt meine Regel diese Zahlenfolge korrekt.» Oder: «Regeln sind relativ. Wenn Sie die Testperson wären und ich der Versuchsleiter, dann hätte ich jetzt recht.» Ein Versuchsteilnehmer stellte keine Regel auf, sondern entwickelte während des Versuchs – wer weiß warum – psychotische Symptome und musste in die Notaufnahme einer psychiatrischen Klinik gebracht werden. Ein anderer entwickelte eine durchaus beeindruckende Regel: «Entweder ist die erste Zahl die zweite minus zwei, und die dritte ist dann zufällig, aber größer als die zweite. Oder die dritte Zahl entspricht der zweiten plus zwei, und die erste ist zufällig, aber kleiner als die zweite.» Er arbeitete 50 Minuten an dieser Hypothese, bevor er aufgab.

Behalten wir also die 2-4-6-Aufgabe im Hinterkopf, während wir das Erlebnis analysieren, das Bisma mit diesem Arzt hatte. Er diagnostizierte bei ihr eine Anorexie und stellte dann nur noch solche Fragen, die diese Annahme bestätigen würden. Mit dem Resultat, dass sämtliche Indizien für seine Diagnose sprachen: eine junge Frau, die sich häufig erbricht, unglaublich dünn ist, Essen nicht mag und überreagiert, wenn man ihr Fragen zu ihrer geistigen Gesundheit stellt.

Doch wie bei der 2-4-6-Aufgabe gab es auch hier eine ganze Reihe möglicher Erklärungen, die ebenso ins Bild passten. Eine ausgesprochen plausible Alternative kam ihm gar nicht in den Sinn: dass Bisma unter einer ungewöhnlichen Krankheit litt, wegen der sie sich ständig übergeben musste, und dass sie genug von Ärzten hatte, die ihr Problem nicht begriffen. Um diese Möglichkeit zu überprüfen, hätte er nur Fragen stellen müssen wie: «Halten Sie sich für dick, obwohl andere sagen, Sie seien dünn?» Oder: «Führen Sie manchmal einen Brechreiz herbei, wenn Sie sich voll fühlen?» Bisma hätte auf beide Fragen freundlich mit Nein geantwortet. Und das wären zwei klare Anhaltspunkte gewesen, die seine ursprüngliche These der Anorexie widerlegt hätten.

Evian-Mineralwasser

Manchmal führen uns Leute ganz bewusst in die Irre, indem sie bestätigende Daten geschickt präsentieren. Wie der Mineralwasserhersteller Evian mit dieser Anzeige, die 2004 in Großbritannien geschaltet wurde. Das zugehörige Bild zeigte eine wunderschöne, nackte Frau. Sie präsentiert stolz ihre strahlende Haut, während bestimmte Körperteile strategisch hinter einem Fahrrad verschwinden. Unter dem Bild stand: *Sorgen Sie dafür, dass Ihre Haut so schön ist, dass Sie sie zeigen wollen. 79 Prozent der Menschen, die pro Tag einen Liter Evian reines, natürliches Mineralwasser zusätzlich trinken, geben an, dass ihre Haut dadurch glatter wirkt, besser durchfeuchtet und daher sichtbar jünger.*

Das hört sich doch sehr überzeugend an. Doch bevor Sie jetzt einen Kasten Evian-Mineralwasser bestellen, erinnern Sie sich bitte an die 2-4-6-Aufgabe. Die gesuchte Regel war viel einfacher, als Probanden wie Michael das vermuteten. Es handelte sich um keine komplexe Gleichung, sondern schlicht nur um diese eine Bedingung: beliebige Zahlen in aufsteigender Folge. Die Wahrheit hinter der in der Werbung zitierten Studie kann ebenso gut lauten: Das Trinken von einem zusätzlichen Liter Wasser täglich sorgt für strahlende, sichtbar jüngere Haut – ob es sich nun um Poland Spring, Fiji, Dasani oder Leitungswasser handelt (was deutlich billiger wäre). Wer der Anzeige von Evian glaubt und andere Möglichkeiten nicht in Betracht zieht, geht dem Bestätigungsfehler auf den Leim und glaubt, dass nur Evian-Mineralwasser uns jünger aussehen lässt.

Fahrstühle

Hier noch eine praktische Anwendung der 2-4-6-Aufgabe, die viele Leser vermutlich aus persönlicher Erfahrung kennen. Es geht um den Türschließer bei Fahrstühlen. Wenn Sie es eilig haben oder einfach nur ungeduldig sind, drücken Sie vermutlich mehrmals auf diesen Knopf, bis die Türen endlich zugehen. Wenn Sie nur ansatzweise sind wie ich, dann atmen Sie danach tief durch und freuen sich, weil Sie ein paar kostbare Sekunden weniger warten mussten. Aber woher wissen Sie, dass der Türschließer auf Ihren Knopfdruck reagiert hat? Vielleicht erwidern Sie mir, dass Sie das schon deshalb genau wüssten, weil die Tür sich immer schließt, nachdem Sie gedrückt haben. Aber wie Sie ja ebenfalls wissen, gehen Aufzugtüren auch dann zu, wenn Sie nicht aufs Knöpfchen drücken. Dafür sorgt der Timer, mit dem Türschließer ausgestattet sind. Und wie finden Sie nun heraus, wer die Tür zum Schließen veranlasst hat: Sie oder dieser Timer?

In den USA schreibt das Gleichstellungsgesetz für Menschen mit Behinderungen («Americans with Disabilities Act») vor, dass Aufzugtüren in den USA so lange offen bleiben müssen, dass Menschen mit Krücken oder in Rollstühlen den Aufzug problemlos betreten können. Karen Penafiel zufolge, Geschäftsführerin der National Elevator Industry Inc., des Fachverbands der Fahrstuhlindustrie, reagiert der Schließknopf erst, wenn diese Zeitspanne vorüber ist. Ab jetzt können Sie also die Sekunden, bis sich die Lifttüren schließen, getrost vertrödeln und über die Fallstricke des Bestätigungsfehlers nachsinnen.

Monster-Spray

Vor Jahren machte ich mir den Bestätigungsfehler zunutze, um meinen Sohn zu beruhigen. Als er fünf Jahre alt war, wurde mein Mann zum Direktor eines Residential College an der Universität Yale ernannt, das tatsächlich aussah wie Gryffindor oder Slytherin in den Harry-Potter-Büchern. Wir bezogen also das dem Direktor reservierte Gebäude am Berkeley College, ein riesiges Herrenhaus, in dem auch Veranstaltungen für Studenten stattfanden. Das Haus wurde im typischen Yale-Stil erbaut, was bedeutet: alt, dunkel und neugotisch. Und die Wände hängen voll mit Porträts von Menschen, die auch nicht mal ansatzweise lächeln. Wie in Hogwarts eben.

Als Halloween nahte, dekorierten die Studenten das Haus, wie es sich für eine der beliebtesten Partys des Jahres gehörte, und verwandelten es in ein Spukschloss: Spinnweben, Särge, Schädel und ähnliche Nettigkeiten, wohin man nur blickte. Das Dekor war so überzeugend, dass mein Sohn schreckliche Angst bekam und unbedingt in unser altes Haus zurückwollte. Also füllte ich eine Sprühflasche mit Wasser und sagte ihm, das sei ein Monster-Spray. Wir durchmaßen jeden einzelnen Raum des Hauses, und er sprühte ihn damit ein. Seitdem wurde kein Monster mehr im Haus gesichtet.

«Schlechtes» Blut

In Gemeinden oder anderen sozialen Zusammenschlüssen können Bestätigungsfehler viele Jahre, Jahrzehnte, ja Jahrhunderte überdauern. Als Beispiel hierfür wird meist die medizinische Praxis des Aderlasses genannt. Von der Antike bis ins 19. Jahrhundert glaubten westliche Heiler, dass es ihren kranken Patienten besser ginge, wenn man ihnen das «schlechte» Blut abließe. George Washington starb vermutlich an den Folgen einer solchen Behandlung, als sein Arzt ihm 1,7 Liter Blut abzapfte, um seine Halsentzündung zu lindern. Man stelle sich nur mal vor: Das sind mehr als zwei Weinflaschen voller Blut! Wie konnten unsere durchaus intelligenten Vorfahren mehr als zwei Jahrtausende lang glauben, es sei der Genesung förderlich, dem Menschen einen beträchtlichen Anteil der Körperflüssigkeit zu nehmen, die ihn am Leben erhielt? Als George Washington zur Welt kam, wusste man bereits, dass die Erde rund war. Und Sir Isaac Newton hatte die drei physikalischen Grundgesetze der Bewegung formuliert. Aber unsere Vorfahren glaubten immer noch, der Aderlass sei die medizinische Wunderwaffe schlechthin.

Hätten wir damals gelebt, hätten wir vermutlich ähnlich gedacht und gehandelt. Stellen Sie sich vor, Sie leben im Jahr 1850 und leiden unter schrecklichen Rückenschmerzen. Sie haben gehört, dass man König George IV. im Jahr 1820 4,25 Liter Blut abgenommen hatte und er danach noch 10 Jahre weiterlebte. Sie haben auch gehört, dass sich die Schlaflosigkeit Ihres Nachbarn durch Aderlass besserte. Noch wichtiger: Sie haben gehört, dass es etwa drei Viertel der Menschen, die krank waren und einen Aderlass hatten, danach besser ging. (Ich erfinde diese Zahlen jetzt nur zur Veranschaulichung.) Die Datenlage wirkt überzeugend. Also lassen Sie sich Blut abnehmen und fühlen sich danach wirklich besser.

Der Haken ist: Angenommen, wir haben nun 100 Patienten vor uns, die aber *keinen* Aderlass bekommen. Und 75 von ihnen geht es hinterher wieder richtig gut. Die Beobachtung, die Sie dann machen, ist, dass sich der Gesundheitszustand von drei Viertel der Kranken besserte, *gleichgültig*, ob nun ein

Aderlass gemacht wurde oder nicht. So ein Fehlschluss ist möglich, weil unser Körper über unglaubliche Selbstheilungskräfte verfügt. Aber auch in diesem Fall überprüfte niemand, was passiert, wenn man *keinen* Aderlass verordnet. Man konzentrierte sich nur auf die bestätigenden Informationen.

Denksportaufgabe

Wenn ich in meiner Vorlesung den Bestätigungsfehler behandle, erzähle ich meinen Studenten etwas über die 2-4-6-Aufgabe und erläutere all die Beispiele, die ich auch hier im Buch aufgeführt habe. Am Ende der Vorlesung stelle ich ihnen dann eine Aufgabe. Eine der Fragen habe ich einem Buch von Keith Stanovich, Richard West und Maggie Toplak entnommen: «The rationality quotient: Toward a test of rational thinking ».[10] An ihr wird deutlich, wie schwer es mitunter ist, den Bestätigungsfehler zu entdecken.

Ein Forscher, der sich für den Zusammenhang zwischen Selbstachtung und Führungsqualitäten interessiert, versammelt eine Kohorte von 1000 Individuen, denen man hohe Führungsqualitäten bescheinigt. Und er findet heraus, dass 990 von ihnen auch eine hohe Selbstachtung besitzen. Zehn davon weisen eine geringe Selbstachtung auf. Wenn Sie keine anderen Daten zur Verfügung haben, was ist der beste Schluss, den Sie daraus ziehen können?

a) Dass es zwischen Selbstachtung und Führungsqualitäten einen starken positiven Zusammenhang gibt.

b) Dass zwischen Selbstachtung und Führungsqualitäten ein stark negativer Zusammenhang existiert.

c) Dass zwischen Selbstachtung und Führungsqualitäten kein Zusammenhang existiert.

d) Aus diesen Daten lassen sich keine Schlüsse ziehen.

Wenn Sie sich jetzt für Punkt a entschieden haben, dann denken Sie wie ein Drittel meiner Studenten. Doch dieser Schluss ist nicht korrekt.

Und das sage ich nicht, um mich über meine Studenten lustig zu machen. Ich weiß mit Sicherheit, dass unter den Studenten, die auf diese Frage eine falsche Antwort gaben, sogenannte Wunderkinder, Highschool-Abschlussredner, Sieger in den Bundeswettbewerben Mathematik und Gewinner von Rhetorikwettbewerben waren. Außerdem sind sie hochmotiviert, weil sie einen Notenschnitt von 1,0 anstreben. Aber der Bestätigungsfehler kann einen ganz schön in die Irre führen, selbst wenn Sie darüber gerade eine Vorlesung gehört haben.

Wie bei der 2-4-6-Aufgabe ist die Annahme, dass hohe Selbstachtung und entsprechende Führungsqualitäten zusammenhängen, eine plausible erste Hypothese. Und 99 Prozent der Daten scheinen sie zu bestätigen. Wie also kann sie falsch sein? Auch hier hat der Forscher keine Daten von Menschen, die wenig Führungsqualitäten aufweisen. Wenn 99 Prozent der Menschen mit schwach ausgeprägten Führungsqualitäten eine hohe Selbstachtung haben, dann können wir daraus keinen positiven Zusammenhang zwischen Führungsqualitäten und Selbstachtung schließen. Da der Forscher diese Daten aber nicht hatte, ist die korrekte Antwort Punkt d: Man kann aus diesen Daten keine belastbaren Schlüsse ziehen.

WARUM IST DER BESTÄTIGUNGSFEHLER SCHLECHT FÜR SIE?

Bis jetzt scheint der Bestätigungsfehler für den Menschen, der ihn begeht, keine negativen Konsequenzen zu haben. Die 2-4-6-Aufgabe scheint knifflig, extra dazu ersonnen, die Leute aufs Glatteis zu führen. Wer dieses Problem nicht löst, wird sich vermutlich davon nicht weiter entmutigen lassen. Die falsche Magersucht-Diagnose verletzte Bisma, aber nicht den Arzt, der sie aufgrund des Bestätigungsfehlers traf. Da wir im realen Leben keine Wissenschaftler im Schlepptau haben, die uns Feedback geben, ob unsere Schlussfolgerungen korrekt sind oder nicht, finden wir möglicherweise nie heraus, wie häufig wir einem solchen Fehlschluss aufsitzen. Bismas Arzt weiß vielleicht immer noch nicht, wie falsch er mit seiner Diagnose lag – wenn er nicht zufällig dieses Buch liest. Wenn wir dem Bestätigungsfehler unterliegen können und dabei nicht mal merken, dass unsere Schlussfolgerung falsch war, kann sich da der Bestätigungsfehler überhaupt negativ auf uns auswirken? Absolut. Er schadet dem Individuum genauso wie der Gesellschaft.

Der Schaden für die Einzelperson

Sehen wir uns zuerst das Individuum an. Der Bestätigungsfehler sorgt dafür, dass wir ein ungenaues Bild von uns selbst haben. Zum Beispiel:

Viele Menschen wollen sich selbst besser verstehen und ein ehrliches Gefühl dafür entwickeln, wo sie im Leben und in der Welt stehen. Wir stellen uns Fragen wie: «Habe ich

Eheprobleme?» Oder: «Bin ich kompetent?» Und: «Bin ich liebenswert?» Wir wollen zuverlässige, objektive Antworten über unsere Persönlichkeit, unseren IQ, unsere emotionale Intelligenz und unser «tatsächliches» Alter. Unser starkes Interesse an uns selbst erklärt die vielen Persönlichkeitstests im Internet und in Zeitschriften, die alle dem Satzmuster folgen: «Was sagt Ihr ... über Sie aus?» (Füllen Sie die Leerstelle wahlweise mit: *Handschrift, Lachen, Lieblingsmusik, Lieblingsgericht, Lieblingsfilm, Lieblingsroman,* was auch immer.)

Stellen Sie sich vor, ein Mann namens Fred bemerkt eine Anzeige im Internet, in er es heißt: «Leiden Sie unter sozialen Ängsten?» Fred ist ein neugieriger Mensch, und so bezahlt er 1,99 Dollar, um den Test zu machen. Am Ende heißt es, er habe 74 von 100 Punkten erzielt und das weise auf massive soziale Ängste hin. Anfangs ist Fred noch skeptisch, aber nach einigem Nachdenken fällt ihm ein, dass es da durchaus Momente gab, in denen er Anzeichen einer sozialen Phobie zeigte. Beim letzten Meeting im Büro hatte er Schwierigkeiten, seine Ideen zu formulieren. Und Cocktailpartys findet er geradezu schrecklich. Nach diesen Beispielen ist er überzeugt, dass er eine soziale Phobie hat. Wie bei der 2-4-6-Aufgabe hat Fred schlicht vergessen, in seiner Erinnerung nach Momenten zu forschen, die das Gegenteil bestätigen würden: zum Beispiel das Meeting vor drei Wochen, wo er, ohne mit der Wimper zu zucken, auf Fehler in der aktuellen Strategie seiner Abteilung hinwies. Oder die Tatsache, dass er sich sehr gerne mit Leuten unterhält, nur eben nicht auf Cocktailpartys. Unglücklicherweise hat er sich mittlerweile eingeredet, er leide unter sozialen Ängsten. Und in der Folge wird er vermutlich soziale Kontakte mehr scheuen als bisher. Das nennt man eine sich selbst erfüllende Prophezeiung.

Aber es gibt noch ein anderes Beispiel, das zeigt, wie sehr der Bestätigungsfehler einzelnen Menschen schaden kann. Dieses Mal stammt es auf dem Hightech-Bereich: DNA-Tests. Heute kann jeder sofort einen DNA-Test bekommen. Sie werden im Internet angeboten, zum Beispiel von Unternehmen wie 23andMe. Sie zahlen rund 100 Dollar, und man schickt Ihnen eine Aufstellung über Ihre Vorfahren. Und nach weiteren 100 Dollar erhalten Sie ein Profil Ihrer gesundheitlichen Anlagen, zum Beispiel für Typ-2-Diabetes oder Brust- bzw. Eierstockkrebs. Einer Schätzung zufolge haben in den USA mehr als 26 Millionen Menschen schon solch einen Test durchführen lassen.[11]

Doch diese Testresultate werden häufig falsch interpretiert. Manche Menschen glauben nämlich, dass die Gene unser Leben steuern. Aber das tun sie ganz sicher nicht, weil sie ja immer im Zusammenspiel mit der Umwelt agieren. Und selbst wenn Menschen nicht unbedingt an die Allmacht der Gene glauben, führt der Bestätigungsfehler manchmal dazu, dass sie ihre eigene Geschichte umschreiben, während sie versuchen, sich auf ihre Gentestresultate einen Reim zu machen. In einer Studie, die ich zusammen mit Matt Lebowitz durchführte, einem meiner ehemaligen Doktoranden, der jetzt Assistant Professor an der Columbia University ist, sind wir dieser Möglichkeit nachgegangen.[12]

Zuerst haben wir Hunderte Freiwillige rekrutiert, die bereit waren, uns ihre postalische Adresse zu geben, damit wir ihnen das Material zu unserem Experiment schicken konnten. Man sagte ihnen, dass sie für die Teilnahme am Test bezahlt würden. In dem Päckchen, das die Probanden erhielten, fanden sie Instruktionen, wie sie sich online für das Experiment anmelden konnten. Und einen kleinen Plastikbehälter mit einem Etikett, auf dem stand: «Speichel-Selbsttest-Kit für

5-Hydroxyindolylessigsäure» und «Made in the U. S. A.». Daneben ein Ablaufdatum. Online fanden die Probanden die Information, dass mit diesem Speicheltest ihre genetische Prädisposition für Depressionen gemessen würde. (Die Teilnehmer konnten sich jederzeit von der Studie abmelden, ohne das Geld zu verlieren.)

In der Anleitung stand, dass sie den Plastikbehälter öffnen und das Mundwasser und den Teststreifen entnehmen sollten. Man bat sie, sich den Mund mit dem Mundwasser zu spülen und dieses auszuspucken. Was sie nicht wussten: Das Mundwasser war eine überall erhältliche Marke, die meine Assistenten mit Zucker versetzt hatten. Dann sollten die Probanden den Teststreifen unter ihre Zunge legen. In der Anleitung stand des Weiteren, dass der Teststreifen 5-Hydroxyindolylessigsäure nachweisen konnte. Dieser Stoff wiederum sei ein Stoffwechselprodukt, mithilfe dessen man eine genetische Anfälligkeit für starke Depressionen nachweisen könne. Tatsächlich reagierte der Teststreifen auf Glukose. Und da sie ja gerade mit Zucker gegurgelt hatten, konnten die Probanden zusehen, wie sich die Farbe des Streifens vor ihren Augen veränderte. Dann sollten die Teilnehmer im Internet die Farbe anklicken, die ihr Teststreifen zeigte, damit sie erfuhren, was diese Farbe aussagte.

An diesem Punkt wurden die Teilnehmer von uns in zwei zufällig ausgewählte Gruppen aufgeteilt. Einer Gruppe sagte man, dass die Farbe nicht auf eine Anfälligkeit für Depressionen hinwies. Der anderen Gruppe teilte man das Gegenteil mit. Nennen wir die beiden Gruppen «gen-absent» und «gen-präsent».

Nach diesem Feedback legte man den Probanden einen Fragebogen vor: das Beck-Depressions-Inventar (bekannt als BDI-II). Dies ist ein anerkanntes Testverfahren zur Bestimmung des Schweregrads von Depressionen. Die Testpersonen werden gefragt, ob sie in den letzten zwei Wochen bestimmte Symptome einer Depression an sich bemerkt haben. So können die Probanden zum Beispiel beim Thema «Traurigkeit» ankreuzen: «Ich bin nicht traurig.» Oder: «Ich bin traurig.» Und: «Ich bin die ganze Zeit traurig und komme nicht davon los.» Sowie: «Ich bin so traurig oder unglücklich, dass ich es kaum noch ertrage.»

Natürlich können wir nicht sagen, ob die Antworten der Teilnehmer tatsächlich widerspiegelten, wie sie sich in den letzten beiden Wochen vor dem Test gefühlt haben. Was wir aber sagen *können*, ist: Da die Teilnehmer nach dem Zufallsprinzip eines der beiden genetischen Feedbacks erhalten hatten, gibt es keinen Grund anzunehmen, dass die eine Gruppe in den beiden Wochen stärkere depressive Symptome zeigte als die andere. Natürlich konnten einzelne Individuen eine schlimmere Zeit gehabt haben als andere, aber dieser Effekt sollte sich ausgleichen durch die Zufallsverteilung einer großen Anzahl von Teilnehmern.

Trotzdem erzielte die «gen-präsente» Gruppe beim BDI-II einen deutlich höheren Wert als die «gen-absente» Gruppe. Obwohl die Teilnehmer den Feedback-Gruppen willkürlich zugeordnet worden waren, gaben jene, die man in die gen-präsente Gruppe eingeordnet hatte, an, in den letzten beiden Wochen mehr depressive Symptome erlebt zu haben als jene Teilnehmer, denen man keine genetische Anfälligkeit für Depressionen zugeschrieben hatte. Der Durchschnittswert des BDI-II für die «gen-absente» Gruppe lag bei 11,1. Bei diesem Wert geht man davon aus, dass keine Depression vorliegt. Der Durchschnittswert der «gen-präsenten» Gruppe lag bei 16,0 – was für eine Depression spricht.

Der Bestätigungsfehler kann diese Pseudo-Depressionen

erklären. Nachdem die Teilnehmer erfahren hatten, dass sie genetisch für schwere Depressionen anfällig seien, haben sie offensichtlich nach Erfahrungen gesucht, die ihr «genetisches Testergebnis» bestätigten. Dass sie beispielsweise erst um 2 Uhr morgens einschlafen konnten oder sie keine Lust hatten, zur Arbeit zu gehen, oder dass sie sich in der U-Bahn fragten, ob ihr Leben überhaupt einen Sinn habe. All diese bestätigenden Indizien haben sie dann offensichtlich zu der Annahme verleitet, ihre letzten beiden Wochen seien deprimierender verlaufen, als es tatsächlich der Fall war.

Bevor wir im Text fortfahren, möchte ich Sie darüber aufklären, wie wir dieses Täuschungsmanöver weitertrieben, denn dazu erreichen mich immer wieder viele Fragen. Der gesamte Ablauf des Experiments wurde zuvor mit der Ethikkommission der Universität Yale eingehend diskutiert, deren Aufgabe der Schutz des Menschen ist. Nach der Studie haben wir die Teilnehmer darüber informiert, dass wir ihnen falsche Tatsachen vorgespiegelt haben, aber auch über den wissenschaftlichen Wert der Untersuchung. Alle Probanden konnten uns jederzeit kontaktieren. Und wir haben bis heute keine Berichte über negative Wirkungen erhalten. Eine Teilnehmerin fragte in einer Mail nach der Marke unseres Mundwassers, denn sie hasse alle frei verkäuflichen Mundwasser, unseres aber habe ihr geschmeckt. Wir mussten sie daran erinnern, dass wir es mit Zucker verrührt hatten.

Eine Panne während des Experiments sorgte im Übrigen dafür, dass wir noch zusätzliche Belege für die Macht des Bestätigungsfehlers erhielten. Kurz nachdem wir mit der Studie begonnen hatten, bekamen wir einen Anruf von einem Polizeibeamten in Atlanta. Eine Dame hätte per Post ein verdächtiges Päckchen erhalten mit unseren Kontaktdaten darin. Der Beamte berichtete, die Dame habe all ihre

Familienmitglieder gefragt, ob sie das Päckchen bestellt hätten. Niemand meldete sich. Interessanterweise hatte sie auch angegeben, dass nach Eintreffen des Päckchens die ganze Familie unter einem rätselhaften Juckreiz litt! Die Familie nahm an, dass das Päckchen eine gefährliche Substanz wie zum Beispiel Anthrax (Milzbranderreger) enthalte. Daher ging die Dame davon aus, dass der Juckreiz vom Inhalt des Päckchens verursacht worden war. Einmal mehr – der Bestätigungsfehler live am Werk!

Die Dame, die das Paket zur Polizei brachte, verlor nur ein oder zwei Stunden Zeit. Das Familienmitglied, das sich bei uns angemeldet hatte, das jedoch nicht zugab, verlor die zehn Dollar, die er oder sie für die Teilnahme bekommen hätte. Doch die Art von Bestätigungsfehler, die die Studie aufdeckte, ebenso wie das Beispiel des Persönlichkeitstests zeigen eine weitere, größere Gefahr, die sich hinter diesem Fehlschluss versteckt: der Teufelskreis. Denn der ergibt sich, wenn Sie an Fragen mit einer vorläufigen Hypothese herangehen, die dann immer extremer und immer gewisser erscheint, weil Sie nur Informationen sammeln, die Ihre Hypothese bestätigen, was wiederum dazu führt, dass Sie immer weitere Belege dafür suchen.

Kein Gentest, kein Persönlichkeitstest kann eine definitive Antwort auf die Frage geben, wer ein Mensch wirklich ist. Die Resultate dieser Tests geben immer nur Wahrscheinlichkeiten an. Das mag daran liegen, dass es keine vollkommenen Tests gibt. Aber sicher auch daran, dass die Welt so ist, wie sie ist. Nehmen wir das BRCA1-Gen, das eine gewisse Berühmtheit erlangte, weil Angelina Jolie sich beide Brüste entfernen ließ, als ihr Gentest ergab, dass sie dieses Gen besaß. Es gilt im Übrigen als eines der aussagekräftigsten Gene, was heißt, dass jemand mit diesem Gen eine 60- bis 90-prozentige Wahrscheinlichkeit hat, Brustkrebs zu entwickeln. Eine so hohe Voraussagekraft aber ist extrem selten, weil einfach so viele nicht genetische Faktoren hereinspielen und das tatsächliche Resultat auch von zahlreichen anderen Genen beeinflusst wird. Persönlichkeitstests andererseits wurden entwickelt zur Verwendung im Einstellungsprozess von Unternehmen, in der Psychotherapie und zu dem Zweck, uns selbst besser zu verstehen. Doch sie liefern Informationen, die sehr wenig Kontext bieten. Ein Mensch, der in einer bestimmten Umgebung ausgesprochen nett ist, benimmt sich möglicherweise ganz anders, wenn der äußere Rahmen oder die gestellte Aufgabe eine andere ist.

Ich will nicht behaupten, dass diese Tests nicht nützlich sein können. Ich persönlich werde demnächst einen personalisierten Gentest machen, der mich über meine gesundheitlichen Risiken informieren soll. Damit ich frühzeitig jene Aspekte meines Lebens ändern kann, die ich unter Kontrolle habe. Auch zu wissen, wo ich im Vergleich zur Gesamtbevölkerung stehe, wenn es um Fragen wie Introversion bzw. Extrovertiertheit oder eine offene Geisteshaltung geht, kann mir hilfreiche Einsichten in meine zwischenmenschlichen Beziehungen bringen.

Dennoch kann uns der Bestätigungsfehler zu einem verzerrten und damit wertlosen Selbstbild führen. Sobald wir nämlich glauben, dass wir depressiv sind, verhalten wir uns wie ein depressiver Mensch. Wir treffen zutiefst pessimistische Vorhersagen über unsere Zukunft und tun wirklich nichts mehr, was uns Spaß machen könnte – und das würde jeden Menschen deprimieren. Das Gleiche gilt dafür, wie wir unsere Kompetenz einschätzen: Sobald Sie sich für inkompetent halten, gehen Sie Risiken aus dem Weg, die das Tor zu Ihrer beruflichen Weiterentwicklung weit aufgestoßen hätten. Die Folge ist, dass Sie beruflich nicht weiterkommen, so als wären Sie tatsächlich inkompetent. Auch das Gegenteil ist möglich: Jemand überschätzt sich selbst, erinnert sich nur an seine Leistungen, während er seine Fehlschläge ausblendet. Und am Ende steht er genauso dumm da. Aufgrund dieser Art von Teufelskreis bin ich der Ansicht, dass der Bestätigungsfehler zu den schlimmsten Wahrnehmungsverzerrungen gehört, die ich kenne.

Im nächsten Abschnitt werden wir sehen, dass sich diese Art gefährlicher Schlussfolgerung auch auf gesellschaftlicher Ebene negativ bemerkbar macht.

Der Schaden für die Gesellschaft

Fangen wir mit einer Szene an, die sich so in meiner Familie zugetragen hat. Als meine Tochter in der ersten Klasse war, wurde mein Mann von der National Academy of Sciences mit dem renommierten «Troland Award» ausgezeichnet. Zur Verleihungszeremonie reiste die ganze Familie nach Washington. Während wir darauf warteten, dass das Programm anfing, hatte mein Mann mit Dutzenden anderer Preisträger aus den unterschiedlichsten Wissenschaftsbereichen auf dem Podium Platz genommen, während ich mit den beiden Kindern im Publikum saß – zusammen mit einigen der besten Wissenschaftler der Vereinigten Staaten.

Plötzlich fragte meine Tochter mit lauter Stimme: «Mama, wieso sind da oben mehr Jungs als Mädchen?» Natürlich war ich erst einmal verblüfft, gleichzeitig aber sehr stolz darauf, dass sie das bemerkt hatte. Andererseits war mir das auch ein wenig peinlich – nicht, weil meine Tochter lauthals alles übertönt hatte, sondern weil mir selbst dieses eklatante Ungleichgewicht gar nicht aufgefallen war. Als Wissenschaftlerin hatte ich mich so sehr daran gewöhnt, stets mit mehr Männern als Frauen zu tun zu haben, dass ich auf diesen Umstand gar nicht mehr achtete. Für ein Kind aber, das die gesellschaftlichen Gegebenheiten noch nicht verinnerlicht hatte, war er offensichtlich.

Ich hatte keine Ahnung, wo ich anfangen sollte, um die Frage meiner siebenjährigen Tochter zu beantworten. Zum Glück fing kurz drauf die Zeremonie an und befreite mich aus meiner Zwickmühle. Hier meine nachträgliche Antwort: Der Grund, dass auf dem Podium mehr Männer als Frauen saßen, ist nicht, dass «nur Männer gut in den Wissenschaften sind». Die Wahrheit gleicht eher der korrekten Antwort auf die 2-4-6-Aufgabe, d.h. «jede ansteigende Zahlenfolge»: Sowohl Männer als auch Frauen können gute Wissenschaftler sein. Aber wo es um Männer und Wissenschaft geht, unterliegt unsere ganze Gesellschaft dem Bestätigungsfehler.

Traditionell waren fast alle Wissenschaftler Männer. Wer in seinem Fachgebiet zur Forschungsspitze aufsteigt, macht seine Arbeit normalerweise gut. Daher stammt die allgemein vorherrschende Meinung, dass Männer gute Wissenschaftler abgeben. Frauen jedoch hatten nur selten die Chance zu zeigen, dass sie wissenschaftlich den Männern in nichts nachstehen. Es gibt also nur wenige Gegenbeweise zu der Annahme, dass nur Männer gute Wissenschaftler sind.

Die Annahme, dass Männer bessere Wissenschaftler sind als Frauen, prägt die gesamte gesellschaftliche Praxis. Sagt ein männlicher Student in einem Seminar etwas Kluges, bekommt er dafür mehr Anerkennung als seine Kommilitonin, die das Gleiche sagt. Männer werden eher eingestellt und erhalten höhere Gehälter als Frauen mit der gleichen Qualifikation. Folglich gibt es mehr berühmte männliche Wissenschaftler als weibliche, was wiederum die Annahme zu bestätigen scheint, dass Männer die besseren Wissenschaftler sind. Diese Ansicht kann nur dann rational überprüft werden, wenn man die Möglichkeit schafft, sie zu falsifizieren – das heißt, wenn man Frauen eine faire Chance gibt. Vom Logischen her sitzt jemand, der wichtige Positionen nur mit Männern besetzt und daraus dann schließt, dass Männer besser sind, demselben Trugschluss auf wie ein Kind, das von der Wirksamkeit von Monster-Sprays überzeugt ist, weil keine Ungeheuer mehr aufgetaucht sind, nachdem man es überall versprüht hat. Wir sollten wirklich über diese Art von Fehlschluss hinausdenken.

Inwiefern kann ein solcher Bestätigungsfehler der Gesellschaft schaden? Nun, er verletzt ein grundlegendes moralisches Prinzip, das da lautet: Alle Menschen sollen gleich behandelt werden. Außerdem ist der Bestätigungsfehler irrational. Aber zeitigt er denn auch konkretere Schäden? Natürlich.

Ein Beispiel. Ich habe gerade in eine Suchmaschine «Wissenschaftler, die den Covid-19-Impfstoff entwickelt haben» eingetippt, um zu sehen, wie viele Wissenschaftlerinnen die Suchmaschine ganz oben aufführt. Um nicht selbst dem Bestätigungsfehler anheimzufallen, habe ich nicht eingegeben: «weibliche Wissenschaftler, die ...» Der erste Treffer war Dr. Özlem Türeci, die eine «Hälfte» des Paares, das den Covid-19-Impfstoff von BioNTech-Pfizer entwickelt hatte. (Die andere Hälfte ist ihr Mann Dr. Uğur Şahin. Die beiden haben BioNTech gemeinsam gegründet.) Als Nächste wurde Dr. Katalin Karikó aufgeführt, die ebenfalls am BioNTech-Pfizer-Impfstoff mitgewirkt hatte. Sie wird als mögliche Kandidatin für den Nobelpreis in Chemie gehandelt. Der vierte Name war Dr. Kathrin Jansen, Senior Vice President und Leiterin der Abteilung Impfstoffforschung und -entwicklung bei Pfizer Inc. Was aber ist mit dem Moderna-Impfstoff? Dr. Anthony Fauci meint dazu: «Dieser Impfstoff wurde im Zentrum für Impfstoffforschung meines Institutes [der National Institutes of Health] entwickelt, und zwar von einem Team unter der Leitung von Dr. Barney Graham und seiner engen Mitarbeiterin Dr. Kizzmekia Corbett.» Dr. Corbett ist eine schwarze Wissenschaftlerin, die in ihrer Freizeit hilft, die Impfskepsis in der Community der People of Colour zu bekämpfen. So weit die erste Seite mit den Treffern meiner Internetrecherche. Nur zwei Männer darunter. Stellen Sie sich nur einmal vor, wie es der Welt heute ergehen würde, hätte auch nur eine dieser Wissenschaftlerinnen sich von Eltern oder Lehrern ihre Studienpläne ausreden lassen, hätte sie ihr Augenmerk darauf gerichtet, wie viele Auszeichnungen für wissenschaftliche Leistungen an Männer gingen, und dann wie so viele Geschlechtsgenossinnen angenommen, dass Frauen keine guten Wissenschaftlerinnen abgeben.

Es liegt also klar auf der Hand, wie Klischees von Race, Alter, sexueller Orientierung oder dem sozioökonomischen Hintergrund sich auf diese Weise selbst bestätigen. Wenn nur wenige Angehörige einer Minderheit die Möglichkeit erhalten, ihre Fähigkeiten unter Beweis zu stellen, ist klar, dass auch nur wenige ganz an die Spitze kommen. Das zeichnet nicht nur ein schlechtes Bild dieser Gesellschaft, sondern beraubt uns alle der Chancen, die ein größerer Pool an Talenten unweigerlich mit sich bringt. Ein Bericht der Citibank-Gruppe aus dem Jahr 2020 rechnet nach, welche Auswirkung Diskriminierung und fehlende Chancengleichheit auf die USA haben. Hätte unsere Gesellschaft in den letzten zwanzig Jahren weiße und schwarze Amerikaner gleichermaßen gefördert, hätte sie ihnen Bildung, Obdach, Löhne und geschäftliche Chancen geboten, wäre unser Land heute um

16 Billionen Dollar reicher. Wenn Sie mit dieser abstrakten Zahl nichts anfangen können: Das Bruttoinlandsprodukt der USA – also der Marktwert aller in den USA produzierten Güter und Dienstleistungen – belief sich 2019 auf 21,43 Billionen Dollar. Der Wert von 16 Billionen berechnete sich aus: den potenziellen Löhnen, die schwarze Arbeiter hätten erzielen können, hätten sie einen College-Abschluss erreicht; den möglichen Immobiliengeschäften, hätten schwarze Antragsteller entsprechende Finanzierungen erhalten; und dem Umsatz, den schwarze Unternehmer erzielt hätten, hätte man ihnen ein Darlehen gewährt. Dann hätten wir jetzt 16 Billionen Dollar, mit denen wir dem Klimawandel entgegentreten, die Krankenversicherung der Amerikaner bezahlen und für Frieden auf der Welt eintreten könnten. All das wäre möglich gewesen, wäre da nicht dieser Bestätigungsfehler.

WARUM GIBT ES DEN BESTÄTIGUNGSFEHLER?

Wenn der Bestätigungsfehler so folgenschwer ist, weshalb ist er dann nicht längst Geschichte? Wie konnte er der menschlichen Evolution standhalten, wenn er sowohl Individuen als auch der Gesellschaft als Ganzes schadet? Hat er vielleicht sogar seine guten Seiten?

Es klingt vielleicht absurd, aber der Bestätigungsfehler ist ein Produkt unserer Anpassung an die Umwelt. Er hilft uns zu überleben, weil er uns gestattet, als «kognitive Pfennigfuchser» durch die Welt zu gehen. Wir müssen unser «Gehirnschmalz», also unsere kognitive Energie, nämlich für solche

Aufgaben reservieren, die für das Überleben wichtiger sind, als logisch zu denken. Entdeckte in grauer Vorzeit ein Urahn im Wald X leckere Beeren, warum sollte er sich die Mühe machen nachzusehen, ob auch in Wald Y so wohlschmeckende Beeren wachsen, wo er sich doch aus Wald X versorgen konnte? Solange es also schmackhafte Beeren in Wald X gab, war es uninteressant, ob diese Beeren nur in Wald X wachsen oder vielleicht auch in anderen Wäldern gedeihen.

Herbert Simon war der erste Kognitionswissenschaftler, der 1978 den Nobelpreis (für Wirtschaftswissenschaften) bekam. Er formulierte für dieses «Desinteresse» eine ähnliche Erklärung, aber als allgemeines Prinzip und nicht nur auf den Bestätigungsfehler bezogen. Wenn Sie seine Idee verstehen wollen, sollten Sie sich zunächst klarmachen, dass die Welt unzählige Möglichkeiten bietet. So wird die Anzahl aller möglichen Schachpartien, selbst mit der begrenzten Zahl an Spielfiguren und vollkommen klaren Regeln, auf 10^{123} geschätzt. Das sind mehr, als es Atome in der beobachtbaren Welt gibt. Stellen Sie sich nur mal vor, wie viele mögliche Versionen unserer Zukunft vor uns liegen. Wir sollten also nicht länger suchen, sobald die Anzahl der Möglichkeiten für uns ausreicht. Simon nannte dies «satisficing», ein Kunstwort aus «satisfying» (zufriedenstellend) und «suffice» (genügen).

Spätere Studien von anderen Wissenschaftlern zeigten, dass wir mit der Suche nach möglichen Alternativen ganz unterschiedlich umgehen. (Falls Sie gerne Persönlichkeitstests machen, finden Sie im Internet kostenlose Tests, mit denen Sie feststellen können, ob Sie zu den «Maximierern» oder den «Satisficern» gehören.) «Maximierer» sind immer auf der Suche nach einem besseren Job, auch wenn sie mit ihrer momentanen Beschäftigung eigentlich ganz zufrieden sind.

Sie stellen sich gerne vor, wie es wäre, ein ganz anderes Leben zu führen. Selbst wenn sie nur einen einfachen Brief oder eine E-Mail schreiben müssen, erstellen sie immer mehrere Versionen. «Satisficer» hingegen haben nie Schwierigkeiten, zum Beispiel ein Geschenk für einen Freund zu finden, denn sie nehmen, was sich gerade anbietet, auch wenn es nur das Zweitbeste ist. Sie sind auch nie der Ansicht, man müsse eine Beziehung erst lange genug ausprobieren, bevor man sich wirklich auf den anderen Partner einlässt.

Interessanterweise sind die «Satisficer» immer glücklicher als die «Maximierer» – was nicht schwer zu verstehen ist. Sie suchen nicht ihr Leben lang nach dem perfekten Seelengefährten, sondern lassen sich auf jemanden ein, der ihnen gut genug erscheint, und genießen die Beziehung. Wer im Wald Beeren findet, die gut genug sind, ist glücklicher als jemand, der unbedingt herausfinden muss, ob es nur in diesem Wald gute Beeren hat oder ob in anderen Wäldern die Beeren genauso gut oder vielleicht sogar noch besser sind. Der Bestätigungsfehler ist vielleicht ein Nebeneffekt unseres «Satisficing»-Strebens. Wir hören auf zu suchen, wenn wir in einer Welt der unbegrenzten Möglichkeiten etwas gefunden haben, das uns gut genug erscheint. Das macht uns glücklicher und lässt die Anpassung besser gelingen. Das Problem mit dem Bestätigungsfehler ist, dass wir ihm auch aufsitzen, wenn er zu schlechten Resultaten und falschen Antworten führt, wie wir in diesem Kapitel gesehen haben.

WAS SIE GEGEN DEN BESTÄTIGUNGSFEHLER TUN KÖNNEN

Nun, wo wir wissen, dass der Bestätigungsfehler auch evolutionäre Vorteile bringt, ist klar, dass er sich nicht einfach so abstellen lässt. In einer späteren Version der 2-4-6-Aufgabe versuchten andere Forscher, den Bestätigungsfehler zu unterlaufen. Den Probanden wurde erklärt, dass sich mit einer Dreier-Folge von Zahlen auch die Falschheit einer Hypothese erweisen lasse: nämlich indem sie ihre Hypothese mit Zahlenfolgen testeten, die *nicht* der von ihnen aufgestellten Bildungsregel entsprachen. Selbst diese recht klare Hilfestellung trug nicht dazu bei, dass die Probanden die korrekte Regel schneller fanden. Offensichtlich ist es beim Aufstellen korrekter Regeln sehr schwer, sich selbst zu widerlegen.

Da der Bestätigungsfehler so fest in uns verwurzelt ist, können wir ihn auch dazu verwenden, um ihn abzustellen. Das ist keineswegs so paradox, wie es sich anhört. Der entscheidende Punkt ist: Wir betrachten nicht eine, sondern zwei Hypothesen, die sich aber gegenseitig ausschließen, und versuchen, beide zu bestätigen. Das lässt sich gut an einer Variante der 2-4-6-Aufgabe vorführen.

Nehmen wir mal an, ich denke an zwei Kategorien, denen wir zur besseren Unterscheidung Namen geben: DAX und MED. Jede Kategorie wird definiert durch eine Regel zur Bildung von Zahlenfolgen. Ihre Aufgabe ist es nun herauszufinden, welche Regel für welche Kategorie gültig ist.

Ich kann Ihnen verraten, dass die Zahlenfolge 2-4-6 zur Kategorie DAX gehört. Sie müssen nun die Bildungsgesetze für DAX und für MED herausfinden, indem Sie weitere Dreiergruppen nennen. Sie sagen mir eine Dreierfolge, und ich werde Ihnen sagen, ob sie zu DAX oder MED gehört.

Michelle versucht es. Wie die meisten Menschen denkt Michelle, dass DAX heißt: gerade Zahlen, die um den Wert 2 steigen. Also prüft sie diese Hypothese zuerst.

> Michelle: «10, 12, 14.»
> Ich: «Das ist DAX.»
> Michelle (denkt: «Heureka, ich habe die DAX-Regel ent-
> deckt! MED ist dann vielleicht: Ungerade Zahlen, die
> um den Wert 2 steigen. Das probiere ich jetzt mal aus»)
> sagt: «1, 3, 5.»
> Ich: «Das ist DAX.»
> Michelle: «Wie bitte?»

Während Michelle also glaubte, die DAX-Regel gefunden zu haben, musste sie gleichzeitig die MED-Regel entdecken. Daher ersann sie eine Zahlenfolge, die ihrer Ansicht nach zu MED gehörte. Sie suchte also nach Belegen, die ihre Hypothese über MED bestätigen sollten. Doch dieser Beleg gehörte ebenfalls zu DAX, was ihr sagte, dass sie mit ihrer Annahme dazu falschlag. Sehen wir also weiter zu.

> Michelle (denkt: «Dann ist DAX vermutlich: Alle Zahlen,
> die um den Wert 2 steigen. Was könnte dann MED sein?
> Vielleicht: Alle Zahlen, die um einen anderen Wert als
> 2 steigen. Dann überprüfen wir das mal»): «Wie ist es
> denn mit 11, 12, 13?»
> Ich: «Das ist DAX.»

Einmal mehr dient die Zahlenfolge, mit der Michelle ihre MED-Hypothese prüfen will, dazu, ihre Annahme zu DAX zu widerlegen. Und das geht nun so weiter.

> Michelle (denkt: «Gut, dann ist DAX vermutlich jede Zahl, die sich um einen konstanten Wert erhöht. Und MED wäre dann: Zahlen, die sich nicht um einen konstanten Wert erhöhen. Das überprüfe ich jetzt»). Sie sagt: «Wie wäre es denn mit 1, 2, 5?» (Sie denkt: «Das muss aber jetzt wirklich MED sein.»)
> Ich: «Das gehört zu DAX.»
> Michelle (denkt: «Na, dann ist DAX vermutlich jede aufsteigende Zahlenfolge. Das prüfen wir jetzt»): «3, 2, 1.»
> Ich: «Das ist MED.»
> Michelle: «Ich hab's! DAX bedeutet aufsteigende Zahlenfolgen, MED nicht aufsteigende.»
> Ich: «Korrekt.»

Wie Michelle können 85 Prozent der Probanden die 2-4-6-Aufgabe lösen, wenn sie zwei Regeln finden müssen.[13] Das meinte ich, als ich sagte, wir sollten von unserer Neigung, Hypothesen bestätigen zu wollen, Gebrauch machen, um den Bestätigungsfehler zu überwinden. Da die Teilnehmer versuchten, ihre Hypothesen über MED zu bestätigen, widerlegten sie dabei unbeabsichtigt ihre Annahmen zu DAX. Sobald die Zahlenfolgen, die ihrer Ansicht nach MED oder Nicht-DAX bestätigen sollten, sich als DAX herausstellten, wurde klar, dass die von ihnen aufgestellte DAX-Regel nicht stimmte und revidiert werden musste.

Kehren wir mit diesem Wissen zum Podium in der National Academy of Sciences zurück, auf dem mein Mann und weitere, größtenteils männliche Wissenschaftler Platz genommen hatten. Wir können nämlich die gleiche Strategie anwenden, um den Bestätigungsfehler zu überwinden, der die Ursache für die ungleiche Verteilung der Geschlechter in der Wissenschaft ist. Fangen wir mit der Beobachtung an, dass auf dem Podium 50 Wissenschaftler sitzen, die alle männlich sind. Und Sie stellen dazu folgende Hypothese auf: Was Männer zu guten Wissenschaftlern macht, ist das Y-Chromosom. Da wir aber DAX und MED entdecken müssen, fragen wir uns, was für schlechte Wissenschaft verantwortlich ist. Von Ihrer ersten Hypothese leiten Sie nun die zweite ab: Frauen sind schlechte Wissenschaftlerinnen. Um diese These zu prüfen, geben Sie 50 klugen Frauen die Möglichkeit, Wissenschaftlerinnen zu werden. Aus allen werden aber großartige Wissenschaftlerinnen, was Ihre Ursprungshypothese widerlegt.

Und noch ein Beispiel für die gleiche Strategie: Sie fragen auf zwei verschiedene Arten nach demselben Sachverhalt. Wenn Sie wissen wollen, wie glücklich Sie mit Ihrem Sozialleben sind, haben Sie zwei Möglichkeiten, diese Frage zu formulieren: a) Bin ich mit meinem Sozialleben zufrieden? b) Bin ich mit meinem Sozialleben unzufrieden? Beide Formulierungen zielen auf denselben Sachverhalt ab, daher sollte die Antwort in jedem Fall das Gleiche aussagen, unabhängig davon, wie die Frage formuliert wurde. Zum Beispiel: «Ja, irgendwie bin ich schon glücklich.» Doch wenn Sie sich fragen, ob Sie *unglücklich* sind, fallen Ihnen vermutlich mehr Gedanken, Ereignisse und Verhaltensweisen ein, die untermauern, dass Sie eher unglücklich sind. Überlegen Sie hingegen, ob Sie *glücklich* sind, kommen Ihnen sofort mehr Beispiele für angenehme Momente in den Sinn. Eine Studie zeigte, dass jene Probanden, die man fragte, ob sie unglücklich seien, sich für deutlich unglücklicher hielten als die, die man nach dem Gegenteil befragte.[14]

Um diese Art des Bestätigungsfehlers zu vermeiden, sollten wir uns Fragen stellen, die nach beiden Seiten offen sind. Und dafür gibt es durchaus Mittel und Wege. «Bin ich introvertiert?» Und: «Bin ich extrovertiert?» «Bin ich schlecht in den Naturwissenschaften?» Und: «Bin ich gut in den Naturwissenschaften?» «Sind Hunde besser als Katzen?» Und: «Sind Katzen besser als Hunde?» Ist bei diesen «konträren» Fragen die Reihenfolge wichtig? Oh ja, denn die Antwort auf die erste Frage wird die Antwort auf die zweite zweifellos beeinflussen. Diesem Problem werden wir uns in einem späteren Kapitel noch einmal ausführlich zuwenden. Für den Moment ist es entscheidend, dass wir beiden Seiten die gleiche Chance geben.

Welche Herausforderungen bleiben bestehen?

Nach zwei einander ausschließenden Regeln (MED und DAX) zu suchen und Fragen wie eben beschrieben umzuformulieren – dies scheinen sinnvolle Strategien zu sein, um dem Bestätigungsfehler nicht so schnell auf den Leim zu gehen. Vielleicht könnten wir diese Methoden ja in der Schule lehren, und schon wäre die Welt ein Stück rationaler – oder doch nicht? Leider gibt es gewichtige Umstände, die dem Überprüfen der Alternative – also im Beispiel der Frage nach MED – im Weg stehen können.

Häufig ist es einfach zu riskant. Zum Beispiel bei Ihrer Glücks-Unterwäsche, die Sie immer zum Examen anziehen. Oder bei anderen Ritualen, die Sie vor wichtigen Treffen oder Spielen durchführen. Der Basketballer Mike Bibby schnitt sich während seiner gesamten Laufbahn in der NBA bei jedem Time-out die Fingernägel. Die Detroit Red Wings warfen vor jedem Eishockeyspiel einen toten Tintenfisch aufs

Eis. Björn Borg ließ sich vor jedem Wimbledon-Turnier einen Bart stehen, und zwar nur vor Wimbledon. Um zu beweisen, dass diese Rituale wirkungslos sind, müssten Sie das Risiko eingehen, sie zu unterlassen und damit auf ihre Schutzwirkung zu verzichten. Sie müssen mit ganz gewöhnlicher Unterwäsche zum Examen antreten oder Eishockey ohne Tintenfisch auf Eis spielen.

Auch der Aderlass hielt sich so lange, weil die Menschen davon ausgingen, dass er wirkt. Vor diesem Hintergrund wäre es unvorstellbar, auf dieses «bewährte» Verfahren zu verzichten. Ich persönlich schwöre bei einer Erkältung auf Echinacea, obwohl die wissenschaftlichen Belege für seine Wirksamkeit sehr unterschiedlich ausfallen. Tatsächlich würde ich das Risiko nicht eingehen, beim nächsten Schnupfen auf die Behandlung damit zu verzichten. Ich weiß, dass hier der Bestätigungsfehler am Werk ist. Aber meiner Ansicht nach ist es den Versuch nicht wert, ihn abzustellen, wenn ich dafür riskiere, fünf Tage meines Lebens einer Krankheit zu opfern, die ich hätte verhindern können. Oder nehmen wir mal an, ein Mensch ist schon viele Jahre glücklich verheiratet. Wäre es nicht absurd, mit jemand anderem durchzubrennen, nur um zu überprüfen, ob am eigenen Ehegespons wirklich etwas Besonderes ist?

Ein aktuelles wissenschaftliches Beispiel für eine Überzeugung, an deren Widerlegung kein gesteigertes Interesse besteht, ist der sogenannte «Mozart-Effekt». Erstmals beschrieben wurde er in einer Studie, die 1993 im renommierten Wissenschaftsblatt *Nature* veröffentlicht wurde.

Die Forscher hinter dem Mozart-Effekt berichteten, dass Collegestudenten bei einem Test zur räumlichen Wahrnehmung deutlich bessere Ergebnisse erzielten als die Kontrollgruppe, wenn sie Mozarts *Sonate für zwei Claviere* (für Fans:

Köchel-Verzeichnis 448) gehört hatten.[15] Die Medien machten diese Ergebnisse recht schnell publik und führten sie als Beweis für ihre Hypothese an, dass Babys, die Mozart hören, einen höheren IQ entwickeln. In den USA ließen daraufhin die Gouverneure von Staaten, in denen besonders viele Kinder schlechte Noten hatten, an alle Mütter, die die Geburtsklinik verließen, Mozart-CDs verteilen. Dann produzierte man ein «Baby-Mozart»-Video, in dem bunte Spielfiguren zu Mozarts Musik tanzten. Das dafür verantwortliche Unternehmen brachte dann in einer «Baby-Einstein»-Reihe weitere Videos heraus: «Baby Bach», «Baby Shakespeare» und «Baby van Gogh». Einer Schätzung zufolge besaß im Jahr 2003 mindestens ein Drittel der Haushalte mit Kleinkindern mindestens eines dieser «Baby-Einstein»-Videos. Bald stellte sich heraus, dass der ursprüngliche Mozart-Effekt nicht dauerhaft war und sich auch nur auf die räumliche Wahrnehmung bezog und keineswegs auf den IQ insgesamt. Manche Forscher konnten nicht einmal die ursprünglichen Resultate wiederholen. In einer Studie wurde untersucht, ob die Bestseller-Videos Kindern zwischen 12 und 18 Monaten halfen, neue Wörter besser zu lernen.[16] Die Studie stellte keinerlei Unterschied zwischen Kindern fest, die eines der Videos einen Monat lang anguckten, und Kindern, die kein Video sahen und überhaupt keinen besonderen Unterricht erhielten. Die Gruppe mit den besten Lernergebnissen hatte die Wörter, die auch im Video auftauchten, ohne Videogucken von ihren Eltern gelernt. Jenen Eltern aber, die ihr Kind bekamen, bevor diese Untersuchung bekannt wurde, erschienen die Videos vermutlich als wahres Wunder. Selbst wenn sie nicht zu den höchst ehrgeizigen Tiger-Eltern gehörten, war es für sie unvorstellbar, ihren kostbaren Kindern diese potenzielle Förderung vorzuenthalten.

Den Bestätigungsfehler zu überwinden, ist schwierig, weil wir nun mal nicht gerne Risiken eingehen und weil er einfach zu unseren Gewohnheiten gehört. So wie wir immer beim Zähneputzen auf der gleichen Seite anfangen, ohne es auch nur zu bemerken. Oder wie wir an den Nägeln kauen, mit den Beinen wippen, uns die Haare raufen oder mit den Knöcheln knacken, wenn wir nervös sind. Genauso bestätigen wir automatisch und ohne nachzudenken unsere Hypothesen in der Form, wie die 2-4-6-Aufgabe es zeigt. Gewohnheiten sind schwer zu durchbrechen. Gegen das Nägelkauen können wir Fingerlinge überziehen oder unsere Nägel schneiden. Aber wo fangen wir an, um unserer Sucht nach Bestätigung entgegenzuwirken? Der erste Schritt ist, die negativen Folgen des Bestätigungsfehlers zu erkennen. Ein weiterer kleiner Schritt wäre es, wenn Sie versuchen, dort wo es ohne Risiko möglich ist, Ihre Annahmen hinsichtlich Alltagsfragen systematisch zu widerlegen, indem Sie dem Zufall freies Spiel lassen. Wie Sie beim Lösen der 2-4-6-Aufgabe Ihre Hypothese prüfen können, indem Sie eine zufällige Zahlenfolge wie «1, 12, 13» nennen, entdecken Sie per Zufall vielleicht, dass das, was Sie geschätzt oder fest geglaubt haben, keineswegs der Weisheit letzter Schluss ist. Und dafür gibt es mittlerweile sogar eine App.

Max Hawkins, Computerspezialist und früherer Mitarbeiter von Google, fragte sich, wie es wäre, wenn das Leben vollkommen unvorhersehbar wäre. Also entwickelte er eine App, die nach dem Zufallsprinzip aus einer Liste von öffentlichen Einrichtungen, Lokalen, Geschäften und so weiter in seiner Heimatstadt, die eine Google-Suche ausgeworfen hatte, eine Adresse auswählte und dann ein Uber-Taxi bestellte, das Max an Ort und Stelle bringen sollte, ohne dass er im Voraus wusste, wo er landen würde. Der erste Ort, an den er auf diese Weise gelangte, war ein Notfallzentrum für psychische Erkrankungen, das er ohne die App vermutlich nie zu Gesicht bekommen hätte. Aber gerade das fand er so faszinierend. In der Folge besuchte er zufällig ausgewählte Blumengeschäfte, Lebensmittelläden und Bars, von denen er nicht einmal gewusst hatte, dass es sie gab, weil sein Leben in geregelten Bahnen verlief und er schon deshalb nie andere Alternativen als die bekannten ausprobierte. Dann verbesserte er die App, sodass sie auch Events innerhalb eines von ihm vorgegebenen örtlichen und zeitlichen Rahmens berücksichtigte, die auf Facebook beworben wurden. Und er ging zu jeder einzelnen dieser Veranstaltungen. Er trank White-Russian-Cocktails mit Russen, besuchte einen AcroYoga-Kurs und blieb fünf Stunden auf der Party eines pensionierten Psychologen, den er vorher nicht kannte.

Das hört sich natürlich toll an, solange es um jemand anderen geht, aber vermutlich kaufen wir Max' App nicht, weil uns das doch ein bisschen zu viel Zufall ist. Hier also noch ein paar weniger anstrengende Tipps, mit denen Sie den Bestätigungsdrang unterlaufen können. Wenn Sie in Ihr Lieblingsrestaurant gehen oder sich etwas vom Chinesen holen, wählen Sie Ihr Menü doch mal aus, indem Sie bei geschlossenen Augen mit dem Finger auf die Speisekarte tippen. Vielleicht entdecken Sie ja ein neues Lieblingsgericht (oder ein neues Ih-bäh-Gericht, was natürlich auch möglich ist). Wenn Sie mit einer Freundin shoppen gehen, lassen Sie sie die Sachen für sich aussuchen, damit Sie nicht schon wieder einen grauen Pulli oder ein blaues Hemd kaufen. Verspeisen Sie zum Frühstück mal Lammkotelett mit Salat und dazu ein Glas Milch. Oder zum Abendessen Müsli oder ein Omelett mit einem Glas Wein. Denn das Leben steckt tatsächlich voll unzähliger Möglichkeiten, die die Anzahl der Atome im beobachtbaren wie im nicht beobachtbaren Universum übersteigen. Und die alle darauf warten, von Ihnen entdeckt zu werden.

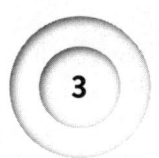

3

DIE FALLSTRICKE DER KAUSALEN ATTRIBUTION: WARUM WIR NICHT SO SICHER SEIN SOLLTEN, WENN WIR LOBEN ODER TADELN

Im Januar 1919, als die Welt damit kämpfte, sich von den Folgen des 1. Weltkriegs und der pandemischen Spanischen Grippe zu erholen, trafen sich die Vertreter der Siegermächte auf der Pariser Friedenskonferenz, um die Bedingungen für die besiegten Länder festzuschreiben. Die Verhandlungen kamen schnell an einen toten Punkt, da Woodrow Wilson, der damalige Präsident der Vereinigten Staaten, Deutschland nicht so drakonisch bestrafen wollte, wie Frankreich und Großbritannien dies forderten. Am 3. April erkrankte Wilson an der Grippe und litt nach seiner Genesung immer noch an neurologischen Symptomen. Er konnte zwar weiterhin an der Konferenz teilnehmen, hatte aber nicht mehr die Kraft, seine Ideen durchzusetzen. Das Resultat war der Friedensvertrag von Versailles, der Deutschland so hohe Reparationszahlungen auferlegte, dass das Land sich massiv verschulden musste. Viele Historiker gehen davon aus, dass die Schuldenlast, die dieser Vertrag für Deutschland nach sich zog, den Aufstieg Adolf Hitlers und der Nazis förderte. Dementsprechend fragen sich einige, ob der Holocaust ausgeblieben wäre, wäre Wilson nicht an Grippe erkrankt.[17]

Ein derart grausames, systematisch geplantes und durchgeführtes Verbrechen gegen die Menschlichkeit wie den Holocaust mit Wilsons Grippe zu erklären, wirkt verstörend, auch wenn der Ablauf der Ereignisse so gewesen sein sollte. Aber ihre kausale Verknüpfung fühlt sich irgendwie falsch an. Warum? Eine Möglichkeit ist, dass die Erklärung vielleicht nicht besonders gut ist. Selbst wenn Wilson 1919 bei bester Gesundheit gewesen wäre, stellt dies keinen zwingenden Grund dar, dass der Friedensvertrag weniger Sanktionen enthalten hätte, es in Deutschlands nicht aufgrund anderer Ursachen zu einer Wirtschaftskrise gekommen wäre oder Hitler nicht auch so die Macht ergriffen hätte.

Aber nehmen wir einmal um der Argumentation willen an, dass jemand eine Zeitmaschine erfindet und ins Jahr 1919 zurückreist. Er hindert das Virus daran, Woodrow Wilson zu infizieren, und es wird ein milderer Friedensvertrag geschlossen, der den Nazis keinen Aufstieg zur Macht ermöglicht. Selbst wenn wir solch ein Experiment durchführen könnten, würden wir wohl immer noch zögern, Wilsons Erkrankung als einzige Ursache, dass der Holocaust nicht verhindert werden konnte, zu bezeichnen, denn für diesen gibt es eine ganze Reihe anderer möglicher Ursachen. Zum Beispiel, wenn Hitlers Eltern einander nie begegnet wären, hätte Adolf nicht zur Welt kommen können. Hätte es keinen Antisemitismus gegeben, hätte es auch keinen Holocaust gegeben. Was wäre geschehen, wenn Deutschland 1919 entdeckt hätte, dass es auf riesigen Ölfeldern liegt? Oder wenn Deutschland den 1. Weltkrieg gewonnen hätte? Was, wenn Erzherzog Franz Ferdinand in Sarajewo nicht ermordet worden wäre und der 1. Weltkrieg erst gar nicht ausgebrochen wäre? Obwohl diese und unzählige andere Möglichkeiten, wären sie eingetreten, den Holocaust vermutlich verhindert hätten, schreiben wir ihn doch nicht den fehlenden Ölmilliarden der Deutschen zu, der Ermordung des Erzherzogs oder dem Sieg der Alliierten 1918.

STRATEGIEN, DIE WIR BEI DER ZUSCHREIBUNG VON KAUSALITÄT ANWENDEN

Die Anzahl möglicher Ursachen für *jedes* Ereignis, nicht nur historischer Natur, ist unendlich groß. Nichtsdestotrotz können wir sie auf eine kleinere Zahl sinnvoller Ursachen eingrenzen. Und in der Frage, wie man dabei am besten vorgeht, herrscht Konsens, denn bei kausalen Überlegungen greifen wir auf wohlbekannte Strategien zurück. Was wiederum nicht heißt, dass wir uns über die Bewertung immer einig sind. Einige Historiker mögen den Holocaust Wilsons Grippe zuschreiben. Gleichzeitig picken wir uns nicht willkürlich irgendeine Ursache als Erklärung heraus. So würden wohl die wenigsten behaupten, dass 1897 ein Schmetterling auf Samoa mit seinem Flügelschlag den 2. Weltkrieg ausgelöst hat. Dass Hitler hingegen einer der Verursacher war, darüber könnten wir uns wohl eher verständigen. Wir können uns darauf einigen, was bessere und plausiblere Erklärungen sind, weil wir uns meist auf die gleichen Strategien stützen, wenn wir Ereignissen eine Ursache zuschreiben.

In diesem Kapitel werde ich mich mit einigen der Strategien auseinandersetzen, die wir zu diesem Zweck gewöhnlich benutzen. In diesem Zusammenhang werden uns speziell die nachstehenden Sachverhalte beschäftigen, aus denen wir einen kausalen Zusammenhang ableiten. Einige von ihnen würden durchaus zulassen, dass wir Wilsons Erkrankung als Ursache des Holocaust betrachten. Andere hingegen schließen die Grippe des amerikanischen Präsidenten als Erklärung aus. Unsere kausalen Schlussfolgerungen hängen nämlich davon ab, auf welche Signale wir uns jeweils stützen.

Ähnlichkeit: Wir neigen dazu, Ursache und Wirkung eine ähnliche Beschaffenheit zuzuschreiben. So ordnen wir den Holocaust nicht Wilsons Grippe zu, weil beide in keinem Verhältnis zueinander stehen. Obwohl Wilson ein wichtiger Mann war und die Grippe eine weltweite Pandemie, verliert doch seine eigene Erkrankung an Bedeutung und Tragik angesichts der systematischen Ermordung von sechs Millionen Menschen.

Hinlänglichkeit und Notwendigkeit: Wir denken häufig, dass Ursachen hinlänglich sind und eine bestimmte Wirkung notwendig nach sich ziehen. Wenn wir annehmen, dass Wilsons Grippe für den Vertrag von Versailles ein hinreichender und notwendiger Grund war, und dass der Vertrag wiederum hinreichend und notwendig für Hitlers Aufstieg war, dann können wir mit Fug und Recht Wilsons Grippe als Ursache des Holocaust ansehen.

Aktualität: In einer Reihe kausaler Ereignisse schreiben wir einen etwaigen Erfolg oder Misserfolg gerne dem jüngsten Vorkommnis zu. So gesehen steht Wilsons Grippe zeitlich in einer zu großen Distanz zum Holocaust, verglichen mit den unmittelbar vorausgehenden Ereignissen wie Hitlers Machtergreifung. Damit ist die Grippe sozusagen aus dem Schneider.

Kontrollierbarkeit: Wir machen für Misserfolge eher Umstände verantwortlich, die wir kontrollieren können, als Sachverhalte, die sich unserer Kontrolle entziehen. Wilsons Grippe hätte sich nicht zuverlässig verhindern lassen, weil es zu jener Zeit keine Impfstoffe gegen die Grippe gab. Andererseits könnte man sagen, dass man Hitler hätte aufhalten können, bevor er an die Macht kam. Wir schreiben also die negative Wirkung dem Ereignis zu, das potenziell kontrollierbar gewesen wäre.

Während wir uns diese Strategien nun im Einzelnen ansehen, sollten wir im Hinterkopf behalten, dass es sich dabei um Heuristiken handelt, also sozusagen Faustregeln. Was bedeutet, dass sie uns zwar helfen können, vernünftige Ursachen zu finden, andererseits aber nicht garantieren, dass wir die *wahre* Ursache entdecken. Sie liefern uns zwar einigermaßen vernünftige Antworten, sodass wir uns gerne auf sie verlassen, dabei aber übersehen wir, dass sie uns auch in die Irre führen können. Daher werden wir uns in der Folge ansehen, wie wir zu falschen Schlüssen gelangen, wenn wir uns blindlings auf diese Strategien verlassen.

Ähnlichkeit

Stellen Sie sich eine rote und eine gelbe Billardkugel vor. Wenn die gelbe Kugel sich schnell bewegt und gegen die rote prallt, dann wird diese sich ebenfalls schnell bewegen. Prallt die gelbe Kugel aber mit geringer Geschwindigkeit gegen die rote, wird auch die rote sich nur langsam von der Stelle bewegen. Die Schnelligkeit der Ursache (gelbe Kugel) passt also zur Schnelligkeit der Wirkung (rote Kugelbewegung). In gleicher Weise setzen wir laute Geräusche, wie sie zum Beispiel bei einer Explosion entstehen, gleich mit einer starken Wirkung, während die Abwesenheit von Geräuschen gewöhnlich für Ruhe und Stille steht. Übelriechende Lebensmittel wie Fleisch, das schon seit Wochen verdorben ist, sind normalerweise für den Körper schädlich. Aromatisch riechende Lebensmittel wie frisch gepflückte Erdbeeren sind für den Körper gewöhnlich gut. Im Alltag passen Ursache und Wirkung in puncto Größenordnung beziehungsweise Natur normalerweise zusammen.

Da Ursache und Wirkung in der realen Welt einander oft ähnlich sind, übernehmen wir dieses Schema und setzen Ähnlichkeit voraus, wenn wir Dingen einen kausalen Zusammenhang zuschreiben. Und wir reagieren überrascht, wenn Ursache und Wirkung sich eben nicht ähneln. So erwarten wir von großen Vögeln, dass sie laute Geräusche machen. Vernehmen wir lautes Gekreisch, sind wir erstaunt, wenn es von einem kleinen Vogel stammt. Wir machen vielleicht sogar ein Handyvideo davon, damit wir es unseren Freunden vorführen können.

Wenige Menschen würden wohl annehmen, dass für den Klimawandel – der sich auf Biologie, Geologie, Wirtschaft und alles andere auswirkt, was auf der Erde passiert – eine Ölkatastrophe im Ozean verantwortlich ist. Nein, die meisten verstehen recht gut, dass der Klimawandel unzählige Ursachen im menschlichen Verhalten ebenso wie in Naturkatastrophen hat, die mit der Zeit die Erdatmosphäre verändern. Umgekehrt gilt: Wenn die Wirkung simpel ist, zum Beispiel ein zerbrochenes Glas auf dem Boden, dann nehmen wir an, dass eine einzelne Person dafür verantwortlich ist. Wir gehen nicht davon aus, dass eine ganze Familie sich verschworen hat, ein Trinkglas zu zerdeppern.

Wenn wir zu dem Beispiel zurückkommen, das ich am Anfang dieses Kapitels gebracht habe, dann ist die Ähnlichkeitsheuristik ein Grund, warum wir die kausale Verknüpfung von Wilsons Grippe mit dem Holocaust als verstörend empfinden. Den Holocaust auf einen einzigen Fall einer Grippeinfektion zurückzuführen, scheint ihn zu banalisieren. Selbst für Kritiker von Woodrow Wilson klingt es ziemlich weit hergeholt, wenn man seine Grippe für den Tod von fast sechs Millionen Juden sowie Hunderttausender gleichfalls ermordeter Homosexueller, Roma und Menschen mit besonderen Bedürfnissen verantwortlich macht. Da greift man doch lieber zu einer eindeutig bösen Ursache auf staatlicher Ebene. Das verstörende Gefühl, das die kausale Verknüpfung von Wilsons Grippe mit dem Holocaust bei uns auslöst, veranschaulicht, wie die Ähnlichkeitsheuristik funktioniert und was sie motiviert.

Doch rein auf das Ähnlichkeitsprinzip zu setzen, wenn wir kausale Zuschreibungen vornehmen, kann uns ganz schön in die Irre führen, weil sich Ursache und Wirkung nun mal nicht immer ähnlich sein müssen. So können Wohlgeruch verströmende Lebensmittel wie frische Erdbeeren zwar gut für uns sein, aber ein frisch gebackener Kuchen aus zwei Pfund Butter und sechs Eiern ist es sicher nicht. Und viele miefende Lebensmittel wie Kimchi, Durianfrüchte, Natto und Blauschimmelkäse sind tatsächlich recht gesund. Ruhe und Stille signalisieren zwar gewöhnlich, dass alles in Ordnung ist, doch wenn Ihr Jüngster keinen Mucks von sich gibt, kann das auch bedeuten, dass er gerade etwas anstellt. Das in sein Spiel versunkene Kind probiert vielleicht, wie weit es die Klopapierrolle abrollen kann, oder es untersucht, was sich Interessantes in Mamas Make-up-Schublade befindet.

Aus der Volksmedizin kennen wir viele Beispiele für die Nutzlosigkeit des Ähnlichkeitsprinzips. So glaubte man früher einmal, die Lunge von Füchsen sei ein gutes Heilmittel bei der Lungenkrankheit Asthma. Und die «Rocky Mountain Oysters» – frittierte Bullenhoden – sollten beim Mann für die Gesundheit der Hoden und eine reiche Hormonproduktion sorgen.

Andererseits kann die Ähnlichkeitsheuristik uns dazu verleiten, gesicherte Tatsachen zu bezweifeln, weil die Ursache der Wirkung nicht angemessen scheint. Als die Keimtheorie aufkam, welche die Entstehung von Krankheiten durch Mikroorganismen wie Viren und Bakterien erklärte, konnten viele ihr nicht folgen, weil sie sich nicht vorstellen konnten, dass so winzige Dinger dem Menschen schaden oder ihn sogar umbringen könnten. Und diese Vorstellung ist selbst heute noch verbreitet. So gab es während der Pandemie 2020 viele Menschen, die sich unbesiegbar fühlten, sich weigerten, Masken zu tragen, und allen medizinischen Ratschlägen zum Trotz riesige Partys veranstalteten. Hätte das Covid-19-Virus mehr ausgesehen wie die Weißen Wanderer in «Game of Thrones» oder die Zombies in «The Walking Dead», dann hätte sich die Sorge für die Volksgesundheit vermutlich weniger problematisch gestaltet.

Diese Beispiele sollen Sie daran erinnern, dass die Ähnlichkeitsheuristik mitunter an ihre Grenzen stößt. Manchmal sind winzige Ursachen für enorme Wirkungen verantwortlich. So glauben wir vielleicht, dass ein kleiner Schwindel doch nicht weiter ins Gewicht fällt, aber Betrug hat einen Kaskadeneffekt und kann andere Menschen auf unvorhergesehene Weise schädigen. Andererseits unterschätzen wir häufig auch kleine Akte der Freundlichkeit, zum Beispiel wenn wir jemanden anlächeln oder ihn fragen, wie es ihm geht. Wir sollten nicht vergessen, dass solche scheinbar unbedeutenden Gesten unserem Gegenüber den Tag versüßen, ja sogar sein ganzes Leben verändern können.

Hinlänglichkeit

Obwohl unsere Kausalurteile von der Ähnlichkeitsbeziehung beeinflusst sind, ist dies keine der Hauptstrategien, auf die wir bei der kausalen Zuschreibung setzen. Die Hinlänglichkeit ist eine weit bessere Strategie.

Nehmen wir mal an, Jill gießt einen Eimer Eiswasser über Jack und Jack schreit laut auf. Phil, der Philosophieprofessor, kommt aus seinem Büro und fragt, warum Jack geschrien hat. Jill gesteht, dass sie ihn mit Eiswasser übergossen hat. Professor Phil ist nicht so recht überzeugt. «Woher wollen Sie wissen, dass dies die Ursache für Jacks Schrei war?», hakt er nach. (Und nein, das ist keine Frage, die man normalerweise in dieser Situation stellen würde, aber Professor Phil ist Spezialist für Epistemologie, die sich mit den Voraussetzungen und der Entstehung von Wissen beschäftigt.) Jill antwortet: «Weil die Leute immer schreien, wenn man sie mit einem Kübel Eiswasser überschüttet.» Das ist ein Beispiel für eine hinreichende Bedingung: *Wenn X passiert, geschieht Y. Wenn X eine hinreichende Bedingung für Y ist, gehen wir davon aus, dass X die Ursache von Y ist.* So weit, so gut.

Das Problem daran ist: Wenn wir uns auf eine Ursache versteifen, die als hinreichend für das Ergebnis gelten kann, dann lassen wir in vielen Fällen andere ebenso mögliche Ursachen außer Acht. Im Falle von Jack und Jill hieße das: Sobald wir wissen, dass Jill Jack mit Eiswasser übergossen hat, suchen wir gar nicht mehr nach anderen möglichen Ursachen für den Schrei, ob zum Beispiel eine Schlange auf Jack zugekrochen ist oder er gerade zu seinem Entsetzen festgestellt hat, dass er zu spät zur Sprechstunde mit Professor Phil kommt, und so weiter. Wir nehmen an, dass die Ursache, an die wir denken, hinlänglich plausibel für die Wirkung ist. Daher ignorieren wir andere Ursachen, die ebenfalls verantwortlich sein könnten.

Andere mögliche Ursachen zu vernachlässigen funktioniert in der wirklichen Welt meist ganz gut. Doch sollte uns bewusst sein, dass es stets auch noch andere Erklärungen gibt, weil wir uns sonst anderen Menschen gegenüber möglicherweise unfair verhalten. Hier ein konkretes Beispiel. Nehmen wir mal an, Gweyneth spricht für eine Fernsehsendung vor und bekommt die Rolle. Michelle findet heraus, dass Gweyneths Vater den Produzenten der Show kennt. Nun glaubt Michelle, Gweyneth habe die Rolle nur bekommen, weil ihr Vater Beziehungen hat. Dass Gweyneth eine gute Schauspielerin sein könnte, daran denkt sie gar nicht. Dabei ist es absolut möglich, dass Gweyneth gut ist *und* gleichzeitig gute Beziehungen hat. Es passiert häufig, dass wir von zwei möglichen Ursachen eine unberücksichtigt lassen. Als würden wir glauben, dass Ursachen sich gegenseitig ausschließen: Wenn eine gegeben ist, dann ist die andere höchst unwahrscheinlich oder kann keine große Rolle gespielt haben.

Wir unterstellen, dass jemand, der fleißig arbeitet, um Erfolg zu haben, nicht begabt sein kann. Zu meiner Zeit in der Highschool oder im College gab es da diese nervigen Klassenkameraden, die immer so taten, als hätten sie fürs Examen kaum gelernt, weil sie dachten, sie würden so klüger rüberkommen. Angeblich hat Mozarts Witwe 90 Prozent seiner frühen Skizzen zu bestimmten Stücken verbrannt, um den Mythos zu befeuern, Mozart hätte alles im Kopf komponiert. Gewiss würde niemand Mozarts Begabung in Zweifel ziehen, ob seine Kompositionen nun im Kopf entstanden sind oder auf dem Papier. Sollte diese Geschichte aber wahr sein, dann war seine Witwe eine kluge Agentin. Oder wie Michelangelo sagte, als man ihn auf das Deckengemälde der Sixtinischen

Kapelle ansprach: «Wenn Ihr wüsstet, wie viel Arbeit darin steckt, würdet Ihr es nicht als Geniestreich betrachten.»

Ein anderes bekanntes Beispiel für das Ausblenden von Ursachen ist das Verhältnis zwischen intrinsischer Motivation und extrinsischer Belohnung. Wenn ein Kind gern putzt, verliert es vielleicht die Lust daran, sobald Papa ihm Geld dafür gibt. So zeigt eine Studie beispielsweise, dass sich die Leistung von Menschen verbessert, wenn sie kurz danach eine Belohnung erhalten.[18] Nimmt man ihnen ihre Belohnung wieder weg, sinkt ihre Leistung unter das Niveau dessen, was sie geleistet haben, *bevor* man ihnen eine Belohnung in Aussicht stellte. Der Grund ist vermutlich, dass sie ihre Produktivität der Belohnung zuschrieben, sobald sie diese erhielten, und nicht mehr ihrer vorherigen intrinsischen Motivation. Kaum wurde die Belohnung wieder gestrichen, zeigte sich, dass die intrinsische Motivation entsprechend abgenommen hatte.

Ursachen auf diese Weise auszublenden, ist nicht per se fehlerhaft, denn in vielen Alltagssituationen passiert ja genau das. Wenn jemand kein Interesse daran hat, eine bestimmte Aufgabe zu erfüllen, müssen Sie diese Person bezahlen, damit sie tätig wird. Es besteht also eine negative Beziehung zwischen intrinsischer Motivation und extrinsischer Belohnung. Meistens werden wir für Dinge, die uns Spaß machen, nicht bezahlt. Ich gehe unglaublich gerne mit meinem Hund ganz früh am Morgen spazieren, damit ich den Sonnenaufgang beobachten kann. Aber dafür bekomme ich natürlich kein Geld. Es stimmt auch, dass talentierte Menschen sich weniger anstrengen müssen als untalentierte, um die gleichen Ergebnisse zu erzielen. Dennoch kann es zu Fehlschlüssen führen, wenn wir uns auf *eine* bekannte Ursache versteifen und automatisch alle anderen nicht beachten.

Hier ein Beispiel aus dem wirklichen Leben, das zeigt, wie

dieses Ausblenden anderen Menschen schaden kann. 2005 sorgte der Wirtschaftswissenschaftler und frühere Finanzminister der USA Larry Summers mit Äußerungen über die Rolle der Geschlechter in Naturwissenschaft und Technik für einige Empörung – was neben anderem dazu führte, dass er später als Präsident der Universität Harvard zurücktreten musste. Er behauptete, dass die geschlechtsspezifische Diskrepanz bei höheren Positionen in der Wissenschaft (zum Beispiel ordentliche Professuren) möglicherweise auf «Fragen der intrinsischen Talente und vor allem der Schwankungsbreite dieser Talente» zurückgehe. Anders ausgedrückt: Selbst wenn die durchschnittliche Begabung bei Männern und Frauen etwa gleich verteilt ist, so besitzen doch mehr Männer als Frauen die wirklich außergewöhnlichen angeborenen Talente, die man für solch hohe wissenschaftliche Positionen braucht.

Die darauffolgende Kontroverse unter den Akademikern drehte sich darum, ob es tatsächlich angeborene Geschlechterunterschiede in der naturwissenschaftlich-technischen Befähigung gibt. Ich möchte mich hier aber auf die Frage konzentrieren, wie die Behauptung solcher Unterschiede instrumentalisiert wird, um gesellschaftliche Faktoren auszublenden (zum Beispiel die Erwartungen der Gesellschaft an Frauen und Mädchen), die für die Geschlechterdiskrepanz verantwortlich sein könnten. Der *Boston Globe* schreibt: «Summers sagte in einem Interview: ‹Forschungsarbeiten in der Verhaltensgenetik zeigen, dass Faktoren, die man vorher der Sozialisation zuschrieb, nicht auf diese zurückzuführen sind.›» Selbst wenn es tatsächlich genetische Unterschiede geben sollte (ich bin nicht der Ansicht, dass es diese gibt, aber um der Argumentation willen nehmen wir die Möglichkeit an), dann schließen diese Resultate ja nicht aus, dass die unterschiedliche Sozialisierung der Geschlechter für die Geschlechterdiskrepanz in der Wissenschaft verantwortlich ist. Das ungerechtfertigte Ausblenden dieser Faktoren hat für das Leben der Menschen gravierende Folgen. Zum Beispiel vergrößert es die Geschlechterdiskrepanz, wie eine Studie zu Larry Summers' Kommentaren zeigt.[19]

Die Versuchsteilnehmer in dieser Studie waren durchweg Frauen. Zuerst gab man ihnen einen Text zu lesen, angeblich zu dem Zweck, das Leseverstehen zu prüfen. Danach sollten sie mathematische Aufgaben lösen. Der entscheidende Punkt aber war der Text, den man den Frauen vorlegte. Eine Gruppe erfuhr daraus, dass «Männer und Frauen bei Matheprüfungen weitgehend gleich abschneiden». Die zweite Gruppe bekam einen Text, in dem es hieß: «Männer schneiden bei mathematischen Tests um fünf Perzentilpunkte besser ab, was an den Genen auf dem Y-Chromosom liegt.» Frauen, die diesen Text zu lesen bekamen, schnitten bei dem folgenden Test um 25 Prozent schlechter ab als Geschlechtsgenossinnen, die diesen Text nicht bekamen! In meinen Kursen ist das der Unterschied zwischen einer 1 und einer 3!

Interessant ist nun, dass man einer dritten Gruppe von Probandinnen ebenfalls sagte, Männer würden bei Mathetests besser abschneiden als Frauen. Was man diesmal aber damit erklärte, «dass Lehrer in den frühen Schuljahren voreingenommen sind, was ihre Erwartungen angeht». Diese Erklärung war überzeugend genug, dass diese Frauen genauso gut abschnitten wie die Probandinnen, die gelesen hatten, es gäbe keinen Unterschied zwischen Männern und Frauen. Was bedeutet: Die Teilnehmerinnen der zweiten Gruppe, welche die angeblich besseren mathematischen Fähigkeiten von Männern für genetisch bedingt hielten, blendeten automatisch aus, dass diese auch auf Umwelteinflüsse zurückzuführen sein könnten. Diese bemerkenswerte Studie zeigt klar und deutlich, dass das unangemessene Ausblenden von Ursachen die eigene Leistung beeinträchtigen kann.

Dass wir eine zweite mögliche Ursache für ein Phänomen außer Acht lassen, wenn eine uns schon bekannt ist, ist ein Automatismus. Manchmal stimmt das Resultat mit den Tatsachen überein, dann wieder lässt er uns zu falschen und potenziell schädlichen Schlussfolgerungen kommen. Wenn wir um diesen Automatismus wissen, sind wir vielleicht ein bisschen vorsichtiger, bevor wir andere Ursachen ausschließen. Vielleicht steuern wir ihm sogar bewusst entgegen, indem wir uns andere Möglichkeiten vor Augen führen.

Notwendigkeit

Nachdem wir uns jetzt genug mit den hinreichenden Bedingungen für kausale Zuschreibungen beschäftigt haben, wenden wir uns der Kehrseite der Medaille zu: der Notwendigkeit. Eine notwendige Bedingung für ein bestimmtes Resultat ist ein guter Kandidat für die kausale Attribution. Tatsächlich gilt sie sogar in der Rechtswissenschaft als gültiges Kriterium. Man nennt dies die «Conditio-sine-qua-non»-Formel.

Nehmen wir mal an, Humpty-Dumpty sitzt auf einer bröckeligen Mauer. Er fällt herunter und erleidet einen Schädelbruch. Nehmen wir weiterhin an, der König, dem diese Mauer gehört, war beim Golfspielen und hat sich nicht darum gekümmert, dass seine Leute die Mauer instand halten. Wenn Humpty-Dumptys Rechtsanwalt beweisen kann, dass Humpty-Dumpty ohne die Fahrlässigkeit des Königs unversehrt geblieben wäre, dann ist der König für Humpty-Dumptys Verletzung verantwortlich.

Die «Eierschalenregel», entscheidend im Prozess um den

Unfalltod eines Opfers, das aufgrund seiner höchst zerbrechlichen Schädelschale infolge eines leichten Sturzes ums Leben kam, unterstreicht ebenfalls die Notwendigkeit als Kriterium für jede Art der Haftung. Da viele Rechtswissenschaftler Humpty-Dumptys Fall anführen, um diese Regel zu erklären, werden auch wir ihrem Beispiel folgen. Denn die Anwälte des Königs könnten ja schließlich behaupten, die Schwere von Humpty-Dumptys Verletzung sei seinem so überaus dünnen Schädel geschuldet – schließlich ist Humpty-Dumpty ein Ei. Zumindest ist er immer so dargestellt worden, und man weiß ja, dass Eier zerbrechlich sind. Doch die Eierschalenregel besagt, dass der König trotzdem verantwortlich ist, denn selbst wenn der Kläger medizinisch einen außergewöhnlich dünnen Schädel hat, wäre es doch nicht zu der fatalen Verletzung gekommen, wäre die Mauer ordentlich instand gehalten worden.

Auch wir verwenden eine ähnlich kontrafaktische Argumentation, wenn wir herauszufinden versuchen, was die Ursache für ein bestimmtes Resultat ist. Wäre es zu B gekommen, wenn A nicht passiert wäre? Wäre ich vielleicht nicht in den Unfall verwickelt worden, wenn ich nicht in diesen Laden gegangen wäre? Wären die beiden zusammengeblieben, hätte er diesen Job nicht angenommen? Wäre das Resultat in unserer kontrafaktischen Welt ein anderes gewesen, dann behandeln wir den verantwortlichen Faktor als Ursache. Die kontrafaktische Argumentation zur Feststellung von Ursachen ist keineswegs irrational. Schließlich wird sie ja auch in der Rechtswissenschaft eingesetzt.

Doch nicht alle notwendigen Bedingungen sind kausal. So ist zum Beispiel Sauerstoff notwendig, damit ein Feuer brennen kann. Aber niemand macht den Sauerstoff in Kalifornien für die verheerenden Waldbrände verantwortlich. Ein

Mensch muss geboren werden, um zu sterben. Wäre Marilyn Monroe nicht zur Welt gekommen, wäre sie nicht gestorben. Aber die Tatsache von Marilyn Monroes Geburt wurde nie als Ursache für ihren mysteriösen Tod angeführt. Um herauszufinden, welche aus einer ganzen Reihe notwendiger Bedingungen tatsächlich eine Ursache ist, müssen wir die Notwendigkeitsheuristik mit anderen Strategien kombinieren, die ich gleich erklären werde. Tatsächlich ergänzen sich alle hier vorgestellten Strategien.

Anormalität

Gewöhnlich entscheiden wir uns eher für unübliche Sachverhalte als Ursachen. Dem Sauerstoff ausgesetzt zu sein oder geboren zu werden sind keine abnormen Faktoren. Sauerstoff ist Teil der Luft, die uns umgibt. Und für uns alle beginnt das Leben mit der Geburt. Dass der König aber die Mauer nicht instand setzen ließ, von der Humpty-Dumpty herunterfiel, ist nicht normal. Die Norm ist, dass der König seinen Besitz instand hält. Daher ist seine Fahrlässigkeit als Ursache für Humpty-Dumptys Unfall zu betrachten. Starke Rückenschmerzen zu haben oder das Martinshorn eines Krankenwagens hinter sich zu hören, sind hinreichend, um das Stresslevel eines Menschen zu erhöhen. Aber wenn Sie schon seit Jahren unter Rückenschmerzen leiden, würden Sie für Ihren Stress eher das Martinshorn verantwortlich machen, selbst wenn sich nur selten ein Krankenwagen in Ihre Gegend verirrt. Wohnen Sie hingegen gegenüber vom Krankenhaus, haben aber sonst nie Rückenschmerzen, schreiben Sie Ihren Stress eher den Schmerzen zu.

Das erklärt, weshalb die Kausalzusammenhänge, die Menschen für ein und dasselbe Ereignis herstellen, häufig so weit auseinanderliegen. Die Entscheidung, was normal oder anormal ist, kann sehr unterschiedlich ausfallen, je nach dem Blickwinkel des Betroffenen. Nehmen wir mal an, Lin hätte bei einem Vorstellungsgespräch nervös gewirkt. Lin ist normalerweise ruhig und selbstsicher. Aus ihrer Sicht war die griesgrämige Art ihres Gesprächspartners an ihrer Unsicherheit schuld. Der Personalchef hingegen sieht regelmäßig viele Bewerber, daher ist die Interviewsituation für ihn völlig normal. Lin schien nervöser als andere Kandidaten, also schreibt er dies ihrer Persönlichkeit zu.

Ein anderes Beispiel sind Gewalttaten mit Schusswaffen. In den Vereinigten Staaten kann jeder ganz legal Pistolen, Schrotflinten, Gewehre und in manchen Bundesstaaten sogar halbautomatische Waffen kaufen. Wann immer es zu Amokläufen kommt, schreibt man die Schuld allein den jeweiligen Tätern zu mit der Begründung, dass die meisten Waffenbesitzer nicht losziehen und auf Menschen feuern. Also muss mit Amokläufern etwas nicht stimmen, sei es, dass sie geistig krank sind, nicht mit ihrer Wut umgehen können, extremen Ideologien anhängen und so weiter. Aus globaler Perspektive aber sind es die Vereinigten Staaten, die anormal sind. Die «Small-Arms-Survey»-Forschungsinitiative gibt für 2018 an, dass die Anzahl der Privatfeuerwaffen auf 100 Einwohner in den USA bei 120,5 liegt. Das ist der höchste Wert auf der ganzen Welt. In den Vereinigten Staaten gibt es mehr als doppelt so viele Privatfeuerwaffen wie beim Zweitplatzierten, dem Jemen. Und mehr als viermal so viel wie in Kanada. Nimmt man nur diese Statistik, ist Amerika, was Handfeuerwaffen angeht, absolut anormal. Daher ist aus globaler Sicht die Anzahl der vorhandenen Privatfeuerwaffen in den USA für die Amokläufe verantwortlich und nicht der individuelle Charakter des Täters.

Je nachdem, aus welcher Perspektive ein bestimmtes Ereignis betrachtet wird, kann das Urteil im Hinblick auf die Ursache ganz unterschiedlich ausfallen. Wenn wir uns fragen, wieso jemand einen kausalen Zusammenhang sieht, der in unseren Augen durch und durch absurd und unsinnig ist, dann ist es sinnvoll, sich in diese Person hineinzuversetzen. Sie kann dann immer noch falschliegen, aber immerhin verstehen wir, wie sie zu ihrer falschen Schlussfolgerung gelangt ist. Und wer weiß, vielleicht ändern am Ende sogar wir unsere Meinung.

Aktivität

Eine weitere Heuristik, auf die wir zurückgreifen, um aus einer Reihe möglicher Kandidaten «unsere» Ursache herauszupicken, ist die Neigung, aktive Handlungen eher für ursächlich zu halten als passive. Hier zur Veranschaulichung ein klassisches Beispiel. Nehmen wir mal an, Ayesha besitzt Aktien von Unternehmen A. Sie überlegt, ob sie diese abstoßen und stattdessen Aktien der Firma B kaufen soll. Was sie schließlich tut. Als die Aktien von Unternehmen B massiv im Wert sinken, verliert Ayesha 10 000 Dollar. Binita hingegen besitzt schon länger Aktien der Firma B (die Ayesha vor Kurzem gekauft hat). Sie hatte überlegt, ob sie nicht Anteile des Unternehmens A kaufen solle, ist dann aber bei B geblieben. Auch Binita verliert 10 000 Dollar. Aber vermutlich empfindet Ayesha, die erst kürzlich die Aktien von A gegen die von B getauscht hat, die Verluste tragischer als Binita, die nichts unternommen hat.

Es gibt unzählige Beispiele dafür, dass ein aktives Vorgehen mehr Kritik auf sich zieht als Passivität, auch wenn das Resultat exakt das gleiche ist.[20] Erfahren wir, dass eine fremde

Regierung jeden Tag willkürlich 25 000 Menschen tötet, sind wir empört. Wir gehen demonstrieren, schreiben Briefe an unsere Abgeordneten und suchen nach Möglichkeiten, das Morden zu beenden. Lesen wir aber, dass laut einem UN-Bericht täglich 25 000 Menschen an Hunger und den damit zusammenhängenden Krankheiten sterben (was stimmt!), dann sind wir vielleicht traurig und schütteln seufzend den Kopf – aber damit erschöpft sich unsere Reaktion. Keine Proteste, keine Briefe an Politiker. Wenn jemand vorsätzlich tötet, ist das Mord. Dies wird mit lebenslänglichem Gefängnis oder sogar mit dem Tod bestraft. Wenn jemand untätig zusieht, wie ein anderer stirbt, dann ist das unterlassene Hilfeleistung, und die Strafe dafür fällt weitaus geringer aus. In den meisten US-Bundesstaaten gibt es dafür Haftstrafen von sechs Monaten bis zu zehn Jahren.

Vermutlich neigen wir dazu, Handeln stärker als ursächlich zu werten als Nicht-Handeln, weil uns, wenn wir über die Alternativen nachdenken, eher diese oder jene Handlung einfällt, die wir einfach hätten unterlassen sollen. Es fällt uns schwer, uns die vielen Dinge vorzustellen, die wir aktiv hätten tun können, wo wir jedoch untätig geblieben sind. Wäre da nicht dieses menschenverachtende Regime oder dieser arglistige Mörder, dann wären diese Menschen jetzt nicht tot. Untätigsein lässt sich viel schwerer rückgängig machen. Und selbst wenn wir versucht hätten, etwas zu unternehmen, ist es nicht klar, ob dies das Resultat verändert hätte.

Außerdem ist Untätigkeit per definitionem unsichtbar. Daher übersehen wir leicht, dass auch Inaktivität mitunter nicht folgenlos bleibt. *Nicht* gegen Rassismus oder den Klimawandel anzukämpfen, Gleichstellungsprobleme nicht publik zu machen, zu Komplizen des Status quo zu werden, obwohl wir tief drin wissen, dass es gerechtere Alternativen gibt – all dies sind Beispiele dafür, wie sich Untätigkeit und Passivität negativ auswirken, ohne dass wir dies klar erkennen.

Nicht um die Kosten unserer Untätigkeit zu wissen, kann darüber hinaus zur Ursache für irreversible Probleme werden. Dass das Klima unwiderruflich kippt, wenn wir jetzt keine geeigneten Maßnahmen ergreifen, ist nur ein Beispiel dafür. Ein anderes sind die Folgen des Nicht-Wählens. Nicht-Wähler mögen es für unschädlich halten, wenn sie den Urnen fernbleiben. Aber dadurch verweigern sie vielleicht einem Kandidaten, der das Leben vieler Menschen zum Besseren hätte wenden können, die nötigen Stimmen. Nichts zu tun, ist also keineswegs weniger schlimm, als negativ zu handeln. Manchmal ist es sogar genauso schlimm.

Aktualität

Folgen mehrere Ereignisse zeitlich aufeinander, neigen wir dazu, das letzte in der Serie für das Endresultat verantwortlich zu machen. Ob im Basketball, im Baseball oder im Fußball: Die Fans bejubeln immer den Spieler, der in einem knappen Spiel den letzten Punkt erzielt hat – wie Michael Jordan und seinen Korb gegen Utah Jazz, der ihm die sechste Meisterschaft mit den Chicago Bulls sicherte. Und die Verlierer, die diesen letzten Spielzug nicht blockieren konnten, machen sich selbst fertig, indem sie ihn immer und immer wieder vor ihrem inneren Auge ablaufen lassen. Doch Sieg oder Niederlage hängen eben nicht vom *letzten* Punkt ab, sondern von der *Summe* der Punkte, die eine Mannschaft während des gesamten Spiels erzielt. Und doch: Es ist der letzte Wurf, der letzte Schuss, der über Sieg oder Niederlage entscheidet, und darüber, ob der Spieler, der diesen Punkt erzielt oder ihn vergeben hat, mit Ruhm oder mit Schande überhäuft wird.

Natürlich können Sie jetzt argumentieren, dass in der Schlussphase eines entscheidenden Spiels ein extremer Druck auf den Spielern liegt und es daher gerechtfertigt ist, Ergebnisse unter diesem Gesichtspunkt zu werten. Manchmal trifft das tatsächlich zu. Aber das folgende Experiment zeigt, dass die meisten Menschen kausale Zusammenhänge an der zeitlichen Abfolge festmachen – selbst wenn sie dies besser nicht täten.[21]

Nehmen wir mal an, zwei Personen – Firth und Secondo – sollen eine Münze werfen. Werfen beide Kopf oder beide Zahl, gewinnt jeder der beiden 1000 Dollar. Fällt aber einmal Kopf und einmal Zahl, gehen beide leer aus. Firth beschließt, als Erster zu werfen: Kopf. Secondo wirft als Zweiter. Autsch: Zahl. Und futsch sind die 1000 Dollar.

Wem aber gelten nun die Vorwürfe? Hier herrscht nahezu vollständige (92 Prozent) Einigkeit unter den Probanden: Secondo. Und wer sollte sich eher schuldig fühlen? Auch hier nennt eine große Mehrheit Secondo. An Secondos Stelle wäre ich ernsthaft geknickt. Wäre ich aber Firth, würde ich vor Wut kochen und von Secondo 500 Dollar verlangen. Das wäre nur gerecht für all den Ärger, den der Kerl mir eingebrockt hat. Doch Secondo die Schuld zu geben ist grotesk. Genauso gut könnte man Firth vorwerfen, dass er nicht «Zahl» geworfen hat. Besser noch: Man tadelt niemanden. Der Münzwurf ist vom Zufall gesteuert. Niemand hat die Möglichkeit, den Fall der Münzen zu beeinflussen. Außerdem steht jeder Münzwurf für sich: Die Münze weiß ja nicht, auf welche Seite sie beim letzten Wurf gefallen ist. Aber wir neigen nun mal dazu, das letzte Ereignis stärker zu gewichten, selbst in solchen Fällen, in denen die zeitliche Abfolge überhaupt keinen Einfluss haben sollte.

Woran aber liegt das? Gibt es eine Kette von Ereignissen

wie: A verursacht B, B verursacht C, C verursacht D, dann ist das Endergebnis D keineswegs allein von A verursacht, sondern von der ganzen Kette aus A, B und C. Daher können wir A nicht als Ursache für Resultat D betrachten, denn ohne B oder C wäre D nie eingetreten, selbst wenn A geschehen wäre. Und wäre C passiert, hätte sich D eingestellt, auch ohne A oder B. Daher scheint die kausale Wirkung von C klarer als die von als A oder B.

Wenden wir die gleiche Heuristik auf Fälle an, in denen eine Serie von Ereignissen keine kausale Verknüpfung aufweist wie unsere Münzwürfe oben, dann wird es problematisch. Dass Firth «Kopf» geworfen hat, hat Secondo nicht dazu gezwungen, «Zahl» zu werfen. Firths und Secondos Münzwurf trugen gleichermaßen und voneinander unabhängig zum Ergebnis bei. Der letzte Touchdown, der ein knappes Footballspiel entscheidet, wird als «Game-Winner-Touchdown» bezeichnet, obwohl der vorausgegangene für den Sieg ebenso wichtig war. Wenn wir dem jeweils letzten Ereignis einer Serie zu viel Bedeutung beimessen, selbst in Situationen, in denen die zeitliche Abfolge nicht wichtig ist, dann ignorieren wir nicht nur die anderen Faktoren, die zum Resultat beigetragen haben, sondern sprechen ihnen auch jede Bedeutung für Sieg oder Niederlage beziehungsweise Verlust ab.

Kontrollierbarkeit

Bevor wir über die letzte Strategie bei der Zuschreibung kausaler Zusammenhänge nachdenken, möchte ich einen Schritt zurück gehen und kurz überlegen, warum wir überhaupt «Warum-Fragen» stellen. Die Antwort wird uns helfen zu verstehen, auf welchen Voraussetzungen die Strategie beruht, die ich Ihnen als Nächstes vorstellen möchte. Warum wollen wir überhaupt für alles und jedes einen Grund finden? Wenn Ihr Date zu spät zum Abendessen erscheint, ist es da wichtig, ob sein Auto gestreikt hat oder ob er Ihre Verabredung fast vergessen hätte?

Eine der wichtigsten Funktionen kausaler Zuschreibungen ist der Wunsch, Kontrolle über künftige Ereignisse zu erlangen. Wir wollen Missgeschicke vermeiden und gute Resultate wiederholen, indem wir die Gründe für beides identifizieren. Wenn sich Ihr Date verspätet hat, weil sein Auto gestreikt hat, sind Sie vermutlich eher bereit, die Beziehung fortzusetzen, als wenn Sie erfahren, dass Ihr Gegenüber sich nicht annähernd so auf die Begegnung gefreut hat wie Sie. Das Warum für die Verspätung zu kennen, hilft Ihnen herauszufinden, ob Sie diese Bekanntschaft weiter pflegen wollen oder nicht.

Dies bringt uns zu einer ebenso wichtigen wie nützlichen Strategie, die wir einsetzen können: die Frage, ob Faktoren kontrollierbar sind. Weil wir kausale Zuschreibungen vornehmen, um eine Richtschnur für künftige Handlungen zu finden, geben wir Dingen, die wir nicht unter Kontrolle haben, gewöhnlich keine Schuld. Zum Beispiel: Wenn ich mir die Finger verbrenne, weil ich den heißen Topfdeckel anhebe, kann ich mir selber die Schuld geben, weil ich keinen Topflappen verwendet habe. Und mir vornehmen, dass ich beim nächsten Mal einen parat halte. Ich schreibe die Ursache für meine Verbrennung nicht der Tatsache zu, dass ich Finger habe oder dass der Griff des Deckels wärmeleitfähig ist. Denn auf die Anatomie und die Physik habe ich keinen Einfluss. Ich kann dem Hersteller Vorwürfe machen, weil er Topfdeckel verkauft, deren Griff glühend heiß wird. Aber vermutlich mache ich eher mir selbst Vorwürfe, weil ich solch einen Topf gekauft habe. Denn ich kann ja einen neuen Topf mit hitzeabweisenden Griffen kaufen, aber auf die Entscheidung des Herstellers habe ich keinen Einfluss.

Unsere Neigung, Schuldzuweisungen zu verteilen, wenn wir bestimmte Faktoren für kontrollierbar halten, kann zu radikal verschiedenen emotionalen Reaktionen auf ein und dasselbe Ereignis führen.[22] Nehmen wir an, Steven bleibt auf dem Heimweg von der Arbeit im Verkehr stecken, weil es einen Unfall gab. Als er endlich zu Hause eintrifft, stellt er fest, dass seine Frau einen Herzanfall hatte und es zu spät ist, um sie noch zu retten. Natürlich ist Steven am Boden zerstört. Aber er kam ja zu spät, weil er im Verkehr feststeckte, was er nicht hätte verhindern können. Und so trauert er, empfindet aber keine Schuldgefühle.

Wandeln wir nun das Szenario leicht ab. Wieder kommt Steven zu spät nach Hause, aber nicht, weil er im Verkehr feststeckte, sondern weil er noch beim Supermarkt haltmachte, um ein paar Flaschen Bier zu kaufen. Vermutlich wird Steven sich sein Leben lang die Schuld am Tod seiner Frau geben und sich ständig fragen: «Was wäre gewesen, wenn ...»

Aber auch Schuldzuweisungen aufgrund kontrollierbarer Handlungen können zu tragischen Fehlschlüssen führen. Nehmen wir nur mal die Opfer von Verbrechen, die sich häufig selbst die Schuld geben für das, was ihnen angetan wurde. So wurde eines der Opfer der schrecklichen Taten von Jeffrey Epstein in der «Today Show» des Fernsehsenders NBC interviewt. Sie hatte angefangen, ihm «Massagen» zu geben, als sie 14 war. Dann vergewaltigte er sie. Der Moderator fragte sie: «Haben Sie damals im Geiste das Wort ‹Vergewaltigung› gebraucht? Haben Sie erkannt, was mit Ihnen geschah?» Die Frau antwortete: «Nein, ich glaube nicht. Ich dachte nur, es müsse meine Schuld sein.»

Natürlich gibt es viele soziologische und kulturelle Erklärungen dafür, warum die Opfer krimineller Akte sich selbst die Schuld geben. Was die Mechanismen der kausalen Zuschreibung angeht, so geschieht dies, weil wir es uns leichter vorstellen können, das *eigene* Verhalten zu ändern, als den Täter dazu zu bringen, von *seinem* Verhalten abzulassen. Wer ein Verbrechen überlebt hat, denkt vielleicht: «Hätte ich nur den letzten Drink nicht genommen.» Oder: «Hätte ich bloß in diesem Moment nicht gelächelt.» In ihrem Kopf sind dies Verhaltensweisen, die sie hätten kontrollieren können. Deshalb geben sich die Opfer die Schuld, obwohl die eigentlich Schuldigen natürlich die Täter sind.

DAS GEDANKENKARUSSELL

Die kausale Attribution kann uns leichtfallen, wie bei der Frage, was Jack aufschreien ließ, als Jill ihn mit Eiswasser übergossen hat. Aber sie kann auch komplexer sein, zum Beispiel bei der Frage, warum es so wenig weibliche Wissenschaftler gibt. In manchen Fällen aber scheint es gar nicht möglich zu sein, eine Ursache zu finden, ganz egal, wie unsere Strategien aussehen. Also sehen wir uns jetzt mal Fälle an, in denen die Frage nach der Ursache unbeantwortet bleibt.

Eine der schwierigsten «Warum»-Fragen ist zweifelsohne: «Warum ich?» Wenn jemand eine ganze Reihe negativer Erfahrungen macht, mag sich diese Frage durchaus aufdrängen. Und über die lässt sich dann trefflich grübeln, wobei stets die gleichen Gedanken wiederkehren: «Warum muss das mir passieren? Warum kann ich nicht einfach dazugehören? Warum stört mich das? Warum kann ich nicht einfach weitermachen wie bisher?» Wenn wir versuchen, Antworten auf Fragen zu finden, auf die es keine Antwort gibt, geht es uns immer schlechter und schlechter.

Susan Nolen-Hoeksema, eine meiner Kolleginnen an der Universität Yale, starb mit 53 Jahren. Ihre bahnbrechende Arbeit auf dem Gebiet der klinischen Psychologie zeigte, wie diese Art Gedankenkarussell letztlich zu Depressionen führen kann.[23] Für ihre Studie befragte sie Studenten vor dem Ablegen der Bachelorprüfung und teilte sie je nach dem Schweregrad ihrer Depression in Gruppen ein. Eine Gruppe hatte depressive Verstimmungen, was bedeutet, dass sie einige Symptome einer Depression aufwiesen, aber keine schwere Depression hatten. Die andere Gruppe Studenten wies keine derartigen Verstimmungen auf.

Für diese Studie sollten die Teilnehmer sich über ihre Gedanken und Gefühle klar werden. Man stellte ihnen Fragen wie: «Wie ist Ihr aktuelles Energieniveau?» «Was könnten Ihre Gefühle bedeuten?» Und: «Warum reagieren Sie auf diese Art?» Im Grunde sind dies neutrale Fragen, die nicht zu depressiven Gedanken führen müssen, mit denen die Teilnehmer sich acht Minuten auseinandersetzen sollten. Bitte machen Sie diese Übung aber nicht allein zu Hause, wenn Sie zu depressiven Verstimmungen neigen, denn als man hinterher den Schweregrad der Depression bestimmte, waren die leicht verstimmten Probanden deutlich depressiver geworden, nur weil sie über die Gründe für ihre negativen Emotionen nachgedacht hatten.

Obwohl das Gedankenkarussell bei den nicht depressiven Probanden nicht zu Verstimmungen führte, kann Grübeln auch Menschen schaden, die im Allgemeinen zufrieden sind, weil wir ohnehin dazu neigen, uns bei negativen Gefühlen oder in schweren Zeiten mehr «Warum»-Fragen zu stellen als üblich. Wir liegen nicht schlaflos im Bett und fragen uns, warum etwas gut gelaufen ist, zum Beispiel, nachdem wir eine Prüfung bestanden oder ein gutes Geschäft gemacht haben. Wenn aber etwas schiefgeht und wir ohnehin schlecht drauf sind, dann fängt unser Gehirn an, sich zwanghaft mit dem «Warum» zu beschäftigen. Tatsächlich neigen Menschen mit chronischen Stressfaktoren wie einer lieblosen Ehe, finanziellen Problemen oder unbefriedigenden Jobs eher zum Grübeln. Der Grund liegt klar auf der Hand: Wenn Menschen ihre Probleme angehen, versuchen sie die Ursache zu finden, um das Problem lösen und künftige Fehler vermeiden zu können. Sie gehen also davon aus, dass sie durch Grübeln nützliche Einsichten gewinnen.

Unglücklicherweise belegen Studien jedoch, dass das Grübeln uns eher daran hindert, unsere Probleme tatsächlich zu lösen.[24] Das könnte am Bestätigungsfehler liegen. Wenn wir uns mies fühlen, denken wir dauernd an Dinge, die uns in diesem Gefühl bestärken. Es ist schwierig, ohne Selbstvertrauen konstruktive Lösungen zu finden. Da das Gedankenkarussell uns nicht hilft, Ursachen oder Lösungen zu finden, führt es meist nur zu mehr Unsicherheit, Angst und Hoffnungslosigkeit in Bezug auf die Zukunft. Diese Abwärtsspirale endet nicht selten in Alkoholmissbrauch und Essstörungen.

Eine Möglichkeit, sich mit sehr schwierigen, ja beinahe unlösbaren Kausalfragen konstruktiv auseinanderzusetzen, ist es, eine gewisse Distanz zwischen sich und die Situation zu bringen. Wenn wir ständig weitergrübeln, verbohren wir uns nur noch mehr in das Problem. Sollten Sie beispielsweise versuchen, den Grund für ein tragisches Ereignis zu finden, durchleben Sie diese Erfahrung vermutlich wieder und wieder. Und wühlen dabei permanent Ihre negativen Gefühle auf. Wenn Sie sich auf diese Weise in Ihr Problem verbeißen, werden Sie nie zu einer Lösung finden, weil Sie irgendwann emotional so ausgelaugt sind, dass Sie keinen Abstand mehr bekommen.

Gehen Sie lieber auf Distanz. Selbst wenn das Problem nur Sie angeht, können Sie einen Schritt zurücktreten und versuchen, es aus dem Blickwinkel eines anderen Menschen zu betrachten. Ich zitiere hier die Anweisungen, die die Teilnehmer einer Studie erhielten, die belegte, dass es sinnvoll ist, bei zwischenmenschlichen Konflikten Distanz zu halten.[25] Man bat die Teilnehmer, sich an eine Situation zu erinnern, in der sie wirklich sehr wütend auf einen anderen Menschen waren. Dann hieß es: «Tun Sie ein paar Schritte zurück, weg von dieser Erfahrung ... Beobachten Sie, wie der Konflikt sich entwickelt, als würde es noch einmal passieren, aber Ihrem distanzierten Ich.» Die Probanden sollten diese distanzierte Sichtweise beibehalten, nachdem man ihnen folgende Aufgabe gestellt hatte: «Versuchen Sie, über die Gründe nachzudenken, die hinter den Emotionen Ihres distanzierten Ich stehen.» Verglichen mit der Kontrollgruppe, die sich von ihrem Erleben nicht distanzieren sollte, empfanden die selbstdistanzierten Probanden deutlich weniger Ärger, sowohl auf bewusster wie auf unbewusster Ebene.

Die Selbstdistanzierung brachte auch auf lange Sicht Vorteile.[26] So bat man die Teilnehmer des Experiments eine Woche später nochmals ins Labor. Bei dieser zweiten Sitzung sollten sie sich noch einmal an das negative Erlebnis erinnern. Dieses Mal forderte man sie nicht zur Selbstdistanzierung auf. Aber auch ohne ausdrückliche Anweisung gaben die früher selbstdistanzierten Probanden an, deutlich weniger negative Emotionen zu empfinden als die Kontrollgruppe, die sich schon bei der ersten Sitzung keiner Selbstdistanzierung unterzogen hatte. Nachdem die Probanden die

Situation durch die Selbstdistanzierung anders erlebt hatten, schien diese geistige Repräsentation erhalten zu bleiben.

Doch eines bleibt natürlich offen: Wie finden wir heraus, ob es auf eine Frage eine Antwort gibt oder nicht? Nun, streng genommen ist keine «Warum»-Frage beantwortbar. Wir können die wahren Ursachen für ein bestimmtes Resultat nie mit absoluter Sicherheit finden.

Wir können kontrafaktische Überlegungen anstellen, ob der Holocaust passiert wäre, hätte Präsident Wilson keine Grippe bekommen, aber wir werden darauf nie eine klare Ja- oder Nein-Antwort finden. Wir können nicht ein Element der Vergangenheit verändern und davon ausgehen, dass alles andere so bleibt, wie es ist, denn das ist schlicht unmöglich. (Daher mag ich diese ganzen Zeitreisen-Filme oder Fernsehserien nicht besonders, weil das einfach nie so passieren kann, wie die Protagonisten es annehmen.)

Selbst bei sehr viel einfacheren und weniger historischen Kausalzusammenhängen können wir nie hundertprozentig sicher sein, was wofür verantwortlich ist. Nehmen wir mal an, Sarah bekommt zum Geburtstag von ihrer Großmutter 100 Dollar geschenkt, worüber sie sich natürlich freut. Aber selbstverständlich könnte Sarah unbewusst auch glücklich sein, weil das Wetter schön ist oder sie gerade eine smaragdgrüne Eidechse gesehen hat oder weil sie sich auf den Geburtstagskuchen freut.

Manchmal glauben wir, die Kausalität in Aktion zu sehen. Eine rote Kugel prallt auf eine gelbe Kugel und versetzt diese in Bewegung. Haben wir nun gerade gesehen, dass die rote Kugel die Bewegung der gelben Kugel verursacht hat? Selbst wenn wir Kausalsequenzen mit eigenen Augen beobachten, gibt es keine Garantie, dass das eine Ereignis das andere ausgelöst hat, wie David Hume, ein schottischer Philosoph des

18. Jahrhunderts, aufzeigte. Die gelbe Kugel kann auch von einer anderen Kraft als der roten Kugel bewegt worden sein oder sich sogar selbst bewegt haben. Die Wahrnehmung der Kausalität ist eine Illusion.

Wenn wir glauben, die richtige Antwort auf eine «Warum»-Frage entdeckt zu haben, dann haben wir in gewisser Weise nur die beste Antwort auf die Frage gefunden, was wir tun müssten, wenn wir in einer ähnlichen Situation wieder das gleiche Ergebnis erzielen wollen – beziehungsweise was wir nicht tun sollten, wenn wir ein anderes Resultat möchten. Darum lohnt es sich nur, auf solche «Warum»-Fragen eine Antwort zu suchen, die uns Erkenntnisse liefern, die unser künftiges Handeln bestimmen können. Wenn wir nie wieder in eine ähnliche Situation geraten, dann ist es nicht nur unmöglich, eine klare Antwort zu finden, dann ist auch sinnlos, danach zu suchen. Sobald Sie aufhören zu grübeln, warum bestimmte Dinge passiert sind, vor allem solche, die Sie lieber nicht erlebt hätten, dann können Sie eine distanziertere Perspektive einnehmen. So werden Sie nicht nur frei von negativen Gefühlen wie Reue oder Bedauern. Es ermöglicht Ihnen auch, Probleme konstruktiver zu lösen, wenn Sie das nächste Mal in einer schwierigen Lage sind.

4

DIE GEFAHREN DES BEISPIELS: WAS UNS ENTGEHT, WENN WIR UNS AUF ANEKDOTEN VERLASSEN

In meinen Vorlesungen und Seminaren bringe ich viele Beispiele, weil die kognitive Psychologie besagt, dass das sinnvoll ist. Lebendige Beispiele sind überzeugender, leichter zu verstehen und schwerer zu vergessen als abstrakte Erklärungen ohne Kontext. Ein Beispiel (war doch klar!):

> Wenn Sie enorme Kraft benötigen, um eine Leistung zu erbringen, diese Kraft aber nicht direkt anwenden können, dann haben viele kleine Kräfte, die aus verschiedenen Richtungen wirken, denselben Effekt.

Das ist eine hochgradig abstrakte Beschreibung ohne jeden erklärenden Hintergrund. Die Aussage ist zwar richtig, aber es ist schwer zu verstehen, auf welche Situation sie sich beziehen mag. Daher ist es unwahrscheinlich, dass sich auch morgen noch jemand daran erinnert. Und nun die folgende Geschichte:

> Ein kleines Land wurde von einem Diktator mit eiserner Faust regiert. Dieser hatte seinen Sitz in einer

stark befestigten Burg. Die Burg lag in der Mitte des Landes, umgeben von Bauernhöfen und Dörfern. Von der Festung ausgehend durchzogen Straßen das Land wie die Speichen eines Rades. Ein mächtiger General aber stand auf gegen den Diktator. Er versammelte eine starke Armee an der Grenze und schwor, die Festung einzunehmen, um das Land zu befreien. Der General wusste, dass er die Burg einnehmen konnte, wenn seine Kräfte alle zur gleichen Zeit angriffen. Er versammelte seine Truppen am Ende einer der Straßen, die zur Festung führten, und bereitete den Angriff vor. Da trug ihm einer seiner Spione eine beunruhigende Nachricht zu. Der gewissenlose Diktator hatte die Straßen verminen lassen, und zwar so, dass kleine Gruppen von Männern sie gefahrlos begehen konnten. Schließlich musste der Diktator selbst auch seine Soldaten und Arbeiter ausschicken können. Doch ein großes Heer würde die Minen unweigerlich zur Explosion bringen. Dabei würden nicht nur viele Soldaten sterben, der Diktator schwor auch, dass er zur Vergeltung viele Dörfer dem Erdboden gleichmachen würde. Ein direkter Angriff aller Truppen auf die Festung schien daher unmöglich. Also ersann der General einen einfachen Plan. Er teilte seine Armee in kleine Trupps auf, die er über die vielen Straßen auf die Festung zu schickte. Als alles bereit war, gab er das Signal. Und jede Gruppe marschierte planvoll so, dass alle zur selben Zeit bei der Burg ankamen.

Die Geschichte illustriert das gleiche Konzept wie die oben angeführte abstrakte Aussage. Sie ist zwar weniger knapp formuliert, aber dafür erinnert man sich ihrer besser, weil sie spannend erzählt ist. Konkrete Beispiele sind immer wirksamer als abstrakte Beschreibungen, und wir behalten sie eher im Gedächtnis.

Meist sind sie auch überzeugender. 1969 verabschiedete der US-Kongress den «Public Health Cigarette Smoking Act», dessen wichtigste Vorschrift lautete, dass jede Zigarettenschachtel künftig die Aufschrift tragen musste: «Achtung: Der Gesundheitsminister sagt, dass Zigarettenrauch Ihre Gesundheit gefährdet.» Die Warnung war so vage, dass sie keine große Wirkung erzielte. 1984 folgte dann der «Comprehensive Smoking Education Act», der spezifische Warnungen verlangte (nämlich, dass Zigaretten Lungenkrebs, Herzkrankheiten, Emphyseme, Komplikationen bei der Schwangerschaft und Missbildungen beim Fötus verursachen können). Aber selbst diese konkreten Warnungen verpufften. Sie vermögen uns nicht zu erschrecken.

In Australien wurden diesen Warnungen Fotos beigegeben: das Bild eines zu früh geborenen Kindes mit ganz dünnen Ärmchen und einer Sauerstoffgabel in seiner winzigen Nase oder abscheulich grüne Zähne mit einer Warnung über Krebs der Mundhöhle und des Rachens. Dass diese Bilder wirken, ist wissenschaftlich bewiesen. Daraufhin lancierten die «Centers for Disease Control and Prevention» eine Kampagne mit «Tipps von ehemaligen Rauchern». Einer von ihnen sprach mithilfe einer Electro-Larynx-Sprechhilfe, weil man ihm wegen Kehlkopfkrebs den gesamten Kehlkopf entfernt hatte. Ein anderer zeigte die vielfältigen Narben auf der Brust, die die verschiedenen kardiovaskulären Eingriffe hinterlassen hatten. Einer anderen Raucherin hatte man wegen eines Krebsgeschwürs in der Mundhöhle die Hälfte des Unterkiefers entfernt. Diese Kampagne ließ die Versuche, mit dem Rauchen aufzuhören, um 12 Prozent ansteigen.[27] Im März 2020 erließ die «US Food and Drug Administration», die Behörde für Lebens- und Arzneimittelsicherheit in den USA, eine Vorschrift, wonach die Warnhinweise auf Zigarettenpäckchen von fotorealistischen Bildern der negativen Auswirkungen des Rauchens begleitet werden müssen.

Plastische Beispiele sind eine gute Möglichkeit der überzeugenden Kommunikation. In diesem Kapitel soll es jedoch um deren Gefahren gehen. Konkrete Beispiele und Anekdoten wirken manchmal allzu überzeugend und führen nicht selten dazu, dass wir wichtige rationale Prinzipien außer Acht lassen. So hörte man 2020 immer wieder Sätze wie die folgenden: «Mein Opa wurde positiv auf Covid-19 getestet, und er hat sich innerhalb einer Woche wieder erholt. Covid ist halt doch nur eine Art Grippe.» Oder: «Mein Freund trägt nie eine Maske, und er hat sich auch nicht mit Covid angesteckt.» Für manche Menschen sind ein oder zwei solcher Anekdoten von Bekannten überzeugender als alle wissenschaftlichen Aussagen, die aufgrund viel umfangreicherer Stichproben getroffen wurden.

Wer soziale Medien wie Instagram oder Facebook nutzt, ist sich auf rationaler Ebene darüber im Klaren, dass die gut ausgeleuchteten Hochglanzbilder von fantastischen Ferienorten, Gerichten oder Drinks sorgfältig ausgewählte Momentaufnahmen sind und nicht das, was diese Menschen Tag für Tag tatsächlich erleben. Aber wenn Sie auf den Bildern das aquamarinfarbene Wasser des Swimmingpools sehen, eine Chanel-Tasche neben einem fantasievollen Cocktail oder die strahlenden Gesichter Ihrer Freunde, dann ist es fast unmöglich, sich vorzustellen, dass auch diese Menschen unter Unsicherheit leiden, sich ärgern oder mit gelegentlichen Anfällen von Reizdarmsyndrom zu kämpfen haben wie der Rest der Menschheit auch.

Um uns also von plakativen Beispielen und Anekdoten

nicht allzu sehr beeindrucken zu lassen, sollten wir uns vielleicht fragen, warum diese eine so starke Wirkung auf uns entfalten. Einige Wissenschaftler glauben, das liege daran, dass unser Geist eher in Wahrnehmungen und Erfahrungen denkt als in abstrakten Konzepten. Anders ausgedrückt: Unser Denken beruht in erster Linie auf dem, was wir sehen, berühren, riechen, schmecken oder hören. Das Bild einer krebszerfressenen Mundhöhle ist überzeugend, denn wir verspüren dabei fast den gleichen Schmerz, den wir auf einem Zahnarztstuhl erlebt haben. In meinen Augen ist dies absolut richtig, doch es lässt uns nicht die Geschichte der Mutter von drei Kindern vergessen, die im April 2021 nach einer Anti-Covid-Impfung mit dem Präparat von Johnson & Johnson an einem Blutgerinnsel starb. Diese Geschichte überschreibt mühelos alle Statistiken der CDC-Gesundheitsbehörden, wonach nur 6 von den 6,8 Millionen Menschen, die in den USA dieses Vakzin erhalten haben, solche Gerinnsel entwickelten. Also stellen wir die Frage doch mal anders: Warum beeindrucken uns abstrakte Statistiken *weniger* als konkrete Fallbeispiele?

DATA SCIENCE – GRUNDKURS

Der Hauptgrund, warum Statistiken uns so wenig überzeugen, ist, dass die meisten von uns sie nicht wirklich verstehen. Es gibt in Sachen Statistik mindestens drei Schlüsselkonzepte, die wir uns vergegenwärtigen sollten, wenn wir im Alltag keine radikal irrationalen Urteile treffen wollen: das Gesetz großer Zahlen, die Regression zur Mitte und der Satz von Bayes. Das hört sich jetzt alles erst mal sehr technisch an, sodass manche Leute schon an dieser Stelle das Interesse verlieren. Doch Studien haben gezeigt, dass wir tatsächlich in der Lage sind, genauere Voraussagen zu treffen, wenn wir diese drei Konzepte kennen. Daher werde ich sie im Folgenden erklären. Und keine Bange: Ich werde Ihnen ordentlich Beispiele dazu liefern.

Das Gesetz der großen Zahlen

Das Gesetz der großen Zahlen ist eines der wichtigsten Prinzipien, wenn wir aus begrenzten Beobachtungen Schlüsse ziehen wollen. Es besagt ganz einfach, dass mehr Daten bessere Ergebnisse liefern. So können wir zum Beispiel mit höherer Sicherheit sagen, dass man in einem neu eröffneten Restaurant gut isst, wenn wir dort schon fünfmal gut gegessen haben und nicht bloß einmal. Je mehr Beobachtungen wir machen, desto zuverlässiger können wir ein Muster ableiten für Fälle, die wir noch nicht beobachtet haben, beziehungsweise Vorhersagen für die Zukunft treffen. Obwohl wir das Gesetz der großen Zahlen intuitiv verstehen, ignorieren wir es recht häufig.

Es gibt unzählige Beispiele aus dem Alltagsleben, bei denen wir dieses Gesetz nicht anwenden, weil wir stattdessen auf anekdotische Evidenz setzen. Einige habe ich ja schon aufgezählt, aber hier kommen noch ein paar Beispiele mehr. Die meisten Start-up-Unternehmen scheitern – tatsächlich ungefähr zwischen 70 und 90 Prozent, je nachdem, wen Sie fragen. Doch die Geschichte, wie drei junge Kerle Matratzen verliehen und daraus irgendwann Airbnb entstand, ein Unternehmen, das 2020 einen Wert von 31 Milliarden Dollar hatte, kann jeden dazu verleiten, sich schon als reichen Unternehmer zu sehen.

Oder wie wäre es mit einem Beispiel zum Klimawandel? Trotz klarer statistischer Daten, die zeigen, wie der CO_2-Anteil in der Atmosphäre über Jahrtausende hinweg zunimmt, wie die Temperaturen steigen und mit ihnen der Meeresspiegel, twitterte ein Präsident der Vereinigten Staaten während eines Schneesturms: «Ich dachte, wir hätten eine globale Erwärmung?» Stephen Colbert fand darauf die perfekte Antwort: «Die globale Erwärmung findet nicht statt, weil mir heute kalt war! Und noch eine gute Nachricht: Der Hunger in der Welt ist besiegt, weil ich gerade gegessen habe.»

Aber es wäre natürlich nicht sinnvoll, nur Anekdoten zu zitieren, um das Problem zu veranschaulichen. Wir wollten schließlich nicht zu viel Gewicht auf Beispiele legen. Also sehen wir uns wissenschaftliche Belege an, die in kontrollierten Experimenten mit einer größeren Anzahl von Stichproben gewonnen wurden. Bei einer Studie befragte man Studenten über ein Thema, das ihnen sehr am Herzen liegt: die Bewertung ihrer Seminare.[28] Am Ende jedes Trimesters bitten Universitäten ihre Studenten gewöhnlich, die von ihnen belegten Kurse unter bestimmten Gesichtspunkten zu evaluieren. Einer Gruppe von Studenten legte man dabei die Bewertungen früherer Studenten vor, zum Beispiel: «Durchschnittliche Einschätzung des Kurses (112 von 119 eingeschriebenen Teilnehmern): Gut.» Die andere Gruppe sah Videos mit Kommentaren von Studenten zu diesem Kurs wie: «Ich habe den Kurs zum Lernen und zur Gedächtnisbildung belegt und fand ihn gut ... Man lernt dabei viel über das Lernen, allerdings ist das Thema sehr breit gefächert, daher geht er nicht so sehr in die Tiefe, wie man das gerne hätte ... Manchmal habe ich mich gelangweilt ... Andererseits konnte man doch einiges an sinnvoller Information mitnehmen.» Alle Teilnehmer – sowohl die, denen man nur die durchschnittliche Bewertung mitgeteilt hatte, wie auch jene, denen man die Videokommentare vorgespielt hatte – sollten danach die Kurse auswählen, die sie in den nächsten Semestern belegen würden. Die Resultate zeigten, dass die Videokommentare die Studenten viel stärker beeinflusst hatten als die Gesamtbewertung der Kurse durch die Teilnehmer.

Mit dem Gesetz der großen Zahlen beschäftigt sich auch eine andere Studie. Die Forscher wollten herausfinden, ob die Teilnehmer vermeiden konnten, sich von einem Einzelfall beeinflussen zu lassen, wenn man sie vorher auf diesen logischen Fehlschluss hinwies (wie ich meine Leser hier).[29] Man sagte den Teilnehmern, sie würden fünf Dollar bekommen für das Ausfüllen eines Fragebogens, der nichts mit der aktuellen Studie zu tun habe. Hinterher erhielten die Studenten das Geld in bar sowie einen Briefumschlag mit einem Anschreiben, das sie aufmerksam lesen sollten. In dem Text wurde eine Hungersnot im südlichen Afrika beschrieben und um eine Spende für «Save the Children» gebeten.

Eine Gruppe bekam einen Text vorgelegt, der Daten von der Webseite von «Save the Children» enthielt, zum Beispiel: «Nahrungsmittelknappheit in Malawi betrifft mehr als drei Millionen Kinder. Vier Millionen Angolaner – ein Drittel der Bevölkerung – auf der Flucht.» Diese Gruppe spendete im Durchschnitt 1,17 Dollar.

Die andere Gruppe erhielt keine statistischen Daten. Der Brief enthielt stattdessen ein Foto der siebenjährigen Rokia aus Mali und erzählte ihre Geschichte, die von Hungersnöten und Unterernährung geprägt war. Diese Gruppe spendete im Durchschnitt 2,83 Dollar, also mehr als doppelt so viel wie die andere Gruppe. Auf die Probanden wirkte also, was die Realität der Hungersnot im südlichen Afrika anging, der Einblick in ein Einzelschicksal überzeugender als das abstrakte

Wissen um Millionen solcher Fälle. Einmal mehr wurde das Gesetz der großen Zahlen außer Acht gelassen.

Doch es gab noch eine dritte Gruppe von Teilnehmern, die man auf diesen Effekt hinwies. Würde die Information über diese unlogische Reaktion irgendeinen Einfluss haben? Die Teilnehmer in der «Interventionsgruppe» wurden ebenfalls in zwei Gruppen aufgeteilt: Eine erhielt die Daten über das Leiden von Millionen, die andere die Geschichte von Rokia. Und beide Gruppen bekamen dazu noch den folgenden Text:

> Forschungsarbeiten zeigen, dass Menschen gewöhnlich stärker auf Einzelschicksale reagieren als auf Statistiken, die die Probleme dieser Menschen darstellen. Ein Beispiel: Als «Baby Jessica» 1989 in Texas in einen Brunnen stürzte, wurden 700 000 Dollar gespendet, um sie zu retten. Eine Statistik – über Tausende von Kindern, die im kommenden Jahr vermutlich bei Autounfällen sterben werden – ruft nur selten so starke Reaktionen hervor.

Dieser Text bewirkte tatsächlich einen Unterschied: Die Gruppe, die über Rokia gelesen hatte, spendete im Durchschnitt 1,36 Dollar, also deutlich weniger als gespendet worden wäre, hätte sie den Text über den Baby-Jessica-Effekt nicht gekannt. Bedauerlicherweise steigerte der erklärende Text die Spendenbereitschaft der Statistik-Gruppe nicht. Dass man sie auf die starke Wirkung von Einzelfällen aufmerksam machte, hat die Leute vielleicht zu rationalerem Handeln veranlasst. Die Spendenbereitschaft für «Save the Children» wurde dadurch nicht höher. Oder, um es abstrakt zu sagen: Dass sie von der Absurdität des Identifizierbaren-Opfer-Effekts erfuhren, hat nicht dazu geführt, dass sie sich von größeren Datenmengen mehr beeindrucken ließen. Aus diesem Grund liefern Organisationen wie «Save the Children» beim Spendensammeln auf ihren Webseiten sowohl Geschichten von Einzelfällen wie statistische Daten. Und natürlich Bilder von hübschen Kindern – was ohnehin der optimale Ansatz sein dürfte.

Eine andere Studie zeigt, dass es durchaus einen Weg gibt, den Menschen mehr und glaubwürdigere Daten in die Hand zu geben: Man muss ihnen nur klarmachen, *warum* das Gesetz der großen Zahlen rational ist.[30] Nun könnte ich natürlich diese Studie beschreiben, aber damit meine Erklärung besser im Gedächtnis haften bleibt, werde ich ein Beispiel bringen: mich selbst.

Als mein Sohn fünf Jahre alt war, meldete ich ihn für einen Anfängerkurs im Schlittschuhlaufen an. Er stand ganz gut auf dem Eis und konnte auch ein paar Schritte tun, aber am Ende der dritten Saison (ja, Saison, nicht Stunde) war das immer noch alles, was er zustande brachte. Ich meldete ihn auch zum Fußball an, als er sieben war. Bis ich bei einem der Spiele sah, wie mein Junge jedes Mal weglief, wenn der Ball auf ihn zukam. Auf diesen Beobachtungen gründete meine Annahme, dass Sport einfach nicht sein Ding war.

Unter Berücksichtigung des Gesetzes der großen Zahlen aber hätte ich alle Sportarten berücksichtigen sollen, nicht nur Eisschnelllauf und Fußball, sondern auch Tennis, Volleyball, Baseball, Basketball, Surfen, Eisstockschießen, Rudern, Klettern, Bobfahren, Dressurreiten, Bogenschießen – Sie merken, worauf ich hinauswill. Stellen Sie sich vor, es gibt 100 verschiedene Sportarten auf der Welt. Statistiker nennen dies die «Population», also die Gesamtheit der unter Beobachtung stehenden Phänomene. Ich hatte nur zwei Beispiele herausgegriffen, meine Schlussfolgerung aber auf alle

Sportarten bezogen. Eine Verallgemeinerung, die auf einer so kleinen Stichprobe der Population beruht, ist problematisch. Nehmen wir mal an, dass sich mein Sohn bei einer Population von 100 Sportarten für insgesamt 60 interessiert. Selbst wenn er sich für etwas mehr als die Hälfte der möglichen Sportarten begeistern könnte, wäre es nicht unwahrscheinlich, dass die beiden, die seine Mutter als Erstes auswählte, ihm keinen Spaß machen. Es blieben ja immer noch 40, die er nicht mag.

Was meinen Sohn angeht, so war es gut, dass man in der Highschool von jedem Schüler verlangte, sich für eine Sportart zu entscheiden. Mein Sohn schloss sich den Crossläufern an, und er läuft heute noch regelmäßig. Vielleicht rannte er ja vor dem Fußball gar nicht weg, sondern genoss nur einfach das Laufen.

Die Regression zur Mitte

Der nächste statistische Begriff ist nicht leicht zu verstehen. Zum ersten Mal habe ich als Doktorandin davon gehört, aber ganz ehrlich: Ich glaube nicht, dass ich das damals richtig kapiert habe. Nun, wo ich den Begriff seit mehreren Jahrzehnten unterrichte, habe ich einen Weg gefunden, ihn besser zu erklären. Ein gutes Beispiel dafür ist der «Fluch von *Sports Illustrated*». *Sports Illustrated* ist eine der bekanntesten Sportzeitschriften in den USA.

Kaum erscheint ein Team oder ein Sportler auf dem Titelblatt, bricht deren Leistung ein. Zum Beispiel: Am 31. August 2015 zierte die Titelseite ein Bild von Serena Williams, einer der weltbesten Tennisspielerinnen, beim Aufschlag. Die Schlagzeile darunter: «Alle Augen auf Serena: Der Slam!» Im zugehörigen Artikel hieß es: «Serena hat die Chance, zum ersten Mal im Laufe ihrer Karriere einen Grand Slam zu gewinnen ... Dieses Jahr besiegte sie Maria Sharapova bei den Australian Open, Lucie Safarova bei den French Open und Garbiñe Muguruza im Finale von Wimbledon.» Aber kaum lag diese Ausgabe von *Sports Illustrated* in den Kiosken, verlor Serena bei den US Open gegen die Italienerin Roberta Vinci. Sie schaffte es noch nicht mal ins Finale.

Am 4. September 2017 erschien auf der Titelseite von *Sports Illustrated* der American-Football-Spieler Tom Brady, der vier Mal zum wertvollsten Spieler bei einem Super Bowl gewählt worden war und zwei Mal zum Spieler des Jahres in der National Football League. In diesem Jahr spielte er immer noch für die New England Patriots, und das Cover läutete die neue Saison ein mit der Schlagzeile: «Das Patriots-Problem – Kann jemand der Dynastie der Unaufhaltsamen Einhalt gebieten? Antwort: Nein!» Auch dieses Cover lag daneben. Im Eröffnungsspiel der Saison unterlagen die Patriots den Kansas City Chiefs mit 27 zu 42.

Das sind nur zwei Beispiele, aber ich bin mir des Gesetzes der großen Zahlen bewusst. Suchen Sie in der Wikipedia nach der langen, langen Liste der Teams und Sportler, die der *Sports-Illustrated*-Fluch getroffen hat. Sie reicht zurück bis ins Jahr 1954, als die Zeitschrift zum ersten Mal erschien.

Wenn an dem Fluch wirklich etwas dran sein sollte, warum und wie bewahrheitet er sich? Werden die Spieler bzw. Mannschaften, die es aufs Titelbild schaffen, etwa eingebildet und strengen sich nicht mehr an? Oder macht es sie nervös, im Rampenlicht zu stehen? Aber nein, wir müssen die Verantwortung nicht bei den Sportlern suchen. Zur Erklärung genügt ein statistisches Phänomen: die Regression zur Mitte. Im Folgenden ein Extrembeispiel, das extra zur Erklärung dieses Phänomens erdacht wurde. Zum Fluch kommen wir später.

Stellen Sie sich 10 000 Studenten vor, die 100 Aussagen daraufhin einschätzen müssen, ob sie wahr oder falsch sind. Wir gehen davon aus, dass keiner von ihnen Hintergrundinformationen zu den Aussagen hat, die in etwa so aussehen: «Die Sozialversicherungsnummer von Jennifer Lopez endet auf eine gerade Zahl.» Oder: «Die Richterin Ruth Bader Ginsburg besaß 2015 15 Paar Sportsocken.» Also müssen alle Studenten raten. Anders ausgedrückt: Es gibt keinerlei Varianz bei der Fähigkeit der Studenten, die wahre Antwort zu finden. Doch da es um «Wahr-falsch»-Angaben geht, liegt der durchschnittliche Trefferwert nicht bei 0, sondern eher bei 50 von 100. Und der Großteil der Studenten wird bei einer Trefferquote zwischen 40 und 60 liegen. Und doch ist es möglich – wenn auch selten –, dass ein absoluter Glückspilz 95 Aussagen korrekt als wahr identifiziert. Oder ein echter Pechvogel nur 5 Richtige hat.

Nun stellen wir uns vor, dass dieselben Studenten einen weiteren Wahr-falsch-Test absolvieren, bei dem sie wieder 100 Aussagen vorgelegt bekommen und wieder raten müssen. Was würde mit den beiden Extremfällen passieren, die vorher 95 bzw. 5 Punkte erzielt haben? Es wäre höchst unwahrscheinlich, dass der Glückspilz wieder auf 95 Richtige käme. Und auch der Pechvogel mit seinen 95 Nieten würde wohl kaum wieder so weit danebenliegen. Die Punktwerte der Glückspilze werden wohl niedriger sein als beim ersten Test, und die der Pechvögel werden sich erhöhen. Und das hat absolut nichts zu tun mit dem Wissen der Studenten, mit ihrer Motivation oder ihrer Nervosität. Es ist einfach ein statistisches Phänomen, das man «Regression zur Mitte» nennt. Extreme Punktwerte beim ersten Testlauf nähern sich beim zweiten eher dem Mittelwert an.

Die Regression zur Mitte zeigt sich nicht nur dann, wenn

die Probanden raten müssen. Ob die untersuchten Personen nun Tests absolvieren oder sportliche Leistungen erbringen, ob sie musikalisch herausragen oder in einer anderen Aktivität brillieren: Es gibt immer Zufallsfaktoren, die ihre Leistung beeinflussen können, sodass sie besser oder schlechter abschneiden, als sie dies üblicherweise tun. Vor diesem statistischen Hintergrund wird nun der Fluch von *Sports Illustrated* verständlich. Auch Spitzensportler werden von zufälligen Faktoren beeinflusst: die Tagesform, die Stärke des Gegners, die Ernährung, ihr Ruhepensum, das Auftreffen des Balls, die Unterschiedlichkeit der Schiedsrichter und so weiter. Wenn diese Zufallsfaktoren zu ihren Gunsten arbeiten, können sie ihr wahres Talent zeigen oder gar über sich hinauswachsen. Dann fragen wir uns: «Wow, was ist denn heute in sie gefahren!» Wer es auf die Titelseite von *Sports Illustrated* schafft, für den standen die Zeichen wohl eine ganze Weile lang gut. Aber statistisch gesehen kann das nicht ewig so weitergehen, und tatsächlich tut es das auch nicht. Kein Champion liefert immer ein perfektes Spiel ab. Damit will ich nicht sagen, dass Spitzensportler einfach nur Glück haben und sie auf das Niveau eines Durchschnittssportlers zurückfallen, wenn ihr Glücksstern sinkt. Aber wenn jemand auf hohem Niveau spielt, kann schon ein klein bisschen Pech bedeuten, dass er verliert. Daher der «Fluch».

Wenn wir die Regression zur Mitte ignorieren, laufen wir Gefahr, jene falschen Kausalzuschreibungen zu tätigen, die man als Regressionsfehlschluss bezeichnet. Zum Beispiel könnten wir annehmen, der Ruhm habe den Sportler arrogant oder faul werden lassen. In Wirklichkeit aber ist an seiner verminderten Leistung die Regression zur Mitte schuld. Aber das passiert auch umgekehrt: Wir rechnen Menschen Leistungen an, die sie nicht erbracht haben. Angenommen, eine Lehrerin denkt sich eine neue Unterrichtsmethode aus, die sie an jenen Schülern testet, die bei der letzten Prüfung am schlechtesten abgeschnitten haben. Die Schüler erzielten bessere Resultate, und die Lehrerin schreibt dies der gesteigerten Motivation durch ihre neue Methode zu. Aber auch diese Ergebnisse könnten auf die Regression zur Mitte zurückgehen. Wer bei der ersten Prüfung außergewöhnlich schlecht abgeschnitten hat, dem kam der Zufall vermutlich nicht zu Hilfe. Er hatte vielleicht einen schlechten Tag oder musste Fragen zu einem Themenbereich beantworten, den er nicht vorbereitet hatte. Die Wahrscheinlichkeit, dass all diese negativen Zufallsfaktoren bei der nächsten Prüfung wieder zu Buche schlagen, ist gering. Zum Pech für die Lehrerin sind die neuen Ergebnisse ihrer Schüler vielleicht nur wegen der Regression zur Mitte besser ausgefallen.

Der Regressionsfehlschluss kann auch beim Vorstellungsgespräch zuschlagen. Gerade hier kann die Macht der Beispiele, um die es in diesem Kapitel ja geht, sich negativ auswirken. Viele Einstellungsentscheidungen werden getroffen, nachdem die Kandidaten ein persönliches Gespräch oder eine Eignungsprüfung absolviert haben. Wer dazu eingeladen wird, hat schon eine gewisse Hürde genommen. Die Varianz zwischen den Kandidaten ist also gering. Was bedeuten kann, dass Zufallsfaktoren sich massiv auf die letztendliche Einstellungsentscheidung auswirken können. Während eines solchen Gesprächs oder einer Eignungsprüfung kann vieles schiefgehen. Das sind Dinge, die man als Kandidat nicht unbedingt unter Kontrolle hat. Der Personalchef kann schlecht gelaunt sein, weil er auf dem Weg zur Arbeit die Nachrichten im Radio gehört hat, und die waren alles andere als gut. Mir wurde von einer Bewerberin erzählt, die mit zwei verschiedenen Schuhen zum Vorstellungsgespräch erschien, weil die fatalerweise nebeneinanderlagen, als sie aus dem Haus eilte. Stellen Sie sich nur vor, wie befangen sie bei diesem Gespräch wohl war. Oder ein Kandidat trägt ein Hemd in der Lieblingsfarbe des Personalchefs. Oder das Musikstück, das man einer Musikerin beim Probespielen vorlegt, ist genau das, an dem sie schon das ganze Jahr über gearbeitet hat.

Zu all diesen zufälligen Faktoren, die für oder gegen den Kandidaten arbeiten, kommt noch die grundsätzlich jeder Prüfungssituation innewohnende Problematik: Der Prüfer bekommt ja nur einen Bruchteil dessen zu sehen, was der Bewerber tatsächlich zu leisten vermag. Entscheidungen über das Ja oder Nein zur Einstellung, die man in erster Linie auf Vorstellungsgespräche gründet, verletzen im Übrigen – endlich ein Fachbegriff! – das Gesetz der großen Zahlen. Aber da das Gespräch von Angesicht zu Angesicht so lebendig erscheint, so einprägsam und konkret, glaubt der Personalchef, ein klares und wahres Bild des Kandidaten gewonnen zu haben und nicht eines, das durch und durch verzerrt und vom Zufall geprägt ist. Und dieser Eindruck, der nur ein Ausschnitt aller persönlichen Eigenschaften ist, die an jenem Tag zum Ausdruck kamen, verleitet Personalchefs häufig dazu, jene Zeugnisse zu übersehen, die ein zuverlässigeres Bild der Leistungen des Bewerbers über mehrere Jahre hinweg zeigen würden. Ein Mensch, der beim Vorstellungsgespräch geradezu brillant wirkte, stellt sich danach dann als nicht besonders begabt heraus. Angesichts der Regression zur Mitte stand dies zu erwarten. Umgekehrt kann eine Person, die beim Vorstellungsgespräch eher gehemmt wirkte – weil sie zum Beispiel zwei verschiedene Schuhe trug –, genau die Kandidatin sein, die das Unternehmen braucht.

Als ich mich um eine Stelle als Assistant Professor bewarb, hatte ich Gelegenheit, die Herangehensweisen von Psychologieprofessoren am eigenen Leib zu studieren. An einer Universität fragte mich der Chef der Berufungskommission, was «Metaphysik» heißt. (Ich hatte bei meiner Probevorlesung gesagt, ich würde nicht über die Metaphysik der Kausalität sprechen.) Und ich antwortete ungefähr so: «Nun, wie die Dinge auf der Welt tatsächlich sind, nicht, wie die Leute sie sehen.» Der Mann antwortete: «FALSCH.» (Ich weiß immer noch nicht, was daran falsch war oder was er an diesem Tag hatte.) Natürlich habe ich diese Stelle nicht bekommen. Viele Jahre später entschuldigte sich eines der Fakultätsmitglieder bei mir für das Verhalten des Kommissionschefs.

Wenn Sie gerade auf der Suche nach einem neuen Job sind, wünschen Sie sich vermutlich jetzt, dass die Personalchefs, mit denen Sie es zu tun bekommen, dieses Kapitel gelesen hätten. Dann könnten Sie nämlich punkten mit Ihren Arbeitszeugnissen und den Empfehlungen von Leuten, die Sie seit Jahren kennen. Aber es muss ja nicht beim Wünschen bleiben. Sie können aktiv gegensteuern, um nicht Opfer eines Regressionsfehlschlusses zu werden, den jemand anderer zieht: Sie können Ihre Stichprobe entsprechend vergrößern. Da es immer Zufallsfaktoren geben wird, sollten Sie sich auf so viele Jobs wie nur möglich bewerben, denn dann gleichen diese Zufälle sich aus. Und Ihre Chance, einen Job zu bekommen, in dem Ihre wahren Fähigkeiten und Erfahrungen geschätzt werden, steigen.

Aber wie können wir verhindern, dass wir selbst dem Regressionsfehlschluss unterliegen? Was kann man tun, wenn man selbst Personalchef ist? Die beste Methode ist es, die Kandidaten nur aufgrund der schriftlich bestätigten Leistungen einzuschätzen. Das mag sich haarsträubend anhören, aber ich kenne jemanden, der das macht – der Chef der Berufungskommission, der mir meine Stellung an der Universität Yale gab. Er sagte mir, er glaube einfach nicht an Vorstellungsgespräche. Um die 30 Minuten zu füllen, die für das Gespräch gedacht waren, bat er mich, ich solle Fragen zu meiner Lehrphilosophie und meinen Forschungsprojekten entwerfen und sie dann selbst beantworten. Ich bekam den Job und nahm ihn an, obwohl ich durchaus andere Angebote von Organisationen hatte, die mich zwei Tage lang auf Herz und Nieren geprüft hatten. Ich kann mich also nicht beklagen.

Müssen wir uns allerdings ein Bild davon machen, wie ein Bewerber sich tatsächlich verhält, dann hat es wenig Sinn, das Vorstellungsgespräch zu streichen. Dann sind Zeugnisse und Empfehlungsschreiben einfach zu unpersönlich und zu vage. Vielleicht glauben wir ja, dass wir eine bessere Entscheidung treffen können, wenn wir den Kandidaten persönlich kennenlernen. Das Problem ist nur: Bei einer persönlichen Begegnung wird es uns schwerfallen, uns nicht von diesem Eindruck beeinflussen zu lassen. Obwohl wir es ja besser wissen – schließlich würde kaum jemand nach dem ersten Date gleich heiraten wollen. Wir müssen uns die Regression zur Mitte ins Gedächtnis rufen und uns nicht von einer Spitzenperformance beeindrucken lassen oder von den verschiedenfarbigen Schuhen einer Kandidatin. So wie wir uns zu vielen Dates verabreden, bevor wir uns auf eine Ehe einlassen, sollten wir uns – dem Gesetz der großen Zahl folgend – viele Bewerber in unterschiedlichen Settings ansehen. Das erfordert mehr Zeit und Mühe, aber am Ende ist es billiger und einfacher, als einen ungeeigneten Kandidaten einzustellen.

Der Satz von Bayes

Das dritte statistische Prinzip, das uns helfen kann, rationaler zu denken, ist der Satz von Bayes oder das Bayes-Theorem. Auch hier wollen wir zuerst mit einem Beispiel beginnen.

Die meisten Erwachsenen in den Vereinigten Staaten, die vor den 1990ern geboren wurden, haben bildhafte Erinnerungen an die Angriffe vom 11. September 2001. Bestimmte Videos liefen in Dauerschleife auf den Fernsehsendern: das Riesenloch im Wolkenkratzer oder die Staubwolke, die durch die Straßen fegte. Bilder von den Ruinen und Geschichten von Menschen, die aus den Trümmern gerettet wurden, füllten die Zeitungen und Zeitschriften. Fast 3000 Menschen kamen damals ums Leben. Die Amerikaner waren zutiefst erschüttert.

Tragischerweise richteten einige ihre Wut auf die amerikanischen Muslime, auch wenn diese nichts mit radikal-islamistischen Gruppierungen wie al-Qaida zu tun hatten, die für den Anschlag verantwortlich waren. Die Zahl der Hassverbrechen gegen Muslime schoss sprunghaft in die Höhe. Moscheen wurden niedergebrannt. Eine Frau schrie Musliminnen an, die ihre Kleinen im Kinderwagen spazieren fuhren, und warf ihnen anti-islamische Beleidigungen an den Kopf. In St. Louis zielte ein Mann mit einer Waffe auf eine muslimische Familie und brüllte: «Die sollten alle verrecken!» 2015 berichtete die *Washington Post*, dass «gegen Muslime gerichtete Hassverbrechen heute immer noch fünfmal häufiger sind als vor dem 11. September».

Auch die Maßnahmen zur Terrorismusbekämpfung, die die Regierung unmittelbar nach dem 11. September ergriff, richteten sich häufig gegen Muslime. FBI-Agenten durchsuchten Häuser, in denen Araber, Muslime und Familien aus Südasien lebten. Tausende junger Männer, die nichts Illegales getan hatten, wurden nur aufgrund ihrer ethnischen Zugehörigkeit verhaftet, festgehalten oder «befragt». Einige hielt man monatelang unter schimpflichen Umständen fest. Es gab viele Versuche, diese Art des ethnischen Profilings zu verhindern. Der Bericht der «American Civil Liberties Union» aus dem Jahr 2004 bezeichnet diese Praxis als ineffizient und ineffektiv.

Aber warum ist ethnisches Profiling ineffektiv, also wenig nutzbringend? Seine Verfechter verteidigen die islamophobe Praxis mit dem Hinweis, dass man nicht alle Wohnhäuser durchsuchen könne und die Anschläge vom 11. September schließlich von Terroristen aus dem Mittleren Osten begangen worden seien. Doch vom Standpunkt der Wahrscheinlichkeit aus betrachtet ist das ethnische Profiling ungerechtfertigt. Um das zu verstehen, müssen wir bestimmte Konzepte der Wahrscheinlichkeitstheorie kennen – in diesem Fall den Satz von Bayes.

Stellen Sie sich mal vor, da ist dieses Etwas vor unserer Nase. Alles, was wir darüber wissen, ist: Es ist ein Koala. Wie groß ist die Wahrscheinlichkeit, dass dieses Etwas ein Tier ist, da wir ja wissen, dass es ein Koala ist? Das ist leicht. 100 Prozent. Nun zäumen wir das Pferd mal von hinten auf. Da ist noch so ein Etwas. Alles, was wir darüber wissen, ist, dass es ein Tier ist. Wie hoch ist die Wahrscheinlichkeit, dass dieses Ding auch ein Koala ist, da wir ja wissen, dass es sich um ein Tier handelt? Ganz bestimmt nicht 100 Prozent.

Großartig! Sie haben soeben bewiesen, dass Sie sehr wohl wissen, was eine bedingte Wahrscheinlichkeit ist. Wie der Name schon sagt, bezeichnet «bedingte Wahrscheinlichkeit» den Umstand, dass etwas – sagen wir A (Tier) – wahrscheinlich wahr ist aufgrund der gegebenen Tatsache oder abhängig von dem Faktum, dass etwas anderes – sagen wir B (Koala) – wahr ist. Wir haben soeben festgestellt, dass die Wahrscheinlichkeit von A (Tier) bei gegebenem B (Koala) nicht gleich der Wahrscheinlichkeit von B (Koala) bei gegebenem A (Tier) ist.

Dieses Beispiel ist leicht verständlich, und die dahinterstehende Logik lässt sich auf alle bedingten Wahrscheinlichkeiten anwenden. Aber nun halten viele die Wahrscheinlichkeit von A bei gegebenem B für gleich hoch wie die Wahrscheinlichkeit von B bei gegebenem A. Eine bekannte Studie, wie die Untersuchungsergebnisse einer Mammografie zu interpretieren sind, belegt, dass wir diesem Denkfehler gern erliegen.

Angenommen, eine Frau hat Brustkrebs. Diesen Sachverhalt bezeichne ich mit A. Wie wir wissen, ist die Wahrscheinlichkeit, dass diese Frau bei der Mammografie ein positives Resultat erhält, das den Knoten in ihrer Brust zeigt, relativ hoch. Bezeichnen wir die Wahrscheinlichkeit, bei der Mammografie ein positives Ergebnis zu bekommen, mit B. Die Wahrscheinlichkeit von B (positives Mammografieresultat) bei gegebenem A (Brustkrebs) ist hoch. Doch leider erliegen wir der Annahme, dass eine Frau, die nicht weiß, ob sie Brustkrebs hat, und bei der Mammografie ein positives Ergebnis erhält (B), mit ebenso hoher Wahrscheinlichkeit Brustkrebs (A) hat. Wir gehen davon aus, dass die Wahrscheinlichkeit von A bei gegebenem B ebenso hoch ist. Aber dies ist nicht der Fall. Nur weil die Wahrscheinlichkeit eines positiven Resultats (B) bei gegebenem Brustkrebs (A) hoch ist, heißt das nicht, dass die Wahrscheinlichkeit von Brustkrebs (A) bei einem positiven Mammografieergebnis (B) auch hoch ist.

Um die Wahrscheinlichkeit von A bei gegebenem B oder

P(A|B) aus der Wahrscheinlichkeit von B bei gegebenem A oder P(B|A) zu berechnen, brauchen wir den Satz von Bayes. Dieser wurde Mitte des 18. Jahrhunderts von dem berühmten Statistiker, Philosophen und presbyterianischen Geistlichen Thomas Bayes entdeckt. Es gibt viele Theorien darüber, was Bayes zu seinem Interesse an der Wahrscheinlichkeitstheorie gebracht hat. Meine Lieblingsidee ist, dass er damit den Philosophen David Hume und sein Argument gegen Wunder widerlegen wollte. Wenn Sie das interessant finden, bitte ich Sie noch um ein wenig Geduld. Ich liefere die Erklärung, nachdem wir uns mit der Formel beschäftigt haben.

Das Bayes-Theorem wird häufig benutzt, um eine bestehende Theorie oder Überzeugung (A) auf den neuesten Stand zu bringen, wenn sich neue Daten (B) ergeben haben. Zum Beispiel: Sie haben drei tolle Filme mit Tom Hanks gesehen und glauben nun, dass alle Filme mit Tom Hanks großartig sind. Aber nun haben Sie einen vierten gesehen, und der war grottenschlecht. (Lieber Mr. Hanks, verzeihen Sie, das ist nur eine Hypothese zum Zwecke der Veranschaulichung. Ich bin ein Riesenfan von Ihnen.) Angesichts dieser neuen Daten müssen Sie Ihre Überzeugung ändern, dass alle Filme von Tom Hanks klasse sind. Der Satz von Bayes bietet eine rationale Vorgehensweise, Ihre Überzeugung zu ändern. Kein Wunder, dass er in den Datenwissenschaften und im Bereich der Künstlichen Intelligenz eine so wichtige Rolle spielt. Es geht dabei nämlich darum, wie sehr man auf seine Überzeugungen vertrauen sollte, wenn man neue Daten erhält.

Die Formel schaut komplizierter aus als Einsteins «E = mc²», ja sie wirkt fast einschüchternd. Auf intuitiver Ebene ist sie auch tatsächlich schwer verständlich. Jene Leser, die sich nicht für die Formel interessieren, können diesen Abschnitt bedenkenlos überspringen und weiterlesen auf Seite 143. (Wollen Sie hingegen wissen, was Bayes zum Thema «Wunder» meinte, müssen Sie sich das bisschen Mathematik schon antun.)

Der Satz von Bayes lautet:

$$P(A|B) = \frac{P(B|A) \times P(A)}{P(B|A) \times P(A) + P(B|\text{nicht-A}) \times P(\text{nicht-A})}$$

P(A) und P(B) sind die Basisraten von A und B. In unserem Beispiel: die Angaben, wie oft Brustkrebs auftritt und wie oft wir positive Mammografieresultate haben. Nicht-A hingegen heißt «Abwesenheit von A», also kein Brustkrebs. P(B|nicht-A) bedeutet: die Wahrscheinlichkeit, dass eine Frau ein positives Mammografieergebnis erhält, obwohl sie keinen Brustkrebs hat (was bei dichtem Brustgewebe häufiger vorkommt). Wenn wir die Formel nun auf unser Mammografie-Beispiel anwenden, dann gilt: Selbst wenn die Wahrscheinlichkeit, dass Frauen mit Brustkrebs ein positives Resultat erhalten (P(B|A), hoch ist – sagen wir 80 Prozent –), und die Wahrscheinlichkeit, dass Frauen ohne Brustkrebs ein positives Mammografieresultat haben (P(B|nicht-A), niedrig ausfällt – sagen wir 9,6 Prozent –), dann liegt die Wahrscheinlichkeit, dass Frauen, die ein positives Resultat erhalten, tatsächlich Brustkrebs haben, nur bei 0,078 bzw. 7,8 Prozent. Dieser Wert ist erstaunlich niedrig, aber das liegt daran, dass die Basisrate (das Auftreten) von Brustkrebs in der Bevölkerung P(A) nur bei 1 Prozent liegt. Hier die Gleichung mit all den eingesetzten Zahlen:

$$\frac{0,8 \times 0,01}{0,8 \times 0,01 + 0,096 \times (1-0,01)} = 0,078$$

Die Wahrscheinlichkeit ist so niedrig, dass alle Frauen, die ein positives Mammografieresultat haben, sich weiteren Tests unterziehen müssen. Aus diesem Grund gibt es unter Ärzten und Betroffenen heftige Debatten darüber, ob man diese Vorsorgeuntersuchung wirklich jährlich durchführen lassen sollte.

In einer in den frühen 1980ern durchgeführten Studie legte man den Teilnehmern (darunter auch Ärzten) diese Zahlen vor und bat sie um eine Schätzung, wie hoch die Wahrscheinlichkeit war, dass eine Frau mit einem positiven Mammografieresultat tatsächlich Brustkrebs hatte.[31] Fielen die Schätzungen der Ärzte korrekter aus als die der medizinischen Laien? Nein. Die meisten Probanden, auch 95 von 100 Ärzten, schätzten die Wahrscheinlichkeit auf 75 bis 80 Prozent. Um auf so hohe Werte zu kommen, müsste die Basisrate für Brustkrebs $P(A)$ enorm hoch sein, etwa 30 Prozent. Nur wenn bei einem Drittel der Frauen mittleren Alters Brustkrebs aufträte – und nicht bei nur 1 Prozent –, könnten wir sagen, dass ein positives Resultat bei einer Mammografie mit 80-prozentiger Wahrscheinlichkeit sagt, dass die Betroffenen tatsächlich Brustkrebs haben. Da die Brustkrebsrate in der Bevölkerung sehr viel niedriger liegt, ist die Wahrscheinlichkeit, dass ein positives Resultat tatsächlich auf Brustkrebs hinweist, niedriger als 10 Prozent.

Das bringt uns zurück zu Hume versus Bayes. Hume stellte die Auferstehung Jesu infrage, da außerhalb des biblischen Kontexts im Verlauf der gesamten Menschheitsgeschichte niemand je die Auferstehung eines Toten beobachtet hatte. Und nur wenige Zeugen gaben an, Jesus nach seiner Kreuzigung gesehen zu haben. Bayes veröffentlichte nichts, was Humes Argument widerlegt hätte, doch moderne Philosophen und Mathematiker meinen, dass er Hume mit seiner

Gleichung hätte widerlegen können.[32] Wenn man nämlich annimmt, dass die Wahrscheinlichkeit der Auferstehung P(A) hoch ist, dann ist auch die Wahrscheinlichkeit, dass Jesus tatsächlich auferstanden ist P(A|B), hoch, da es ja Zeugen gab. Zumindest wenn man annimmt, dass die Zeugen genauso glaubwürdig sind wie eine Brustkrebs-Mammografie. Mit anderen Worten: Die Behauptung, dass das Jesus-Wunder tatsächlich geschah, verstößt nicht gegen die Grundlagen der Wahrscheinlichkeitstheorie. Wenn natürlich ein Mensch nicht glaubt, dass Jesus der Messias war, dann ist die Wahrscheinlichkeit der Auferstehung P(A) sehr niedrig und Humes Argument damit logisch korrekt.

Gut, das war nun ein recht ausgedehnter Abstecher, der beweisen sollte, dass Islamophobie irrational und diskriminierend ist. Wir haben darüber gesprochen, dass die Bilder vom 11. September sich uns ins Gedächtnis gebrannt haben. Als Resultat glauben einige Menschen, dass Terrorismus immer von Muslimen ausgeht. Das ist schon aufgrund des Gesetzes der großen Zahlen ein Fehlschluss. Die Stichprobe ist viel zu klein, um daraus schließen zu können, dass alle oder auch nur der Großteil der terroristischen Aktivitäten auf Muslime zurückgehen. Besonders schlimm ist in diesem Fall aber auch, wie Menschen *bedingte* Wahrscheinlichkeiten handhaben. Aufgrund der Annahme «Wenn Terrorismus, dann kommt er von Muslimen» wird folgender Umkehrschluss gezogen: «Wenn ein Mensch Muslim ist, dann ist er ein Terrorist.» Das ist genauso unsinnig, als würde man aufgrund der Schlussfolgerung «Wenn etwas ein Koala ist, ist es ein Tier» behaupten: «Wenn etwas ein Tier ist, ist es ein Koala.»

Ein wild entschlossener Diskutant könnte noch behaupten, dass die beiden Tatsachen zwar nicht gleich sind, aber die Wahrscheinlichkeit, dass ein Tier ein Koala ist, immerhin höher ist als die, dass etwas Nicht-Tierisches ein Koala ist. Und so räsoniert er weiter: «Die Wahrscheinlichkeit, dass ein beliebiger Muslim ein Terrorist ist, sollte höher sein als die Wahrscheinlichkeit, dass ein beliebiger Nicht-Muslim Terrorist ist.» Damit wäre das ethnische Profiling statistisch gerechtfertigt. Richtig? Nein.

2021 zählte die erwachsene Bevölkerung der Vereinigten Staaten etwa 200 Millionen Menschen. Davon waren 1,1 Prozent oder 2,2 Millionen Muslime. Ich stütze mich hier auf einen Bericht des «U.S. Government Accountability Office» von 2017 über die Anzahl tödlicher terroristischer Angriffe in dem Zeitraum unmittelbar nach dem 11. September bis Ende 2016. Das war der jüngste Bericht, den ich zu dem Thema finden konnte. Darin heißt es, dass gewalttätige Extremisten zwischen dem 12. September 2001 und dem 31. Dezember 2016 in den USA insgesamt 85 Anschläge mit Todesfolge begingen.[33] 23 dieser Anschläge oder 27 Prozent wurden von radikalen Islamisten ausgeführt. Davon wurden sechs von derselben Person begangen, dem Washington-Beltway-Sniper, der 2002 zuschlug. Weitere drei schrieb man den Brüdern zu, die beim Boston Marathon Bomben legten. Die Gesamtzahl von Terroristen, die eindeutig von radikal-islamischen Ansichten motiviert tödliche Anschläge in den Vereinigten Staaten begingen, lag also unter 23. Ich zähle insgesamt 16 Täter.

Diese Zahl mag den Lesern schockierend niedrig erscheinen, weil sie sich an die Schießerei im Nightclub von Orlando erinnern oder an den Anschlag auf die Weihnachtsfeier im Gemeindezentrum von San Bernardino. Ich habe diese Vorfälle mitgezählt. (Wenn Sie immer noch glauben, dass die Zahl größer sein müsste, dann ist dies ein weiterer Beleg dafür, wie nachhaltig plastische Beispiele die Menschen beeindrucken – was die Psychologen Daniel Kahneman und Amos Tversky als «Verfügbarkeitsheuristik» bezeichnet haben: Wir beurteilen die Häufigkeit von Ereignissen danach, wie lebhaft sie uns im Gedächtnis bleiben.)

Nun haben wir die nötigen Voraussetzungen geschaffen: Wir können die Wahrscheinlichkeit berechnen, mit der ein beliebiger muslimischer Erwachsener, dem Sie auf den Straßen der USA begegnen, ein Terrorist ist. Dazu brauchen wir die Anzahl muslimischer Terroristen (16) geteilt durch die Gesamtzahl der Muslime in den USA (2,2 Millionen). Und das ergibt 0,0000073 oder 0,00073 Prozent. Selbst wenn FBI-Agenten Zehntausende erwachsener Muslime festhalten, ist die Wahrscheinlichkeit, dass sich darunter ein Terrorist befindet, nahe null. (Falls meine Leser skeptisch sind, was die Schätzung von 16 muslimischen Terroristen, die für die 23 todbringenden Anschläge verantwortlich waren, angeht, so ist doch klar erkennbar: Selbst wenn wir von 160 Attentätern ausgehen, liegt die Wahrscheinlichkeit immer noch bei nahe null.)

Menschen, die das ethnische Profiling rechtfertigen und die Diskriminierung der Muslime, haben einfach keine Ahnung von bedingten Wahrscheinlichkeiten. Die Wahrscheinlichkeit, dass ein Terrorist, der auf amerikanischem Boden in den letzten 15 Jahren Anschläge verübt hat, Muslim ist, liegt bei 27 Prozent. Das heißt: Hat man 100 bekannte Terroristen, dann sind möglicherweise 27 davon Muslime. Das ist an sich hoch, aber nicht die Wahrscheinlichkeit, auf die wir uns stützen sollten, wenn wir Menschen hinter Schloss und Riegel bringen. Dann müssen wir vielmehr eine inverse Wahrscheinlichkeit zugrunde legen, und die liegt nun mal nahe null.

Das Bild der Twin Towers in Flammen und das Gesicht Osama bin Ladens haben sich fest in unser Gedächtnis eingebrannt. Dies zusammen mit unserer Unfähigkeit, bedingte Wahrscheinlichkeiten zu berücksichtigen, führt letztlich nur zu unhaltbaren Vorurteilen, die auf dem Rücken unschuldiger Menschen ausgelebt werden.

WIE WIR KONKRETE BEISPIELE AM BESTEN GEBRAUCHEN

Statistisches Denken ist schwer, und dafür gibt es gute Gründe. Wir arbeiten nun mal selten mit großen Zahlen oder haben es mit einer ganzen Bevölkerung zu tun, aus der Stichproben ausgewählt werden. Es ist schwierig, sich die Zufallsfaktoren vorzustellen, die einer großartigen oder einer schlechten Performance zugrunde liegen und eine Regression zur Mitte bewirken. Das Denken in Wahrscheinlichkeiten hat sich überhaupt erst um 1560 herum in der menschlichen Kultur verbreitet. Und selbst wenn man sich die drei statistischen Konzepte, die ich in diesem Kapitel vorgestellt habe, erarbeiten kann, so ist doch schwierig, sie ständig parat zu haben. Ich selbst lehre diese Konzepte seit Jahrzehnten und ertappe mich trotzdem immer noch dabei, wie ich mich von anekdotischen Berichten beeinflussen lasse. Da konkrete Beispiele so unglaublich stark wirken, möchte ich dieses Kapitel gerne mit ein paar Tipps beenden, wie wir einprägsame Beispiele am besten nutzen können.

Haben wir etwas anhand eines guten Beispiels gelernt, dann glauben wir vielleicht, wir könnten das Gelernte auch auf andere, neue Situationen übertragen. Deswegen lernt man doch: um das Gelernte auf neue Probleme anzuwenden, auf die wir in Zukunft stoßen könnten. Doch das Lernen am Beispiel kommt mit einer großen Einschränkung daher. Zur Veranschaulichung sollten Sie versuchen, das folgende Problem zu lösen:

> Stellen Sie sich vor, Sie sind Arzt und Ihr Patient hat einen bösartigen Tumor im Magen. Er ist inoperabel, aber wenn der Tumor nicht entfernt wird, wird der Patient sterben. Alle Hoffnungen richten sich nun auf eine bestimmte Art von Röntgenstrahlung. Wenn die Bestrahlung so gehandhabt wird, dass alle Strahlen den Tumor zugleich und mit ausreichend hoher Intensität treffen, dann wird der Tumor zerstört. Unglücklicherweise wird dabei aber auch benachbartes gesundes Gewebe zerstört. Bei niedrigerer Intensität schädigt die Strahlung das gesunde Gewebe nicht, kann aber dem Tumor nichts anhaben. Welches Procedere ist sinnvoll, um den Tumor zu zerstören und das gesunde Gewebe zu erhalten?

Wenn Sie das Problem nicht lösen können, dann ist das okay. Es ist ein schwieriges Problem und kein Intelligenztest. Hier ein Hinweis: Denken Sie an ein Beispiel, das Sie zu Anfang dieses Kapitels gelesen haben, das vom General und der Festung des Diktators. Nun sollte die Lösung auf der Hand liegen: Man richtet die Strahlen aus unterschiedlicher Richtung auf den Körper, sodass sie im Tumor zusammentreffen.

Bei einer Studie, bei der den Probanden dieses Dilemma geschildert wurde, gab man Collegestudenten von der Universität Michigan – also sehr klugen Leuten – zuerst drei Geschichten zu lesen.[34] Eine war die Ihnen bereits bekannte

Geschichte mit der Festung. Um sicherzustellen, dass die Testpersonen sie nicht nur flüchtig lasen, sollten sie sie aus dem Gedächtnis zusammenfassen. Nur vier Minuten später stellte man sie vor das Tumorproblem. Nur 20 Prozent der Studenten konnten das Problem lösen. Acht von zehn dieser blitzgescheiten Leute erinnerten sich nicht an das Beispiel, das sie vor wenigen Minuten gelesen und zusammengefasst hatten. Vermutlich haben Sie länger gebraucht, um dieses Kapitel zu lesen. Kein Wunder also, wenn Sie den Zusammenhang nicht hergestellt haben.

Erhielten die Probanden aber den Hinweis, dass sie bei der Lösung auf eine der gelesenen Geschichten setzen sollten, fanden fast alle die Lösung. Die Schwierigkeit liegt also nicht darin, eine bekannte Lösung auf ein neues Problem anzuwenden, sondern darin, dass wir diese Lösung spontan aus unserem Gedächtnis abrufen müssen. Das ist schlecht, denn es heißt: Vier Minuten nachdem ein Lehrer seinen Schülern eine Lösungsstrategie erklärt hat, sind diese nicht in der Lage, sie auf eine neue Situation anzuwenden, wenn sie keinen expliziten Hinweis erhalten, dass sie das tun sollen.

Aber ging es in diesem Kapitel denn nicht um die Wirksamkeit konkreter Beispiele? Wenn ja, wieso haben die Studenten diese dann nicht abgerufen? Das ist weiter kein Widerspruch. Beispiele sind so beeindruckend, dass die meisten Menschen sich an irrelevante Details erinnern, zum Beispiel, dass es um eine Burg ging und einen General. Aber nicht an das abstrakte Prinzip der Konvergenz, das dieser speziellen Geschichte zugrunde liegt.

Sobald dieses Problem klar war, versuchten die Forscher, Methoden zu finden, die es den Studenten erleichtern würden, Prinzipien abzurufen, die sie aus Beispielen gelernt hatten. Am besten gelang das, wenn das Prinzip in mehreren

Geschichten präsentiert wurde. Sie haben über Konvergenz nun im Kontext der Eroberung einer Festung durch einen General gehört. Ein zweites Mal wurde es Ihnen vorgestellt im Zusammenhang mit einer Tumorbestrahlung durch einen Arzt. Wenn Sie nun hören, wie ein drittes Problem durch die Anwendung des Konvergenzgedankens gelöst wurde, dann steigt die Wahrscheinlichkeit, dass Sie diesen Transfer schaffen.

In anderen Worten: Wenn Sie Geschichten verwenden, um einen bestimmten Punkt zu illustrieren, dann werden Ihre Zuhörer sich eher an die entscheidende Pointe erinnern, wenn Sie diese in mehrere verschiedene Storys verpacken. Wir haben ja schon über Jesus gesprochen. Er war ein meisterlicher Geschichtenerzähler. Offensichtlich hat er diese Technik gekannt. Um zu erklären, dass Gott sich über jede verlorene Seele freut, erzählte er das Gleichnis vom verlorenen und wiedergefundenen Schaf, das dem Schäfer so viel Freude bereitete, obwohl er ja noch 99 andere Schafe hatte, die sich nicht verirrt hatten. Daran schließt sich ein weiteres Gleichnis über eine Frau, die Himmel und Hölle in Bewegung setzt, um eine verlorene Silbermünze zu finden. Als sie diese wiederhat, feiert sie, obwohl sie neun andere Münzen besaß.

Vermutlich ist Ihnen aufgefallen, dass ich nicht bloß ein Beispiel verwende, um ein und dasselbe Konzept zu erläutern, sondern deren zwei. Hoffentlich erinnern Sie sich spontan an das Gesetz der großen Zahlen, wenn Sie eine Gruppe von Kindern Fußball spielen sehen oder Ihnen ein Brief von einer Wohltätigkeitsorganisation ins Haus flattert, der Sie um Spenden bittet. Wenn Sie irgendwo das Titelbild von *Sports Illustrated* sehen oder ein erstes Date haben, das zu gut erscheint, um wahr zu sein, erinnern Sie sich vielleicht an die Regression zur Mitte. Dass $P(A|B)$ nicht dasselbe ist wie $P(B|A)$, kommt Ihnen vielleicht wieder in den Sinn, wenn Sie etwas über nicht islamistischen Terror hören oder einem Tier begegnen, das kein Koala ist.

5

DIE NEGATIVITÄTSVERZERRUNG: WIE UNSERE VERLUSTÄNGSTE UNS IN DIE IRRE FÜHREN

Ich habe einmal unglaublich viel Zeit darauf verschwendet, ein neues Case für mein Smartphone zu finden. Auf dem alten war ein Bild von Snoopy, nicht gerade angemessen für eine Professorin. Ich suchte und suchte in unzähligen Online-Läden. Erinnern Sie sich noch an die Maximierer und die Satisficer und die entsprechenden Tests, die ich in Kapitel 2 erwähnt habe? Die ermitteln, wie ausgeprägt unsere Neigung ist, bei Suchprozessen maximal erfolgreich sein zu wollen? Ich war ein Maximierer mit der höchstmöglichen Punktzahl. Wenn es ums Shoppen geht, kann ich nicht eher ruhen, bis ich das absolut perfekte Objekt gefunden habe. Endlich entdeckte ich ein Case, das vielversprechend aussah. Mir gefiel, wie es auf dem Foto aussah, und die Ratings waren auch gut: durchschnittlich vier Sterne.

Dann fing ich an, die Bewertungen zu lesen. Die ersten vier vergaben je fünf Sterne: «Wunderbar! Tolles Material und spitzenmäßiges Aussehen.» Und: «Mein Freund fand das Etui toll! Stabil und gut zu halten.» Oder: «Super Qualität ... in jeder Hinsicht perfekt ... wunderschön!» «Sieht elegant aus. Ich hab's 4 Wochen. Bisher alles bestens.»

Dann sah ich eine Kritik, die nur einen Stern vergab: «Sieht sehr hübsch aus, ist aber recht zerbrechlich und lässt sich nur schlecht mit einer Hand halten. Das Gehäuse zerbrach innerhalb einer Woche.» Die vier positiven Bewertungen à fünf Sterne konnten den negativen Eindruck nicht aufheben, den die letzte Kritik bei mir hinterließ. Was mich am meisten beschäftigte, war, dass dieser Kritiker meinte, das Gehäuse sei innerhalb einer Woche zerbrochen, während ein anderer schrieb, dass es sehr stabil war und nach vier Wochen Nutzung immer noch gut hielt. Also blieb ich ein weiteres Jahr bei Snoopy.

BEISPIELE FÜR DIE NEGATIVITÄTSVERZERRUNG

Sie müssen kein Super-Maximierer sein wie ich, um von negativen Informationen übermäßig beeindruckt zu sein. In einer Studie untersuchten die Forscher, wie positive und negative Bewertungen den Verkauf elektronischer Produkte wie Kameras, Fernseher und Videospiele beeinflussten.[35] Die Wissenschaftler wählten mehr als 300 Produkte aus, die zwischen August 2007 und August 2008 auf Amazon.com angeboten wurden. Zunächst wurde erfasst, welchen Rang sie bei den Verkaufszahlen einnahmen und wie viel Prozent der Bewertungen positiv (vier oder fünf Sterne) oder negativ (ein oder zwei Sterne) ausfielen. Dann untersuchte man den Zusammenhang zwischen diesen Daten. Wie zu erwarten war, wirkte sich der Prozentsatz negativer Kritiken negativ auf den Rang bei den Verkaufszahlen aus, wohingegen die positiven Kritiken für eine Verbesserung des Ranges sorgten. Interessant aber wurde es erst, als die Forscher die Größenordnung dieses Effekts untersuchten. Es stellte sich heraus, dass ein bestimmter Prozentsatz negativer Kritiken den Verkaufsrang stärker drückte, als ein gleicher Prozentsatz positiver Kritiken die Verkäufe nach oben hebeln konnte.

Mittlerweile haben zahlreiche psychologische Studien nachgewiesen, dass Menschen negative Informationen stärker berücksichtigen als positive, und zwar nicht nur, wenn sie Gebrauchsgegenstände bewerten, sondern auch, wenn sie sich ein Urteil über andere Menschen bilden.[36] Nehmen wir an, es gibt da einen Mann namens John, den Sie nur zwei Mal gesehen haben. Beim ersten Mal aß er mit Freunden in einem Restaurant. Er sah nicht besonders herzlich oder fröhlich aus, schien aber einigermaßen gesellig zu sein. Beim zweiten Mal standen Sie in der Nähe eines Info-Standes, über dem ein Schild prangte: «Rettet unsere lokalen Geschäfte». John ging daran vorbei, ohne die Frau, die ihn um seine Unterschrift bat, auch nur eines Blickes zu würdigen. Man würde nun annehmen, dass der positive und der negative Eindruck einander aufheben würden und Sie ein einigermaßen neutrales Bild von John hätten. Weit gefehlt: Da die Menschen negativem Verhalten eine höhere Bedeutung zumessen, ist jetzt Ihr Eindruck von John eher negativ als neutral.

Negative Ereignisse beeinflussen unser Leben auch stärker als positive.[37] So kann ein Kindheitstrauma wie sexueller Missbrauch lebenslang schädliche Folgen haben wie Depressionen, Beziehungsschwierigkeiten und sexuelle Probleme. Und solche Erfahrungen lassen sich keineswegs durch positive Kindheitserlebnisse ausgleichen, selbst wenn das Kind mehr positive Erfahrungen hatte als negative.

Die Negativitätsverzerrung kann uns so stark beeinflussen, dass wir geradezu irrationale Entscheidungen treffen. So lehnen wir eine Alternative ab, die uns mit negativen Begriffen beschrieben wird, obwohl wir sie, positiv formuliert, mit dem größten Vergnügen akzeptieren würden. So ziehen Menschen Flüge vor, die in 88 Prozent der Fälle pünktlich ankommen, gegenüber solchen, die sich in 12 Prozent der Fälle verspäten. Auch hält man ein in 95 Prozent sicheres Kondom für besser als eines, das in 5 Prozent der Fälle keinen Schutz bietet. Bei einer Inflation von 12 Prozent entscheiden sich die Menschen eher für eine Lohnerhöhung von 5 Prozent, als eine Lohnkürzung von 7 Prozent zu akzeptieren, wenn die Inflationsrate 0 Prozent beträgt.

Eine meiner Lieblingsstudien zum Thema untersuchte Rinderhack. 25 Prozent Fettgehalt hört sich schrecklich an, denn das heißt, dass ein Viertel von dem, was Sie auf dem Teller haben, reines Fett ist. 75 Prozent mageres Fleisch heißt genau dasselbe, hört sich aber viel besser und gesünder an. Vermutlich nehmen alle Menschen an, dass sie auf die Zahlenspiele solcher Marketingtricks nie reinfallen würden. Aber das ist nicht der Fall. In einer Studie ließen die Forscher die Probanden gegartes Rinderhack verkosten.[38] Die Wissenschaftler schreiben in ihrer Veröffentlichung nicht, ob dieses Fleisch medium oder well-done war oder ob sie es mit Salz und Pfeffer würzten. Eine ganz zentrale Tatsache aber verraten sie uns: Das Rinderhack wurde für alle gleich zubereitet. Der einzige Unterschied war die Information zum Fettgehalt: Der einen Hälfte der Teilnehmer sagte man, es enthalte «75 Prozent mageres Fleisch», der anderen teilte man mit, es enthalte «25 Prozent Fett». Das war alles. Die Probanden, denen man «75 Prozent mageres Fleisch» kredenzte, meinten, ihr Hamburger sei weniger fett und magerer. Sie schätzten auch Qualität und Geschmack höher ein als die Kontrollgruppe, die «25 Prozent Fett» gegessen hatte.

Welche Noten sind besser: Einsen und Dreien oder überall Zwei?

Die Negativitätsverzerrung erweckte mein Interesse, als ich anfing, mich mit dem Zulassungsverfahren von Universitäten zu beschäftigen.[39] Schließlich führte ich dazu eine Studie durch. Ich begann damit etwa um die Zeit, als mein ältestes Kind überlegte, an welcher Uni es sich bewerben sollte. Ich kaufte und las drei Bücher über das Zulassungsverfahren, weil mir die Bewerberperspektive ja unbekannt war. Bis zu meiner Bachelorprüfung hatte ich nämlich in Korea studiert. Die Bücher beschrieben den technischen Ablauf des Bewerbungsverfahrens, machten aber durchweg auf einen besonderen Punkt aufmerksam: Die künftigen Studenten sollten mindestens in einem Bereich spürbar Begeisterung und Leidenschaft zeigen. Eines der Bücher nannte dies «einen Aufhänger bieten».

Dass dies tatsächlich erwartet wird, konnte ich beobachten, als ich auf der anderen Seite des Tisches saß. An der Yale University werden die Aufnahmegespräche von den hochkompetenten Mitgliedern der Zulassungskommission geführt, doch zu jedem Gespräch lädt man gewöhnlich auch ein oder zwei Professoren ein. Ich habe mit den Jahren an vielen solcher Gespräche teilgenommen und konnte die Aufnahmepolitik der Universität live beobachten. Die entsprechenden Grundregeln hatte Kingman Brewster, ein früherer Präsident der Universität, 1967 formuliert. Sie sind heute noch in Kraft: «Wir wollen, dass so viele [unserer Absolventen] wie möglich in ihrem Fach einen herausragenden Beitrag leisten. Ob es nun um die Kunst und Wissenschaft der Unternehmensführung oder der Führung des Landes geht oder um die Verbesserung der Lebensbedingungen durch die Ausübung der freien Berufe ... Der Kandidat sollte in dem von ihm gewählten Gebiet führend sein.» Anders ausgedrückt: Erfolgreiche Kandidaten müssen nicht in allen Bereichen perfekt sein – und können ihren Interessen nach Belieben nachgehen. Aber sie sollten auf einem Gebiet hervorragend sein. Und die diversen Zulassungs-Ratgeber machen deutlich, dass dies nicht nur für die Universität Yale gilt, wie ein Artikel in der *Washington Post* gut zusammenfasst: «Die Universitäten wollen Kids, die sich für irgendetwas besonders interessieren und darin gut sind. Der Begriff, der dabei am häufigsten fällt, ist ‹Leidenschaft›.» Auch ein Artikel auf der Webseite des *U.S. News & World Report* führt «Leidenschaft» als den wichtigsten Punkt an, um die eigenen Aussichten auf einen Studienplatz zu verbessern.

Mir aber fiel auf, dass diese emphatische Betonung von «Leidenschaft» einem psychologischen Phänomen widerspricht, das ich eben beschrieben habe und das eindeutig bewiesen ist: nämlich dass Menschen negativen Informationen mehr Gewicht beimessen als positiven. Um diesen Unterschied an einem praktischen Beispiel zu erklären, sehen wir uns zwei Bewerber an, die von der gleichen Highschool kommen: Carl und Bob. Carl hat in einigen Fächern eine Eins oder Eins plus, in anderen aber auch eine Drei oder sogar eine Drei minus. Aufgrund dieser Noten würde man annehmen, dass Carl für einige Fächer mehr Begeisterung aufbringt als für andere. Bob hingegen hat in allen Fächern die gleichen Noten, meistens eine Zwei, Zwei plus oder auch mal eine Zwei minus. Er hat also nirgendwo eine Drei, aber auch keine Eins. Gehen wir des Weiteren davon aus, dass beide den gleichen Notenschnitt haben. Wenn Sie nun in der Zulassungskommission einer Universität säßen und Ihnen außer den Noten keine anderen Informationen vorlägen, für welchen künftigen Studenten würden Sie sich entscheiden?

Wenn «Leidenschaft» den Ausschlag gibt, sollte Carl die besseren Chancen haben. Aber wir Menschen werten gewöhnlich negative Informationen höher als positive. Wenn die Negativitätsverzerrung in Sachen Zulassung eine Rolle spielt, denn würde Carls Eins in Chemie seine Drei in Englisch nicht ausgleichen. Dann würde die zuständige Person auf jeden Fall Bob vorziehen. Um herauszufinden, ob die Negativitätsverzerrung auch dann zu Buche schlägt, wenn es klare Kriterien gibt, die ihr entgegenstehen, habe ich ein Experiment durchgeführt.

Zuerst bastelten wir Zeugnisse für Studenten wie Carl und Bob. Um auszuschließen, dass die Probanden sich für einen Bewerber entschieden, weil sie bestimmte Fächer bevorzugten, erstellten wir unterschiedliche Zeugnisse, sodass sich die Einsen und Dreien auf verschiedene Fächer verteilten. Dann baten wir unsere Teilnehmer zu entscheiden, welchen Schüler sie zum Studium zulassen würden. Die Probanden kamen von einer Online-Plattform, andere waren Erst- oder Zweitsemester, die den Zulassungsprozess vor Kurzem selbst durchlaufen hatten. Schließlich baten wir noch Mitarbeiter der Zulassungskommission von verschiedenen Universitäten in den USA um ihre Mitarbeit. Als die Teilnehmer zwischen Schülern mit gleichmäßiger Benotung und anderen mit einer gewissen Varianz im Zeugnis entscheiden sollten, wählten die meisten den Schüler, der weder Einsen noch Dreien hatte. Unter den Verantwortlichen der Zulassungskommission lag die Quote derer, die sich für Bob entschieden, bei 80 Prozent.

Die Probanden gingen davon aus, dass der Schüler mit den gleichmäßigen Noten an der Uni vermutlich einen besseren Notenschnitt erzielen würde, weil er, wie man unterstellte, fleißiger lernen, mehr Verantwortungsbewusstsein zeigen

157

und mehr Selbstdisziplin besitzen würde als jemand, der mal eine Eins, mal eine Drei schrieb. Darüber hinaus meinten sie, der Schüler mit den gleichmäßigen Noten würde eher als der andere einmal ein mittelgroßes bis großes Unternehmen besitzen, als Manager Karriere machen oder als hochrangiger Beamter, Anwalt, Arzt oder Ingenieur Erfolg haben. Man schrieb Bob auch ein höheres Jahreseinkommen zu als seinem Konkurrenten Carl. Und das, obwohl beide den gleichen Notenschnitt hatten und die Universitäten angeblich auf Leidenschaft besonderen Wert legen.

Wir dachten uns noch weitere Varianten für die Zeugnisse aus, um sichergehen zu können, dass der Effekt replizierbar war. Denn «Leidenschaft und Begeisterung» gelten ja besonders für die heiß umkämpften Universitäten als wichtige Zulassungskriterien, die einen ganz anderen Notendurchschnitt erwarten als die Hochschulen, die wir für die erste Studie kontaktiert hatten. Also wiederholten wir unser Experiment, dieses Mal aber baten wir nur die Zulassungskommissionen der hochkompetitiven Universitäten um ihre Mitarbeit – die alle Leser vermutlich kennen. Und unsere hypothetischen Schüler hatten unglaublich gute Noten – beim GPA (Grade Point Average, der Gesamtnote) 4 von 4,3 möglichen Punkten. Dieses Mal hatte der Schüler mit dem konstanten Notenbild nur Einsen – mit einer Eins plus und einer Eins minus. Es gab also nur *einmal* die Eins plus, und seine schlechteste Note war eine Eins minus. Der Schüler mit dem durchmischten Notenbild hatte insgesamt *acht*mal die Eins plus, aber leider auch drei Mal eine Zwei plus. Trotzdem war die Gesamtnote bei beiden Schülern gleich. Doch auch hier schlug die Negativitätsverzerrung zu. Die Mitarbeiter der Zulassungskommission zogen den Schüler, der keine Zwei hatte, dem anderen vor, bei dem die dreimalige Zwei plus offensichtlich von der achtfachen Eins plus nicht ausgeglichen wurde.

Bevor wir fortfahren, möchte ich noch einen Disclaimer anbringen: Schüler und Studenten sollten sich trotzdem für ihr Lieblingsfach besonders engagieren und ihren Leidenschaften frönen. Und Schüler mit eher durchwachsenen Zeugnissen sollten sich dennoch nicht entmutigen lassen – es gibt jede Menge Bewerber, die einen Platz an der von ihnen bevorzugten Universität erhalten. Denn normalerweise hat die Universität eben mehr Daten zur Verfügung als nur den Notendurchschnitt, zum Beispiel Empfehlungsschreiben, Informationen über Freizeitaktivitäten und die vielfach verlangten Essays.

Verlustaversion

Da die Negativitätsverzerrung sich auf alle möglichen Entscheidungen auswirkt, überrascht es nicht, dass dies auch beim Geld der Fall ist. Doch wie genau dieser Denkfehler funktioniert, ist nicht immer auf Anhieb erkennbar.

In den 1970ern begann man, sich mehr und mehr für ein neues Fach zu interessieren: die Verhaltensökonomik. Im Grunde geht es dabei um eine Schnittstelle zwischen Psychologie und Wirtschaftswissenschaften. Ihr oberstes Ziel ist die Erforschung des Phänomens, dass menschliche Entscheidungen immer wieder gegen die rationalen Prinzipien der Ökonomie verstoßen.

Die Verhaltensökonomik hat zahlreiche kognitive Verzerrungen und Denkfehler aufgedeckt, die das Grundprinzip der Wirtschaftswissenschaft widerlegen, nämlich dass der Mensch seine Entscheidungen nach logischen Prinzipien trifft. (Vielleicht kennen Sie ja Artikel oder Internet-Postings wie: «61 Denkfehler, die alles unterlaufen, was wir tun». Oder: «Spickzettel für kognitive Verzerrungen: Denn Denken ist schwierig.»)

1979 veröffentlichten Daniel Kahneman und Amos Tversky eine der wichtigsten Untersuchungen in der Verhaltensökonomik: «Prospect theory: An analysis of decision under risk».[40] Um die Bedeutung zu ermitteln, die ein Aufsatz hat, gibt es in der Wissenschaft ein probates Mittel: Man versucht herauszufinden, wie oft dieser Artikel von anderen Autoren zitiert wurde. Ein Zitatindex, der alle Zitate bis zum Jahr 2021 anführt, geht davon aus, dass der Artikel der beiden Wissenschaftler mehr als 70 000-mal zitiert wurde. Nur um zu verdeutlichen, wie astronomisch diese Zahl ist: Der 1973 veröffentlichte Artikel von Stephen Hawking über schwarze Löcher kommt nur etwa auf ein Fünftel dieser Nennungen.

Eine der revolutionären Ideen von Tversky und Kahneman ist die Einsicht, dass wir denselben Geldbetrag unterschiedlich bewerten, je nachdem ob es sich um Gewinne oder Verluste handelt. Man nennt dieses Verhalten auch «Verlustaversion». Die meisten Leser haben diesen Begriff vermutlich schon mal gehört, aber ich stolpere immer wieder über Artikel in der Presse, die ihn falsch darstellen: Sie gehen davon aus, dass der Mensch lieber Gewinne macht als Verluste. Kahneman hat den Nobelpreis aber ganz sicher nicht für eine so banale Feststellung erhalten! Ein weiteres Missverständnis ist es, dass man die Verlustaversion häufig mit Risikoaversion verwechselt, was heißt, dass die Menschen nun mal nicht gerne Risiken eingehen – absolut richtig, ist aber nicht dasselbe, wie ich in Kapitel 8 noch erläutern werde. Also sehen wir uns an, was man unter Verlustaversion nun tatsächlich versteht.

Ein traditioneller Ökonom würde sagen, 100 Dollar bleiben 100 Dollar, ob Sie diese nun verlieren oder gewinnen.

Das hört sich absolut logisch an, denn der Wert der Geld-summe bleibt ja tatsächlich der gleiche. Wenn Sie also beim Waschen einen 100-Dollar-Schein in der Hosentasche ent-decken, dann sind Sie glücklich: Sagen wir mal, auf einer hypothetischen Stimmungs-Skala steigt Ihr Glückswert um 37 Punkte an. Wenn Sie eine 100-Dollar-Note verlieren, sollte Ihr Glückswert daher auch um 37 Punkte sinken. Aber Kahneman und Tversky behaupten, dass diese 100 Dollar sich für uns anders anfühlen, je nachdem ob wir sie gewon-nen oder verloren haben. Dazu nun ein Beispiel:

Nehmen wir an, ich lade Sie zu einem Spiel ein. Ich werfe eine Münze und bei «Kopf» gebe ich Ihnen 100 Dollar. Doch bei «Zahl» müssen Sie mir 100 Dollar geben. Würden Sie sich auf dieses Spiel einlassen? Fast jeder sagt hier Nein.

Dann gestalten wir das Spiel eben ein wenig attraktiver. Werfe ich «Zahl», geben Sie mir 100 Dollar, kommt aber «Kopf», dann kriegen Sie jetzt 130 Dollar von mir. Um es ein wenig hipper zu machen, können wir den Erwartungswert für dieses Spiel kalkulieren. Die Wahrscheinlichkeit, dass Sie 100 Dollar verlieren, liegt bei 50 Prozent und die Chance, 130 Dollar zu gewinnen, ebenfalls. Der erwartete Wert ist also $0,5 \times (-100$ Dollar$) + 0,5 \times 130$ Dollar: Wir kommen auf 15 Dollar. Anders ausgedrückt: Wenn Sie dieses Spiel wieder und wieder machen, dann werden Sie mal gewinnen, mal ver-lieren. Und der durchschnittliche Gewinn, den Sie erwarten können, liegt bei 15 Dollar. Das ist besser als nichts, daher würde ein rationaler Mensch, der denkt wie ein Mathe-matiker, Statistiker oder Ökonom, dieses Spiel immer wieder spielen (ausgehend von der Annahme, dass diese Person Geld gewinnen will). Aber auch unter diesen Bedingungen sind nur wenige bereit, sich auf das Spiel einzulassen. Ich würde es jedenfalls nicht tun. Ich könnte zwar 130 Dollar gut gebrauchen, aber wenn ich 100 Dollar bezahlen müsste, nur weil eine Münze blöd fällt, dann fände ich das echt schlimm. Viel tragischer jedenfalls, als einen Strafzettel bezahlen zu müssen, nur weil die Parkuhr vor fünf Minuten abgelaufen ist. Also würde ich wie die meisten Menschen auf dieses Angebot verzichten, selbst wenn es mir 15 Dollar einbringen könnte.

Erst bei einem Gewinn/Verlust-Verhältnis von 2,5 zu 1 (also wenn man bei Kopf 250 Dollar gewinnt und bei Zahl 100 Dollar verliert) würde sich die Mehrheit auf das Spiel einlassen. Das nennt man Verlustaversion. Ein Verlust prägt sich stärker ein als ein Gewinn. Für die Menschen wiegen negative Erfahrungen schwerer als positive.

Um dies in konkrete Investmententscheidungen umzusetzen, sehen wir uns das Beispiel von Alex an, die 10 000 Dollar investieren kann. Gehen wir davon aus, dass es nur zwei mögliche Resultate gibt. Zum einen die 50-prozentige Chance, dass das Vermögen auf 30 000 Dollar ansteigt und Alex innerhalb eines Jahres 20 000 Dollar gewinnt. Aber es gibt eben auch die Möglichkeit, dass Alex von ihren 10 000 Dollar nichts mehr wiedersieht! Das hört sich schlimm an. Und so lässt Alex diese Möglichkeit sausen, obwohl der Erwartungswert eindeutig positiv ausfällt: 0,5 × 20 000 Dollar + 0,5 × (−10 000 Dollar) = 5000 Dollar Gewinn. Den Erwartungswert zu berechnen, lässt es vergleichsweise einfach erscheinen, den negativen Auswirkungen der Verlustaversion aus dem Weg zu gehen, wenn Sie vor einer Entscheidung stehen. Doch wie wir im Folgenden sehen werden, ist eine Verlustaversion nicht immer so deutlich erkennbar.

Stellen wir uns jetzt vor, Sie würden gerne Ihren alten Wagen loswerden, um sich einen neuen zu kaufen. Einen Monat lang studieren Sie sämtliche Optionen, bis Sie sich für ein Modell entscheiden und beim Händler vorstellig werden. Sie und Ihr Mann haben sich auf eine Farbe geeinigt: Celestial Silver Metallic, die Sitze aus aschfarbenem Leder. Sie denken, nun sei alles gebongt. Aber dann fragt der Verkäufer Sie nach allen möglichen Zusatzausstattungen, wie Rückspiegel mit Abblendautomatik, Sicherheitswarnsystem, Ausweichassistent und so weiter. Er meint, das Basismodell koste 25 000 Dollar, aber Sie können Vorrichtung X für 1500 Dollar hinzufügen und Funktion Y für 500 Dollar. Und so fort. Wann immer er eine solche Funktion vorstellt, erklärt er, inwiefern diese Ihr Leben einfacher und sicherer machen wird – also Ihren Gewinn.

Bei einem anderen Händler geht die gewitzte Verkäuferin anders vor. Sie zeigt Ihnen das Modell für 30 000 Dollar, das all diese Features schon enthält. Aber wenn Sie Vorrichtung X weglassen, die Ihnen das Leben retten kann, kostet das Auto sie nur 28 500 Dollar. Und wenn Sie auf Funktion X verzichten, die Ihnen das Einparken erleichtert, käme es Sie auf 28 000 Dollar. Diese Verkäuferin schildert Ihnen Ihre Optionen als Verluste. Und triggert damit Ihre Verlustaversion.

Funktioniert dieser Trick? In einer in den 1990ern durchgeführten Studie bat man die Teilnehmer, sich eine dieser oben beschriebenen Situationen vorzustellen.[41] Die eine Gruppe fing mit dem Basismodell für 12 000 Dollar an (zu jener Zeit lagen die Preise für Autos noch deutlich niedriger), und man fragte, ob sie zusätzlich noch Feature X oder Y wünschten. (Die Wahl wurde also als Gewinn formuliert.) Diese Gruppe bezahlte am Ende durchschnittlich 13 651,43 Dollar. Die Probanden aber, denen man das 15 000-Dollar-Modell vorgestellt hatte, um sie danach zu fragen, auf welche Funktionen sie verzichten möchten, gaben am Ende durchschnittlich 14 470,63 Dollar aus. Also 800 Dollar mehr als die Gruppe, denen man die Funktionen als Gewinn präsentierte. Würden wir das auf heutige Preise umrechnen, dann würden wir bei einem 25 000-Dollar-Wagen 1700 Dollar mehr ausgeben, nur weil uns der Verzicht auf bestimmte Funktionen als Verlust untergejubelt wurde.

Viele der hier zitierten Studien fanden im Labor statt. Die Entscheidungen drehten sich um imaginäre Situationen, was skeptische Ökonomen, die das Modell des rational handelnden Wirtschaftssubjekts verteidigten, dazu veranlasste, die Ergebnisse als nicht im Alltag replizierbar abzulehnen. Interessanterweise führten einige dieser Ökonomen sogenannte «Feldversuche» durch, und zwar in städtischen K-8-Schulen, die Vor-, Grund- und Mittelstufe in einer Schule zusammenfassen.[42] Die Versuche fanden in Chicago Heights statt, einer Stadt 30 Meilen südlich von Chicago. Dabei ging es also nicht um hypothetische Szenarien mit hypothetischem Geld, sondern um echtes Geld, nämlich das Salär der Lehrer.

Vielleicht haben Sie ja schon von diesen Anreiz-Programmen für Lehrer gehört: Schneiden ihre Schüler bei standardisierten Prüfungen gut ab, bekommen die Lehrer mehr Geld. Üblicherweise in Gestalt eines Bonus zum Jahresende, wenn die Schüler die Prüfungen abgelegt haben. Für die Chicago-Heights-Studie wählte man die Lehrer für die «Gewinn»-Gruppe nach dem Zufallsprinzip aus. Bei ihnen wurde die traditionelle Methode angewandt: ein Bonus am Jahresende, der von der Leistung der Schüler abhing. Basierend auf der Erfolgsquote kalkulierten die Forscher einen Erwartungswert von 4000 Dollar.

Einer anderen Gruppe zufällig ausgewählter Lehrer zahlte man den Bonus zu Beginn des Jahres aus. Das war die «Verlust»-Gruppe, denn wenn die Leistung der Schüler am Ende des Jahres unter dem Durchschnitt liegen sollte, würden die Lehrer die Differenz zwischen dem von ihnen erarbeiteten Bonus und den 4000 Dollar zurückzahlen müssen.

Die Forscher stellten sicher, dass die beteiligten Lehrer gleich viel für den Erfolg der Schüler bekamen, ob sie nun in der Gewinn- oder Verlust-Gruppe waren. Man wollte ja nur messen, ob das Timing der Bonuszahlung sich auf die Motivation der Lehrer auswirkte und ob dies bei der Leistung der Schüler einen Unterschied machte. Würde der Notendurchschnitt eher steigen, wenn der Lehrer versuchte, sich einen Bonus zu erarbeiten, oder wenn der Lehrer seinen Bonus nicht verlieren wollte? Vielleicht würde er ja in beiden Fällen steigen oder in gar keinem?

In der Gewinn-Gruppe hatte das Anreiz-Programm keinen messbaren Erfolg. Und es war nicht das erste Mal, dass solch ein Programm scheiterte. Dasselbe Resultat ergab sich bei einer Studie, die an Schulen in New York durchgeführt wurde. Der Jahresendbonus – zumindest bei dem ausgelobten Betrag – war offensichtlich nicht ausreichend, um die Lehrer zu motivieren.

Die Noten jener Schüler aber, deren Lehrer in der Verlust-Gruppe waren, verschoben sich um 10 Perzentilpunkte. Offensichtlich motivierte es die Lehrer mehr, dass sie kein Geld zurückgeben wollten. Dabei war der einzige Unterschied der Zeitpunkt der Zahlung!

Diese Resultate sind beeindruckend, aber natürlich müssen wir erst mal abwarten und sehen, ob sie die Schulpolitik verändern oder ob das überhaupt angebracht wäre. Denn es ist durchaus möglich, dass die Lehrer in der Verlust-Gruppe ihren Schülern einfach verrieten, wie sie am besten durch den Test kämen, oder andere Möglichkeiten fanden, das System auszutricksen. Aber im kleineren Maßstab können wir überlegen, wie wir diese Technik einsetzen können, um andere oder uns selbst zu motivieren.

Eines Sommers versprach ich meinem Sohn Geld, wenn er unsere Veranda streichen würde. Für einen Highschool-Absolventen war es gar keine kleine Summe, und so war er gerne bereit, es zu machen. Der Sommer verging, doch alles, was er geschafft hatte, war eine Online-Bestellung für Pinsel, Roller, Farbwannen und einen Hochdruckreiniger. An einem heißen Sommernachmittag strich ich dann die Veranda selbst, nachdem mir klar geworden war, dass er es nicht tun würde, bevor er zum Studieren wegging. Aber ich fragte mich, warum ich ihm das Geld nicht gleich gegeben hatte mit der Drohung, er würde es zurückzahlen müssen, wenn am Ende des Sommers die Veranda immer noch ungestrichen sein sollte.

Vielleicht deshalb, weil es mir grob, ja geradezu grausam vorkommt, jemandem Geld abzunehmen, nachdem man es ihm gegeben hat. Ich kann mir ja auch nicht vorstellen, dass ich meinem Friseur das Trinkgeld vorab gebe und es zurückverlange, wenn ich mit dem Haarschnitt nicht zufrieden bin. Und man überlege sich nur mal, wie viel Stress die Lehrer der Verlust-Gruppe in Chicago Heights jedes Mal hatten, wenn ihre Schüler nicht gut abschnitten. Schließlich lief das auf die ständige Gefahr hinaus, Geld zu verlieren. Und Lehrer an öffentlichen Schulen verdienen ohnehin nicht viel. Man kann also annehmen, dass das Geld schon weg war, um Rechnungen zu bezahlen oder notwendige Anschaffungen zu tätigen. Aber genau das ist ja die Ironie des Ganzen: Wir sprechen dabei immer über die gleichen 4000 Dollar. Aber was wir nie gehabt haben, bedrückt uns nun mal nicht so sehr wie der Verlust von etwas, was wir schon in Händen hatten.

Der Endowment-Effekt

Die Verlustaversion erklärt auch, warum Käufer und Verkäufer sich so selten über den Wert eines Gegenstandes einig sind, wenn sie über den Preis verhandeln. Nehmen wir mal an, Annie sieht sich nach einem gebrauchten Fahrrad-Ergometer um. Sie hat ein drei Jahre altes Modell gefunden, das ursprünglich 300 Dollar kostete. Annie hält 100 Dollar für einen guten Preis. Es sieht zwar immer noch gut aus, aber es war ja doch schon drei Jahre im Gebrauch. Jenny, der das Trainingsrad gehört, findet, dass 200 Dollar ein angemessener Preis wären, denn sie hat das gute Stück ja kaum benutzt. Das ist ein verbreitetes Szenario für die meisten Transaktionen, bei denen Gebrauchtwaren verkauft werden: Der Eigentümer hält das Stück immer für wertvoller als der Käufer. In der Verhaltensökonomik nennt man dies den Endowment-Effekt oder auch Besitztums-Effekt.

Dieses Missverhältnis zwischen den einzelnen Preisvorstellungen kann einfach darauf zurückgehen, dass der Verkäufer so viel Geld wie möglich verdienen und der Käufer so wenig wie möglich ausgeben möchte. Der Eigentümer misst dem Stück vielleicht auch einen sentimentalen Wert bei. Aber neben diesen Faktoren tritt der Endowment-Effekt vor allem deshalb auf, weil wir Eigentümer sind und nichts aufgeben wollen, was uns gehört, ganz egal, wie lange wir es besessen haben – also haben wir es wieder mit der Verlustaversion zu tun. Der Endowment-Effekt schlägt zudem schon durch, noch bevor wir dem Stück einen sentimentalen Wert zuschreiben können. Das beweist die folgende, klug angelegte Studie.

Bei diesem Experiment bot man Erstsemestern eine Tasse mit dem Logo ihrer Universität an oder eine Tafel Schweizer

Schokolade.[43] Etwa die Hälfte der Studenten entschied sich für die Tasse, die andere für die Schokolade. Das aber war nur das Vorspiel, das den Status quo feststellen sollte, also wie viele Erstsemester sich für das eine oder andere entschieden.

Dann stellte man einer anderen Gruppe von Studenten derselben Uni die gleiche Frage: Tasse oder Schokolade? Diesmal allerdings mit einer kleinen Abänderung: Man gab den Studenten zuerst die Tasse und sagte ihnen, dass sie diese behalten könnten. Danach aber fragte man sie, ob sie die Tasse gegen die Schokolade eintauschen würden. Das ist im Grunde das Gleiche, als würde man Sie fragen, ob Sie die Tasse oder die Schokolade vorziehen. Angesichts des Status quo sollte also die Hälfte der Studenten in den Handel einwilligen. Weit gefehlt: Nur 11 Prozent der Studenten tauschten ihre Tasse gegen die Schokolade.

Um sicherzustellen, dass dieses Ergebnis nicht mit dem Wert der Tasse zusammenhing, bekam eine dritte Gruppe von Studenten zuerst die Tafel Schokolade geschenkt und wurde danach gefragt, ob sie diese gegen die Tasse tauschen würden. Mit demselben Resultat: Obwohl laut ermittelter Ausgangslage etwa die Hälfte sich für den Tausch hätte entscheiden müssen, waren es nur rund 10 Prozent, die sich darauf einließen. 90 Prozent behielten ihre Schokolade.

Auffällig ist hier vor allem, dass die Studenten keine Gelegenheit hatten, ein wie auch immer geartetes emotionales Verhältnis zu Schokolade bzw. Tasse aufzubauen. Sie würden auch keinen Profit aus ihrer Entscheidung für das eine oder andere ziehen können. Es war zudem offensichtlich, dass der Wiederverkaufswert beider Dinge niedrig war. Doch sobald die Probanden die Tasse hatten, betrachteten sie es als Verlust, diese wieder hergeben zu müssen. Dito für die Schokolade. Die Menschen mögen es einfach nicht, wenn sie etwas verlieren, was ihnen gehört – selbst wenn sie es nur kurze Zeit besessen haben.

Eine andere Studie belegte sogar, dass Verlustschmerz sich tatsächlich körperlich bemerkbar macht.[44] Die Teilnehmer nahmen entweder 1000 Milligramm Paracetamol oder ein Placebo ein und füllten dann 30 Minuten lang einen Fragebogen aus, der in keinem Zusammenhang mit dieser Studie stand – lange genug, damit das Paracetamol wirken konnte. Dann gab man der Hälfte der Probanden eine Tasse und sagte ihnen, dass sie diese behalten dürften (Endowment-Bedingung). Die andere Hälfte erhielt eine Tasse, die angeblich dem Labor gehörte (Nicht-Endowment-Bedingung). Danach sollten alle Teilnehmer, ungeachtet der Endowment-Bedingung beziehungsweise der Medikamenteneinnahme, einen Preis nennen, zu dem sie ihre Tasse wieder verkaufen würden. Bei den Probanden, die ein Placebo eingenommen hatten, zeigte sich der Endowment-Effekt: Sie gaben den Verkaufspreis unter der Endowment-Bedingung deutlich höher an als unter der Nicht-Endowment-Bedingung. Bei den Versuchsteilnehmern aber, die das Paracetamol erhalten hatten, trat dieser Effekt nicht auf. Ihr Verkaufspreis unterschied sich nicht in statistisch signifikanter Weise, ob sie nun zur Endowment-Gruppe gehörten oder nicht. Es wäre durchaus amüsant, würden die Pharmakonzerne im Beipackzettel unter den unerwünschten Nebenwirkungen angeben: «Paracetamol kann dazu führen, dass Sie Verluste ignorieren und Ihre Besitztümer zu einem niedrigeren Preis verkaufen, als Sie das normalerweise tun würden.» Und was wäre, wenn man den Konzernen folgende Werbung erlauben würde: «Sie können sich nicht von Ihrem Partner trennen, obwohl dieser an der Beziehung kein Interesse zeigt? Wir können helfen!» Oder: «Sie wollen Ihr Haus schnell verkaufen? Paracetamol hilft.»

WOHER DIE NEGATIVITÄTS-VERZERRUNG KOMMT

Wie so viele kognitive Verzerrungen hat auch die Negativitätsverzerrung ihre Vorteile, und zwar heute ebenso wie in grauer Vorzeit. Manche Wissenschaftler gehen von der Annahme aus, dass diese Verzerrung sich vor allem in den Anfängen der Menschheitsgeschichte als nützlich erwiesen hat, als unsere Vorfahren noch so sehr mit dem Kampf ums Überleben beschäftigt waren, dass der Verlust von Besitz dem Tod gleichkam. Daher besaß die Vermeidung von Verlusten einen höheren Stellenwert. Wenn Sie sich nicht leisten können, etwas zu verlieren, mögen Zugewinne eine Art des verzichtbaren Luxus darstellen. Um Ihnen ein passendes Beispiel aus jüngeren Tagen zu liefern: Stellen Sie sich vor, Sie sind auf der Autobahn unterwegs und die Nadel der Tankanzeige pendelt nah am roten Bereich, das Warnlicht blinkt schon seit gut einer Viertelstunde. Und Sie wissen, dass es zur nächsten Tankstelle noch zehn Kilometer sind. Schalten Sie da nicht gerne die Klimaanlage aus, auch wenn es draußen glühend heiß ist, einfach, weil Sie es sich nicht erlauben können, auch nur einen Tropfen Benzin zu verschwenden?

Heute leben wir in größerem Wohlstand. Für die meisten Menschen sind Verluste nicht unmittelbar existenzbedrohend. Doch die Negativitätsverzerrung leistet uns immer noch gute Dienste, weil sie unsere Aufmerksamkeit auf Dinge lenkt, die in Ordnung gebracht werden müssen. Was funktioniert, funktioniert ja ohne unser bewusstes Zutun. So ist uns im Normalfall weder das Gehen noch das Atmen bewusst. Wir empfinden diese Aktivitäten als selbstverständlich, solange sie ungestört ablaufen. Und das ist gut, denn so denken wir nicht unnötig über Dinge nach, die uns weder Mühe noch Schmerz bereiten. Leiden wir aber an Atemnot oder fällt uns das Gehen schwer, dann ist es an der Zeit, etwas zu unternehmen. Nicht mehr genug Luft zu bekommen oder unsere Mobilität zu verlieren, ist eine starke Motivation. Auch der Verlust von Besitz sollte uns aufmerksam werden lassen. Wenn ein Schüler eine Drei oder Vier erhält, ist das nicht bloß irgendeine Note. Es ist vielmehr ein Signal, dass er der Schule mehr Aufmerksamkeit widmen muss.

Eine angeborene Form der Negativitätsverzerrung zeigt sich speziell bei Eltern: Sie reagieren unmittelbar auf jedes negative Signal ihres Kindes, sei es nun ein Weinen oder die seltsame Farbe oder der merkwürdige Geruch des Stuhlgangs. Wenn etwas Eltern nachts wach hält, dann ist es nicht das niedliche Lächeln oder die weiche Haut ihres Kindes, sondern die Tatsache, dass es sich erbricht und weint. Das ist eine biologisch eingebaute Negativitätsverzerrung, die unsere Nachkommen schützt.

DIE KOSTEN DER NEGATIVITÄTSVERZERRUNG UND WIE WIR SIE VERMEIDEN KÖNNEN

Obwohl die Negativitätsverzerrung der Menschheit gute Dienste erwiesen hat und in manchen Fällen immer noch erweist, kann sie einigen Schaden anrichten, wenn sie extreme Formen annimmt. Wenn Eltern ihre feinen Antennen für Gefahren, denen ihr Nachwuchs ausgesetzt sein könnte, auch nach der Kindheit nicht einziehen, entwickeln sich daraus schnell die üblichen Teenagerdramen: «Hast du deine

Hausaufgaben gemacht? Was ist denn mit deinem Gesicht passiert? Warum treibst du nicht ein bisschen mehr Sport?» Und da diese Wahrnehmungsverzerrung angeboren ist, entgehen wir ihr nicht immer, selbst wenn wir von ihr wissen. Doch ganz machtlos sind wir nicht. Es gibt Mittel und Wege, um Negativitätsverzerrungen zu umgehen. In der Folge stelle ich Ihnen hierzu zwei Strategien vor: die eine, um falsche Entscheidungen aufgrund unserer Verlustaversion zu vermeiden, die andere, um den Endowment-Effekt zu umgehen.

Die augenfälligsten Kosten der Negativitätsverzerrung bestehen darin, dass sie uns zu falschen Schlüssen verleitet. Vielleicht verzichten wir auf den Kauf eines Buches, das unser Leben hätte verändern können, nur weil wir unter den zahlreichen positiven Kritiken ein paar negative entdeckt haben. Oder wir sehen von einer Investition ab, obwohl der Erwartungswert uns sagt, dass die Chancen gut stehen, nur weil wir Angst haben, Geld zu verlieren.

In solchen Fällen können wir uns eine andere kognitive Verzerrung zunutze machen: den Framing-Effekt. Unsere Entscheidungen und Vorlieben hängen nämlich mehr davon ab, wie man uns die zur Auswahl stehenden Optionen präsentiert, als davon, wie sie tatsächlich beschaffen sind. Ich habe ja einige solcher Effekte bereits beschrieben. Zum Beispiel, dass wir Flüge buchen, die in 88 Prozent der Fälle pünktlich ankommen, und andere vermeiden, die in 12 Prozent der Fälle zu spät dran sind. Ein weiteres Beispiel für diesen Effekt ist der Autoverkäufer, der das Auto mit allen Extras vorstellt und die Sonderfunktionen dann als Verlust darstellt. Im Gegensatz zu dem unglücklichen Mann, der mit dem Grundpreis beginnt und versucht, dem Kunden weitere Funktionen zusätzlich zu verkaufen. Der Framing-Effekt ist so stark, dass er buchstäblich Leben oder Tod bedeuten kann.[45] Wenn man Patienten mit Lungenkrebs sagt, dass sie eine 90-prozentige Überlebenschance hätten, wenn sie sich operieren ließen, entscheiden sich 80 Prozent für eine Operation. Sagt man ihnen jedoch, dass bei diesem Eingriff 10 Prozent sterben, steht nur etwa die Hälfte der Patienten einer Operation positiv gegenüber. Also sollte man Patienten grundsätzlich mithilfe beider Framing-Möglichkeiten informieren, damit ihre Entscheidung weder von der Negativitäts- noch der Positivverzerrung beeinflusst wird.

Framing ist auch noch in anderen Fällen nützlich, nämlich wenn wir selber schwierige Fragen zu entscheiden haben, wie eine Studie beweist.[46] Den Teilnehmern wurde eine Geschichte über einen Sorgerechtsstreit zwischen Elternteil A und Elternteil B vorgelegt, die mitten in einer schmutzigen Scheidung steckten. Die Probanden erfuhren über die Eltern jeweils die Details, die für einen Sorgerechtsstreit wichtig sind (siehe Tafel unten). Elternteil A ist bei all diesen Dingen eher Durchschnitt, weder besonders gut noch besonders schlecht. Elternteil B hingegen hat einige ausgesprochen positive Züge wie «überdurchschnittliches Einkommen», aber auch einige negative Merkmale wie «beruflich häufig auf Reisen».

Elternteil A	Elternteil B
durchschnittliches Einkommen	überdurchschnittliches Einkommen
gutes Verhältnis zum Kind	sehr enge Beziehung zum Kind
vergleichsweise stabiles Sozialleben	extrem aktives Sozialleben
durchschnittliche Arbeitsbelastung	beruflich häufig auf Reisen
normaler Gesundheitszustand	leichte gesundheitliche Probleme

Eine Gruppe von Probanden fragte man, welchem Elternteil sie das Sorgerecht *verweigern* würden. Der Großteil entschied sich für Elternteil B. Das ist durchaus sinnvoll, schließlich ist dieser Elternteil beruflich häufig unterwegs und hat gesundheitliche Probleme, wenn auch keine gravierenden. Und auch ein extrem aktives Sozialleben ist für ein Kind nicht unbedingt gut.

Der anderen Gruppe legte man die gleiche Frage vor, nur anders formuliert: Welchem Elternteil würden sie das Sorgerecht *zusprechen*? Die Mehrheit in dieser Gruppe entschied sich für Elternteil B. Auch das ist sinnvoll, schließlich hat dieser Elternteil eine sehr enge Bindung an das Kind und ein überdurchschnittliches Einkommen. Aber in der Konsequenz bedeutet das, dass über beide Gruppen hinweg Elternteil B einmal besser und einmal schlechter eingeschätzt wurde als Elternteil A.

Wenn man nach Gründen sucht, um jemandem das Sorgerecht zu verweigern, konzentrieren sich die Leute auf die negativen Punkte und lassen die positiven außer Acht. Suchen sie hingegen nach Gründen, um dieser Person das Sorgerecht zuzusprechen, dann haben sie hauptsächlich die positiven Merkmale im Blick und übersehen die negativen. (Wenn Sie das an eine Studie über den Bestätigungsfehler erinnert, die ich in Kapitel 2 zitiert habe, dann liegen Sie richtig: Bei der Frage, ob jemand glücklich oder unglücklich ist, ist genau der gleiche Mechanismus am Werk.) Wenn Sie also merken, dass Sie dazu neigen, sich bei einer Frage auf die negativen Punkte zu konzentrieren, dann können Sie gegensteuern: Sie finden zu einer neutraleren Haltung, wenn Sie Ihre Frage positiv formulieren: Suchen Sie nicht nach der Option, die Sie ablehnen, sondern nach der, die Sie wählen wollen.

Und nun beschäftigen wir uns damit, wie sich der Endowment-Effekt zu unseren Gunsten wenden ließe. Der Endowment-Effekt führt zu falschen Entscheidungen, wenn der Besitz einer Sache uns dazu verleitet, einem Gegenstand einen zu hohen Wert zuzuschreiben. Klassische Marketingtaktiken machen sich diesen Effekt zunutze, indem sie zum Beispiel kostenlose Mitgliedschaften für einen bestimmten Zeitraum anbieten. Wir wissen, dass wir etwas 30 Tage lang umsonst nutzen können. Wir tragen das Enddatum sogar in unseren Kalender ein, um die Kündigung nicht zu vergessen. So weit, so gut. Doch der Endowment-Effekt lässt uns unsere Mitgliedschaft als viel lohnender empfinden, wenn wir dann Mitglieder sind. Plötzlich haben wir das Gefühl, darauf nicht verzichten zu können, obwohl wir ursprünglich ja nicht unbedingt Mitglied werden wollten.

Meine Familie hatte sich für eine Mitgliedschaft in Disneys Onlinevideothek *Disney+* entschieden, nur um sich die Filmversion der Broadway-Show «Hamilton» anschauen zu können. Die Mitgliedschaft war nicht umsonst, aber 6,99 Dollar monatlich war auch kein hoher Preis. Und die Show war es wirklich wert. Außerdem schien die Kündigung total einfach. Dachte ich. Nachdem wir «Hamilton» drei Mal angesehen hatten, fingen die Überlegungen an, die Mitgliedschaft fortzuführen. Wer weiß – vielleicht wollten wir ja auch «Star Wars» noch einmal sehen oder «Frozen» … und schließlich ist das Ganze billiger als ein Scone und ein Venti Latte bei Starbucks.

Ein weiteres Beispiel für Verkaufstaktiken, die auf den Endowment-Effekt setzen, ist die Politik der kostenlosen Rücksendung. Wir wissen, dass wir unser Geld zurückbekommen, wenn uns die bestellte Ware nicht gefällt, und daher lassen wir uns eher auf das Risiko einer Bestellung ein. Doch sobald das gute Stück da ist und wir es anprobiert haben, scheint es doch ziemlich aufwendig, es wieder zu verpacken und damit zur Post zu laufen. Selbst wenn uns das Teil nicht besonders gefällt, sagen wir uns: «Nun ja, so schlecht ist es ja nicht. Bestimmt kann ich es irgendwann mal anziehen.» So viel zum «Kein Risiko, weil kostenlose Rücksendung»-Modus.

Womit wir beim Kleiderschrank angekommen wären. Der Endowment-Effekt und die Verlustaversion sind ganz sicher dafür verantwortlich, dass unsere Kleiderschränke meist hoffnungslos überfüllt sind. Uns von Kleidungsstücken zu verabschieden, die wir drei Jahre lang nicht mehr getragen haben, kann fast so schmerzhaft sein wie die Trennung von einem alten Freund. Vielleicht haben wir ja noch im Hinterkopf, wie viel wir für das Stück bezahlt haben. Oder noch schlimmer: wer es uns geschenkt hat. Es fehlt uns buchstäblich nie an Entschuldigungen, um das gute Stück doch zu behalten. Mein Mann hat sechs abgetragene Hosen und drei Paar alte Schuhe, die er alle für die Gartenarbeit aufhebt. Für die er allerdings höchstens ein paar Wochenenden im Jahr Zeit hat. Ich halte an einem Armani-Blazer mit dicken Schulterpolstern fest, den ich in den 1990ern mit einem Rabatt von 85 Prozent im Outlet erstanden habe. Und an einigen Bleistiftröcken aus der Zeit B. C. (Before Children).

Dann las ich «Magic Cleaning – Wie richtiges Aufräumen Ihr Leben verändert», den Nr.-1-*New-York-Times*-Bestseller von Marie Kondo. Sie ist professionelle Ordnungsberaterin und keine Psychologin, aber niemand versteht die Verlustaversion besser als sie. Um diese Angst zu überwinden, hat sie einen Ratschlag parat: Räumen Sie Ihren Schrank komplett aus – alle Kleidungsstücke auf Bügeln, alles in den Schubladen und sämtliche Schuhe – und werfen Sie alles auf den Boden. Weil wir es auf den Boden geworfen haben, haben wir nicht mehr das Gefühl, dass uns das alles gehört. Kein

Endowment-Effekt mehr, nichts mehr zu verlieren. Das Resultat: Unsere Entscheidungen werden vom Verlustrahmen in den Gewinnrahmen verlegt. Wir können jedes Stück nach seinem Nutzen für uns betrachten und nicht vor dem Hintergrund der Verlustangst. Nachdem ich meinen Schrank mariekondoiert hatte, habe ich so getan, als müsste ich jedes Stück von dem großen Kleiderberg kaufen. Und schon fiel mir die Entscheidung leicht. Ich würde nie einen Rock kaufen, der mir eine Nummer zu klein ist. Oder einen Blazer mit dicken Schulterpolstern, selbst wenn so was in zehn Jahren wieder hip sein sollte.

Und der kostenlose Probemonat und die kostenfreie Rücksendung? Nachdem wir «Hamilton» drei Mal geguckt hatten, fragte ich mich, ob ich *Disney+* auch abonnieren würde, wenn ich mich jetzt neu dafür entscheiden müsste. Und ich tat so, als müsste ich das gerade gelieferte Kleid noch einmal bestellen, nur dass ich jetzt wusste, dass das, was am Computer zartrosa wirkte, in Wirklichkeit ein leuchtendes Fuchsia ist. Die Mitgliedschaft wurde gekündigt, das Kleid zurückgeschickt.

DIE TENDENZIÖSE INTERPRETATION: WARUM WIR DIE DINGE SELTEN SO SEHEN, WIE SIE SIND

1999 war ich mit meiner Tochter schwanger und bereitete ihre Ankunft in unserem Leben akribisch vor. Der Geburtstermin lag Anfang Juni, und im Mai hatte ich alles, was unbedingt nötig ist: ein Kindersitz fürs Auto, zwei Kinderwagen, acht Pucktücher, 15 Fläschchen, zehn Schachteln Windeln und zehn Strampler. Und ich fing an, Einkaufslisten für Anschaffungen zu erstellen, die ich nicht für dringlich hielt, zum Beispiel Kinderbücher wie «Gute Nacht, lieber Mond» oder «Die kleine Raupe Nimmersatt» (ich glaube an frühkindliche Bildung!). Und natürlich unbedingt ein Nachtlicht – bis ich in *Nature* über eine Studie zu Nachtlichtern las.

Babys, die nachts bei Licht schlafen, wurden mit fünf Mal höherer Wahrscheinlichkeit kurzsichtig als Babys, die im Dunkeln schlafen, hieß es in der Studie.[47] Das weckte das Interesse der Massenmedien. *CNN* fasste zusammen: «Selbst ein schwaches Licht dringt während des Schlafes durch die Lider und hält die Augen aktiv, während sie eigentlich ausruhen sollten. In der frühen Kindheit, wenn die Augen sich so schnell entwickeln, entsprechende Vorkehrungen zu treffen, erspart Ihrem Kind möglicherweise, dass es später eine Fehlsichtigkeit entwickelt.»[48] Natürlich strich ich das Nachtlicht von meiner immer länger werdenden Liste lebenswichtiger Neugeborenen-Vorbereitungen.

Ein Jahr später wurde in *Nature* eine andere Studie veröffentlicht, die die Ergebnisse der ersten Studie widerlegte.[49] Es stellte sich heraus, dass die Korrelation zwischen Nachtlicht und Kurzsichtigkeit durch die Fehlsichtigkeit der Eltern bedingt war. Eltern, die kurzsichtig waren, verwendeten eher Nachtlichter. Und die Kinder kurzsichtiger Eltern waren schon erblich vorbelastet und entwickelten daher eher selbst eine Kurzsichtigkeit. *CNN* korrigierte pflichtschuldigst den früheren Bericht: «Lassen Sie's an. Eine Studie besagt, dass Nachtlichter dem Augenlicht Ihrer Kinder nicht schaden.»[50] Ein sehr gutes Beispiel dafür, dass Korrelation nicht unbedingt heißt, dass ein Kausalzusammenhang besteht. Aber darauf will ich gar nicht hinaus. Haben Sie noch ein wenig Geduld mit mir.

2001, nachdem die Nachtlicht-Studie widerlegt war, wurde ich mit meinem Sohn schwanger. Würde ich – die ich stark kurzsichtig bin – mein nunmehriges Wissen nutzen, um ein Nachtlicht in seinem Zimmer anzubringen? *Keine Chance!* Lieber lief ich Gefahr, mir das Knie an der Wickelkommode zu stoßen oder den Zeh am Abfalleimer, statt auch nur das kleinste Risiko einzugehen, das kostbare Augenlicht meiner Kinder zu gefährden. (Natürlich tragen beide Kinder heute eine Brille, trotz all meiner blauen Flecken.)

Als Kognitionspsychologin interessierte mich dieser widerständige Mechanismus. Ich habe sogar einen Namen dafür gefunden: «kausales Imprinting». Und das funktioniert folgendermaßen: Sagen wir mal, dass in Phase 1 ein Mensch eine Korrelation zwischen A und B beobachtet, wie weiter unten gezeigt: Wenn A da ist, neigt B ebenfalls zum Dasein.

Wenn A nicht da ist, dann neigt auch B dazu, nicht da zu sein. Aufgrund dieser Beobachtung könnte man in Phase 2 annehmen, dass A die Ursache von B ist: Nachtlichter verursachen Kurzsichtigkeit. Die kritische Stufe ist nun Phase 3. An diesem Punkt erfährt der Beobachter, dass es noch einen dritten Faktor, nämlich C, gibt. Und dass C immer dann da war, wenn A und B zugleich da waren. War C hingegen nicht da, waren auch A und B nicht da. Auf Grundlage dieser Beobachtung wäre der triftigste kausale Rückschluss, dass C die Ursache von A und B ist, A aber nicht die Ursache von B. Der Zusammenhang von A und B in Phase 1 ist eine Scheinkorrelation, weil C zu diesem Zeitpunkt noch nicht bekannt war. Nichtsdestotrotz gilt: Wurde jemand auf die Überzeugung «geprägt» («imprinted»), dass A die Ursache von B ist, wird er das Datenmuster in Phase 3, das einer gemeinsamen Ursache, immer noch deuten als «A verursacht B», selbst wenn er mittlerweile über C Bescheid weiß und es keinen Beleg dafür gibt, dass A die Ursache von B ist, wenn C abwesend ist.

Phase 1: Beobachtung	Phase 2: Schlussfolgerung	Phase 3: Beobachtung	Phase 4: Schlussfolgerung	Richtige Antwort:
A ····· B	A → B	A ····· B ↘ ↙ C	A → B ↖ ↗ C	A B ↖ ↗ C
und		und		
nicht A ····· nicht B		nicht A ····· nicht B ↘ ↙ nicht C		

In einer Reihe von Experimenten, die ich zusammen mit Eric Taylor durchführte, der damals noch mein Postdoc war, fanden wir heraus, dass Probanden, die mit ihrer Analyse bei Phase 3 anfingen (also die Faktoren A, B und C als zur selben Zeit vorhanden kennenlernten), die korrekte Kausalbeziehung – nämlich «C verursacht A und B» und «A verursacht nicht B» – schnell erkannten.[51] Es ist also nicht der Fall, dass Menschen grundsätzlich Schwierigkeiten haben, eine gemeinsame Ursache strukturell zu verstehen.

Doch wie bei mir und meinem Nachtlicht-Erlebnis gilt auch bei anderen Menschen: Beginnt ein Proband seine Beobachtungen bei Phase 1 und entwickelt die Überzeugung, dass A die Ursache von B ist, dann ist er auf diese Überzeugung geprägt und revidiert sie nicht mehr, selbst wenn er das Datenmuster vor Augen hat, dem zufolge die Kausalbeziehung zwischen A und B falsch ist. Sobald man glaubt, dass A die Ursache von B ist, widerspricht nichts im neuen Datenmuster von Phase 3 dieser Überzeugung direkt: A und B scheinen immer noch gleichzeitig aufzutreten. Daher interpretiert man diese Korrelation nun als Beleg, dass A die Ursache von B ist, und hat keine Veranlassung, die falsche Schlussfolgerung zu korrigieren.

Das ist ein weiteres Beispiel für den Bestätigungsfehler, also unsere Neigung, an bereits bestehenden Überzeugungen festzuhalten. In Kapitel 2 haben wir darüber gesprochen, wie der Bestätigungsfehler dafür sorgt, dass wir nicht nach Daten *suchen*, die unsere Überzeugung widerlegen könnten. Hier dagegen tritt der Bestätigungsfehler auf, weil wir neue Daten so *interpretieren*, dass sie zu dem passen, was wir für wahr halten.

TENDENZIÖSE INTERPRETATION ALLENTHALBEN

Und ich habe noch eine Geschichte für Sie, die von mir, meinen Kindern und meiner Neigung zu tendenziösen Interpretationen handelt. Als mein zweites Kind vier Jahre alt war, hatten wir im Auto eine Diskussion. Mein Sohn wollte wissen, warum es bei der Ampel heißt «bei Gelb». Ich verstand die Frage nicht, aber er war ja schließlich erst vier, also antwortete ich: «Es heißt ‹bei Gelb›, weil das Licht gelb ist.» Worauf er antwortete: «Es ist nicht gelb, es ist orange.» Ich korrigierte ihn geduldig und fragte mich insgeheim, ob mein Mann mir vielleicht verschwiegen hatte, dass er farbenblind war und diese Eigenschaft auch unserem Sohn vererbt hatte. Mein Sohn ließ sich nicht abbringen: «Aber Mama, jetzt schau doch mal hin.» Um ihm zu beweisen, dass er falschlag, blieb ich beim nächsten «Gelb» stehen und sah es mir an. Und siehe da: Es war orange. Gut, vielleicht nicht so orange wie sonnengereifte Orangen aus Florida, aber jedenfalls farblich näher an der Orange als an der Zitrone. Schauen Sie nur mal selbst. Später erfuhr ich, dass man das gelbe Ampellicht ganz bewusst orangefarbener gestaltet hat, damit man es besser sieht. (Amtssprachlich und in Großbritannien heißt diese Farbe übrigens «amber», also «bernsteinfarben».) Gut, aber warum wuchs ich dann in der Überzeugung auf, die Farbe sei gelb? Ich kam mir vor, als hätte man mich mein Leben lang angeschwindelt. Meine Eltern sagten «Gelb» dazu, und ich habe diese Ampelfarbe auch immer «gelb» genannt. Als ich klein war, malte ich Ampeln brav mit roten, grünen und zitronengelben Wachsmalkreiden. Am schlimmsten aber ist: Bis mein Sohn mich auf die wahre Farbe aufmerksam machte, *sah* ich sie auch als «gelb».

Dass wir der Wirklichkeit mit tendenziösen Interpretationen begegnen, die unsere Überzeugungen widerspiegeln, ist unglaublich verbreitet. Obwohl dieses Beispiel an sich keine gefährlichen Folgen hat – es ist nicht von Bedeutung, ob Sie das Ampellicht gelb, bernsteinfarben oder orange nennen, solange Sie sich danach richten, wenn Sie es sehen –, möchte man doch annehmen, dass die Menschen im Lichte neuer Daten ihre ursprünglichen Überzeugungen revidieren, wenn es schädlich wäre, dies nicht zu tun. Und doch halten wir an vielen voreingenommenen Interpretationen auch dann noch fest, wenn sie durch harte Daten widerlegt werden. Und das sogar, wenn der Betroffene sich selbst oder anderen damit schadet.

Jeder von uns kennt doch diesen Typ Mensch, der die Verantwortung für seine Fehler immer jemand anderem zuschiebt. Kommt er zu spät zum Meeting, ist der Verkehr schuld, obwohl es ja Tag für Tag Verkehr auf den Straßen gibt. Verletzt er die Gefühle eines anderen Menschen, entschuldigt er sich mit: «Es tut mir leid, dass du das so empfindest.» Die Annahme, dass er selbst immer recht hat und die anderen stets im Unrecht sind, schützt vielleicht das fragile Ego des Betreffenden, aber es nimmt ihm auch die Möglichkeit, zu lernen und zu wachsen und starke, gesunde Beziehungen zu entwickeln.

Und dann gibt es umgekehrt den Typ, der sich selbst immer für alles die Schuld gibt. Macht man ihm Komplimente, zieht er sie regelmäßig in Zweifel («Das sagt er vermutlich zu allen»), spielt seine Leistungen herunter («Ich hatte eben Glück») und bläst selbst ein konstruktives negatives Feedback zum Gottesurteil auf («Ich bin halt ein hoffnungsloser Fall»). Vielleicht leidet diese Person ja am Hochstapler-Syndrom. Sie ist nie gut genug, und kein Beweis des Gegenteils schafft es, die Mauer ihres tendenziösen negativen Selbstbilds zu durchbrechen.

Gerade Menschen, die unter Depressionen leiden, neigen

zu dieser tendenziösen Sicht, mit der sie sich selbst schaden. Nehmen wir mal an, Ella schreibt ihrem Freund Les eine SMS: «Hast du für Freitagabend schon was vor?» Vier Minuten später ändert sich der Status der Meldung von «erhalten» auf «gelesen». Und ... nichts. Les antwortet nicht. Jetzt sind es schon zwei Stunden. Natürlich kann es unendlich viele Gründe für Les' Schweigen geben. Vielleicht sitzt er gerade in einem tödlich langweiligen Meeting und hat die SMS vergessen. Oder sein Telefon ist gleich nach dem Lesen in eine Schüssel mit kochend heißer Nudelsuppe gefallen. Oder ein Vogel hat ihm auf den Kopf geschissen, und er wäscht sich das Haar mit antibakteriellem Shampoo. Die Situation ist also bestenfalls zweideutig. Aber Ella, die ohnehin Probleme mit ihrem Selbstwert hat, schließt daraus, dass Les nicht mehr ihr Freund sein möchte.

Menschen verletzen andere auch, wenn sie über sie Ansichten pflegen, die auf ungerechtfertigten Klischeevorstellungen beruhen. Es gibt unzählige Studien, die dies belegen. Eine meiner liebsten ist eine Studie zum Gender Pay Gap, einem gravierenden sozialen Problem. Frauen erhalten für die gleiche Arbeit immer noch weniger Geld als Männer. Es gibt aber Leute, die davon ausgehen, dass das keineswegs unfair ist, weil es angeblich die Unterschiede in der Qualifikation widerspiegelt. Die Studie, die ich Ihnen nun vorstelle, hat untersucht, was passiert, wenn zwei Bewerber für eine Forschungsstelle exakt die gleiche Qualifikation mitbringen und sich nur im Geschlecht unterscheiden.[52]

Die Teilnehmer an diesem Experiment waren Professoren für naturwissenschaftliche und technische Fächer an amerikanischen Universitäten, die prominenten und renommierten Forschungsabteilungen vorstanden. Man bat sie, Bewerbungen für eine Stelle als studentischer Laborleiter zu beurteilen. Die Bewerbung enthielt Informationen darüber, wo der Kandidat seinen Bachelor gemacht hatte, welche Punktwerte er bei der «Graduate Record Examination» erzielt hatte, der Zulassung zum Graduiertenstudium, welche Erfahrungen der Bewerber in der Forschung hatte, welche künftigen Pläne er mit seinem Studium verfolgte und andere Daten, die man von Bewerbern um eine solche Stellung verlangt. Alle Professoren, die sich an der Studie beteiligten, erhielten die gleiche Bewerbung vorgelegt. Nur hieß der betreffende Bewerber im einen Fall Jennifer und im anderen John.

Trotz der Tatsache, dass die Bewerbung von Jennifer und John exakt gleich war, sahen die Studienteilnehmer – durchweg Professoren, die gelernt hatten, Daten unvoreingenommen zu interpretieren – John als deutlich kompetenter an als Jennifer. Man hätte ihm die Stellung gegeben, weil man davon ausging, dass seine Karriere förderungswürdiger sei als die Jennifers. Bei der Angabe, wie hoch man beim Gehalt für John gehen würde, lag der Durchschnittswert beim Jahresgehalt um 3500 Dollar (oder 10 Prozent) höher als bei Jennifer. Diese Wissenschaftler bewerteten die exakt gleiche Bewerbung anders, je nachdem welches Geschlecht der Bewerber hatte. Und noch entmutigender ist, dass dies nicht nur auf die männlichen Professoren zutraf, sondern auch auf die weiblichen.

Eine Vielzahl an wissenschaftlichen Untersuchungen belegt Vorurteile, die sich auf jede Art von denkbarem -ismus gründen: Sexismus, Rassismus, Ethnizismus, Klassismus (Diskriminierung von Menschen aufgrund ihrer Klassenzugehörigkeit), Heterosexismus, Ableismus (Diskriminierung von Menschen mit besonderen Bedürfnissen) und Ageismus (Diskriminierung von Menschen aufgrund ihres Alters). Ich aber möchte mich hier im Weiteren mit einem massiven Problem beschäftigen, das in jüngerer Zeit viel Aufmerksamkeit erhalten hat: Polizeigewalt und Rassismus. Die Teilnehmer dieser Studie – meistens weiße Männer und Frauen – wurden zu einem Videospiel gebeten.[53] Bei diesem Spiel, das lebensechte Szenen nachstellt, taucht plötzlich (zum Beispiel auf dem Parkplatz oder im Einkaufszentrum) eine Person auf, die entweder eine Waffe (einen kurzläufigen silbernen Revolver oder eine schwarze 9-Millimeter-Pistole) in der Hand hält oder einen anderen Gegenstand (eine silberne Getränkedose, ein schwarzes Handy oder eine schwarze Brieftasche). Die Forscher bemühten sich, diese Objekte auf dem Bildschirm so klar wie möglich erscheinen zu lassen, damit sie eindeutig erkennbar waren. Man sagte den Teilnehmern, sie sollten auf den Betreffenden schießen, falls er eine Waffe halte. Sei keine Waffe zu sehen, sollten sie einen Knopf drücken, auf dem «Nicht schießen» stand. Diese Übung lief unter Zeitdruck ab, die Teilnehmer befanden sich also in einer ähnlichen Situation wie Polizeibeamte, wenn sie zu einem möglichen Verbrechen gerufen werden. Wie der Leser wahrscheinlich schon vermutet, war die Person manchmal ein weißer Mann und manchmal ein schwarzer.

Und vermutlich haben Sie auch die erschreckenden Resultate erraten. Die Teilnehmer schossen öfter auf den unbewaffneten Schwarzen als auf den unbewaffneten Weißen. Eine silberne Aludose wird häufiger für eine Waffe gehalten, wenn ein schwarzer Mann sie in der Hand hält. Außerdem erkannten die Teilnehmer das schwarze Objekt in der Hand eines Weißen deutlich weniger häufig als Waffe als in der Hand eines Schwarzen. Eine schwarze Pistole wird in der Hand eines Weißen häufig für ein Handy oder eine Brieftasche gehalten.

In einem der Folgeexperimente untersuchten die Forscher, wie schnell die Probanden auf den «Nicht-schießen»-Knopf drückten, wenn die Zielperson unbewaffnet war. Diesmal aber waren die Probanden nicht nur weiß, wie in den ersten Experimenten, sondern auch schwarz. Sowohl weiße als auch schwarze Testpersonen drückten den «Nicht-schießen»-Knopf schneller, wenn das unbewaffnete Ziel ein Weißer war.

KLUGE MENSCHEN
HABEN MEHR VORURTEILE

Gibt es Menschen, die für solche Vorurteile weniger anfällig sind? Wie ist es mit den Leuten, die man gemeinhin für klug hält? Vielleicht denken ja auch Sie, dass intelligente Menschen eher begreifen, was richtig und falsch ist, und nur relevantes Wissen anwenden, um Daten zu interpretieren oder ihre Wahrnehmung zu bewerten. Umgekehrt halten wir Leute, die in einer bestimmten Situation genau das Gegenteil dessen machen, was wir für richtig halten, gerne für dümmer als uns selber. Nehmen wir mal an, jemand glaubt, Covid-19 sei auch nicht schlimmer als die Grippe. Wir unsererseits gehen davon aus, dass nur ausgemachte Strohköpfe so einen Quatsch glauben können und den Tod von Millionen Menschen in aller Welt als «normal» verbuchen, weil diese Leute ohnehin irgendwann gestorben wären. Aber es gibt gerade genug Menschen, die sich in anderen Lebensbereichen als intelligent erwiesen haben, aber trotzdem diese nachweislich falsche Aussage nachplappern.

Tatsächlich unterlaufen klugen Leuten eher tendenziöse Einschätzungen eines Sachverhalts, weil sie auf mehr Wissen zurückgreifen können, um die Fakten wegzuerklären, die ihren Überzeugungen widersprechen. Was den Bestätigungs-

fehler betrifft, so wird vermutlich am häufigsten eine bahnbrechende Studie aus dem Jahr 1979 zitiert, vor allem, wenn
es um jene Art der Voreingenommenheit geht, die zu poli-
tischer Polarisierung führt.[54] Allerdings liest man wenig darüber, welchen gedanklichen Aufwand die Teilnehmer treiben mussten, um an ihren Vorurteilen festhalten zu können.
Daher hier die Einzelheiten: Im Rahmen der Studie bat man
Erstsemester um ihre Meinung zur Todesstrafe. Einige waren
dafür, weil sie angeblich die Kriminalität reduziert. Andere
waren dagegen. Unmittelbar nach dem Betreten des Labors
legte man den Probanden die zusammengefassten Resultate
von zehn Studien vor, die untersuchten, ob die Todesstrafe
die Kriminalität ansteigen ließ oder sie im Gegenteil verringerte. Die Hälfte dieser (hypothetischen) Studien belegte
einen reduzierenden Effekt wie in diesem Beispiel:

Kroner und Phillips (1977) verglichen das Auftreten von
Morddelikten im Jahr vor und im Jahr nach Einführung
der Todesstrafe in insgesamt 14 US-Bundesstaaten. In 11
der 14 Staaten verringerte sich die Zahl der Morde nach
Einführung der Todesstrafe. Diese Studie belegt den ab-
schreckenden Effekt der Todesstrafe.

Die andere Hälfte der Studien wies nach, dass die Todesstrafe
die Kriminalitätsrate eben nicht senkt:

Palmer und Crandall (1977) verglichen die Anzahl der
Morde in 10 Zweiergruppen von US-Nachbarstaaten,
die für Mord unterschiedliche Strafen verhängten. Bei 8
der 10 Paare lag die Anzahl der Morde in den Bundesstaaten mit Todesstrafe höher. Diese Studie verneint den
Abschreckungseffekt der Todesstrafe.

Nach jeder Lektüre bat man die Teilnehmer einzuschätzen, inwiefern sich ihre Haltung zur Todesstrafe durch den Text geändert hatte. Vermutlich erwarten meine Leser jetzt, dass ich wieder mal auf Bestätigungsfehler hinauswill: dass die Befürworter der Todesstrafe nach der Lektüre bei ihrer Einstellung blieben, und die Gegner ebenfalls, ganz egal, welche Studie ihnen jeweils vorgelegt wurde.

Interessanterweise ist dies nicht so ganz richtig. Nach Lektüre eines Textes, der den Abschreckungseffekt belegte, standen sowohl Befürworter wie Gegner nun der Todesstrafe positiver gegenüber. Umgekehrt entschieden sich beide Gruppen stärker dagegen, nachdem sie einen Text gelesen hatten, der die abschreckende Wirkung verneinte. Die Leute ließen sich also von den neuen Informationen beeinflussen, auch wenn sie ihrer ursprünglichen Ansicht widersprachen. Die anfängliche Haltung bestimmte, wie stark die Veränderung ausfiel – so gab es bei den Befürwortern der Todesstrafe deutlich stärkere Verschiebungen nach der Lektüre eines Textes, der den Abschreckungseffekt belegte, als bei den ursprünglichen Gegnern. Doch verhinderte die grundsätzliche Einstellung, welche die Probanden vor dem Lesen der angeblichen Studien zur Todesstrafe hatten, nicht, dass sie für Veränderungen offen waren.

Entscheidend aber ist hier die zweite Phase der Studie. Nachdem zu Beginn nur kurze Zusammenfassungen der einzelnen Studien vorgelegt wurden, erhielten die Probanden nun genauere Beschreibungen der Studien mit allen methodologischen Details, zum Beispiel dazu, wie die Staaten für diese Studien ausgewählt worden waren (da die US-Bundesstaaten unterschiedliche Gesetze haben) oder wie lange der jeweilige Untersuchungszeitraum war. Die Versuchsteilnehmer erfuhren auch, wie die Resultate genau ausgesehen hatten. Diese Einzelheiten machten tatsächlich einen Unterschied, denn sie boten den überdurchschnittlich intelligenten Probanden mehr Möglichkeiten, die Belege abzulehnen, wenn die Resultate ihrer Meinung widersprachen.

Hier einige Beispiele für die Stellungnahmen der Teilnehmer:

> Die Studie erstreckt sich nur auf ein Jahr vor bzw. nach dem Zeitpunkt, an dem die Todesstrafe wiedereingeführt wurde. Es wäre besser gewesen, man hätte mindestens Daten aus einem Zeitraum 10 Jahre vor und möglichst vielen Jahren nach Einführung verglichen.

> Es gab zu viele methodische Fehler bei der Auswahl der Bundesstaaten, und überhaupt wurden in dem Experiment zu viele Variablen getestet, daher ändere ich meine Meinung auf dieser Grundlage nicht.

Mit diesen sorgsam durchdachten Kritikpunkten überzeugten die Studenten sich selbst, dass die Studien, die ihrer ursprünglichen Meinung widersprachen, methodisch fehlerhaft waren. Und nicht nur das: Die gegensätzlichen Belege bestärkten diese Personen noch in ihrer anfänglichen Meinung. Die Befürworter der Todesstrafe vertraten sie noch überzeugter, nachdem sie die Einzelheiten der Studie erfahren hatten, die den Abschreckungseffekt widerlegte. Und die Gegner der Todesstrafe lehnten diese noch leidenschaftlicher ab, nachdem sie gelesen hatten, dass sie durchaus einen Abschreckungseffekt entfaltete. Belege, die der Ursprungsmeinung entgegenstanden, führten also zu noch größerer Polarisierung.

Rechtfertigungen zu finden, die klaren Beweisen widersprechen, setzt voraus, dass der Betreffende zum analytischen Denken fähig ist und ein gewisses Hintergrundwissen hat, zum Beispiel darüber, wie man Daten korrekt liest oder warum das Gesetz der großen Zahl – das wir in Kapitel 5 behandelt haben – eine Rolle spielt. Hatten die Probanden keine Möglichkeit, diese Fähigkeiten einzusetzen, weil die Studien nur kurz zusammengefasst wurden, kam es nicht zur tendenziösen Interpretation. Sobald sie dafür jedoch über genügend Information verfügten, nutzten sie ihre Fähigkeiten, um in den Studien, die ihrer anfänglichen Meinung widersprachen, Fehler zu finden. Das ging so weit, dass Belege, die nicht zu ihrer Meinung passten, sie in dieser Überzeugung sogar bestärkten.

Allerdings untersuchte diese Studie nicht direkt, wie sich die unterschiedlichen logischen Fähigkeiten der Probanden auswirkten. Eine andere Studie hingegen untersuchte die Frage, ob und wie stark tendenziöse Interpretationen mit unterschiedlichen Fähigkeiten zum quantitativen (statistischen) Denken zusammenhängen.[55] Dazu wurde zuerst die «Numeracy» der Probanden festgestellt, also die Fähigkeit, mit Zahlen umzugehen, beziehungsweise die Rechenkompetenz. Die dazu gestellten Fragen wiesen einen unterschiedlichen Schwierigkeitsgrad auf, setzten jedoch ein recht hohes Niveau quantitativen Denkens voraus, um die korrekte Antwort zu finden. Manche waren kaum schwieriger als die Berechnung von Trinkgeld oder die Berechnung eines 30-Prozent-Rabatts beim Schuhkauf. Andere waren deutlich schwieriger. Zum Beispiel Fragen wie diese:

Stellen Sie sich vor, wir werfen einen Würfel mit fünf Seiten insgesamt 50 Mal. Wie häufig wird sich bei diesen 50 Würfen eine ungerade Zahl ergeben? (Richtige Antwort: 30 Mal)

In einem Wald sind 20 Prozent der Pilze rot, 50 Prozent braun und 30 Prozent weiß. Ein roter Pilz ist in 20 Prozent der Fälle

tödlich. Ein nicht roter Pilz ist in 5 Prozent der Fälle tödlich.
Wie hoch ist die Wahrscheinlichkeit, dass ein giftiger Pilz in
diesem Wald rot ist? (Richtige Antwort: 50 Prozent)

Dann legte man den Probanden «Daten» vor, die von einem Zusammenhang zwischen einer neuen Hautcreme und einem Ausschlag ausgehen. Die Tafel unten zeigt, was die Teilnehmer zu sehen bekamen. In 223 von 298 Fällen (also 75 Prozent) besserte sich der Ausschlag, in den restlichen 75 Fällen verschlechterte er sich. Aufgrund dieser Daten würden die meisten Leute wohl annehmen, dass die Hautcreme die Hautkrankheit lindert.

Aber erinnern Sie sich noch an das Monster-Spray und den Aderlass, die beiden Beispiele zum Bestätigungsfehler in Kapitel 2? So wie wir überprüfen sollten, was passiert, wenn wir kein Monster-Spray anwenden, müssen wir auch hier die Fälle mitberücksichtigen, in denen die neue Hautcreme *nicht* verwendet wird. Die Daten unten zeigen, dass in 107 von 128 Fällen (also 84 Prozent) der Ausschlag sich besserte, obwohl die Creme nicht benutzt wurde. Anders ausgedrückt: Diese Daten belegen, dass die unter dem Ausschlag leidenden Patienten ohne die Creme besser dran sind.

	Ausschlag bessert sich bei	Ausschlag ver- schlimmert sich bei
Patienten, die die neue Creme benutzen (insgesamt 298)	223 Patienten	75 Patienten
Patienten, die die neue Creme *nicht* benutzen (insgesamt 128)	107 Patienten	21 Patienten

Diese Resultate richtig einzuschätzen ist eine ausgesprochen komplexe Aufgabe. Also kann man wohl annehmen, dass Menschen mit höherer Zahlenkompetenz eher die korrekte Antwort finden. Und genau das passierte dann auch. Ich sollte hinzufügen, dass es zwischen den logischen Fähigkeiten von Demokraten und Republikanern keine Unterschiede gab. Das hört sich jetzt vielleicht merkwürdig an, aber es war wichtig, denn bei einem anderen Teil der Studie erhielten die Probanden genau die gleichen Daten, wie sie für die Sache mit dem Hautausschlag benutzt wurden. Nur ging es diesmal um eine Aufgabe mit politischem Hintergrund.

Nämlich um den Zusammenhang zwischen Waffenkontrollgesetzen (im Besonderen dem Verbot, in der Öffentlichkeit verborgene Waffen, also beispielsweise in der Jacketttasche, zu tragen) und der Kriminalitätsrate. Zu diesen Punkten gab es zwei verschiedene Datenversionen: Im einen Fall hieß es, dass Waffenkontrollgesetze die Verbrechensrate ansteigen ließen, was der Meinung eines Großteils der Republikaner entspricht. Im anderen Fall lautete die Angabe, dass Waffenkontrollgesetze die Kriminalität zurückgehen ließen. Und das ist eine klassische Position der Demokraten.

Ob die Teilnehmer nun Demokraten oder Republikaner wählten: Wer beim Test der Zahlenkompetenz schlecht abschnitt, kam nicht auf die richtigen Resultate (ähnlich wie beim Hautausschlag und beim Aderlass). Sie mussten mehr oder weniger raten, ob Waffenkontrollgesetze die Kriminalität erhöhten oder senkten. Doch zumindest war ihre Interpretation der Daten nicht von Voreingenommenheit geprägt. Ungeachtet dessen, ob die Daten der Waffenkontrolle eine positive oder negative Rolle zusprachen, lagen Demokraten und Republikaner mit schwach ausgeprägten numerischen Fähigkeiten bei ihrer Einschätzung häufiger daneben, und es gab keinen Unterschied zwischen Demokraten und Republikanern – wie beim Hautausschlag. Unter den Probanden mit einer guten Zahlenkompetenz hingegen *kam* es zur tendenziösen Interpretation.

EINSCHÄTZUNGEN DER REPUBLIKANER

	Kriminalität nimmt ab	Kriminalität nimmt zu
In Städten, die ein Verbot über das verborgene Tragen von Waffen in der Öffentlichkeit erlassen haben (insgesamt 298)	223	75
In Städten, die *kein* Verbot über das verborgene Tragen von Waffen in der Öffentlichkeit erlassen haben (insgesamt 128)	107	21

Anmerkung: Diese fiktiven Daten gehen davon aus, dass Waffenkontrollgesetze die Kriminalität ansteigen lassen, weil 25 Prozent der Städte mit Waffenkontrollgesetzen einen Anstieg erleben, wohingegen 16 Prozent der Städte ohne Waffenkontrollgesetz ebenfalls einen Anstieg zeigen.

EINSCHÄTZUNGEN DER DEMOKRATEN

	Kriminalität nimmt ab	Kriminalität nimmt zu
In Städten, die ein Verbot über das verborgene Tragen von Waffen in der Öffentlichkeit erlassen haben (insgesamt 298)	75	223
In Städten, die *kein* Verbot über das verborgene Tragen von Waffen in der Öffentlichkeit erlassen haben (insgesamt 128)	21	107

Anmerkung: Diese fiktiven Daten gehen davon aus, dass Waffen-kontrollgesetze die Kriminalität sinken lassen, weil 25 Prozent der Städte mit Waffenkontrollgesetzen einen Rückgang erleben, wohingegen 16 Prozent der Städte ohne Waffenkontrollgesetz ebenfalls einen Rückgang zeigen.

Republikaner mit höheren numerischen Fähigkeiten lagen richtig, wenn die korrekte Antwort lautete, dass Waffenkon-trollgesetze die Kriminalität ansteigen ließen. Demokraten mit höheren numerischen Gaben hingegen lagen richtig, wenn die korrekte Antwort lautete: Waffenkontrollgesetze senken die Verbrechensrate. Menschen mit hohen numeri-schen Fähigkeiten setzen diese offensichtlich nur ein, wenn sie sie in ihrer vorgefassten Meinung bestärken.

Damit will ich nun nicht sagen, dass Menschen, denen es an hohen numerischen oder analytischen Denkfähigkeiten fehlt, niemals tendenziöse Interpretationen abgeben. Natürlich unterläuft dieser Fehlschluss auch ihnen. Es ist höchst unwahrscheinlich, dass beispielsweise nur «intelligente» Menschen blitzartig ethnisch basierte Urteile darüber abgeben, ob jemand eine Pistole oder ein Handy in der Hand hält. Hier geht es vielmehr darum, dass die sogenannten «smart skills» Menschen nicht vor tendenziöser Interpretation bewahren. Manchmal verschärfen diese die Voreingenommenheit sogar noch.

WARUM WIR FAKTEN TENDENZIÖS INTERPRETIEREN

Fakten und Daten so zu interpretieren, dass sie zu den eigenen Vorurteilen passen, kann sich schnell zu einer Bedrohung für Mensch und Gesellschaft auswachsen. Bevor wir uns aber damit auseinandersetzen, wie sich dem gegensteuern lässt, ist es meiner Ansicht nach sinnvoll zu überlegen, warum wir das überhaupt tun und es oft nicht einmal bemerken und deshalb nicht unterlassen können.

Hier spielen zweifellos Motivationsfaktoren eine entscheidende Rolle. Die Motivation kann sein, das Gesicht zu wahren und zu beweisen, dass man richtigliegt (auch wenn dem nicht so ist). Manchmal haben wir auch den Wunsch, die Überzeugungen unserer Familie, unseres Clans oder der politischen Partei zu schützen, zu der wir – und auch unsere Überzeugungen – gehören. Daher ist es in manchen Fällen absolut zutreffend, die tendenziöse Interpretation auf das Motivationsdenken zurückzuführen. Rufen wir uns doch noch einmal die Ampelfarben ins Gedächtnis. Ich hatte kein persönliches

Interesse daran, das mittlere Licht für gelb zu halten. Ich habe eine klare Haltung zu vielen Dingen, aber nicht zur Farbe der Lichtsignale einer Ampel. Trotzdem betrachtete ich die Farbe von Kindesbeinen an als gelb, weil ich einfach glaubte, dass sie gelb ist. Oder nehmen wir die Professorin, die Jennifer weniger Geld anbot als John. Es ist kaum vorstellbar, dass sie andere Frauen vom Wissenschaftsbetrieb fernhalten wollte. Man würde auch nicht unterstellen, dass sich die schwarzen Probanden aus der oben erwähnten Studie eine rassistischere Gesellschaft wünschen, weil ihre Entscheidung, eine unbewaffnete Person nicht zu erschießen, schneller fiel, wenn die Zielperson weiß war und nicht schwarz. Selbst wenn wir nicht motiviert sind, etwas Bestimmtes zu glauben, beeinflusst unsere Einstellung alles, was wir sehen oder erfahren, weil unser Gehirn einfach so funktioniert. Wenn wir diese Denkfehler als Teil unserer kognitiven Mechanismen erkennen, merken wir erst, wie tief verwurzelt sie doch sind.

Die kognitiven Mechanismen hinter einer tendenziösen Interpretation sind keine anderen als die, die wir auch sonst im Alltag anwenden. Wir Menschen besitzen einen unglaublichen Wissensschatz, den wir ständig unbewusst und automatisch einsetzen, wann immer wir externe Reize verarbeiten. In der Kognitionswissenschaft nennt man dies «Top-down»-Verarbeitung.

Zum Beispiel bei der Verarbeitung von Gehörtem, also von sprachlichen Äußerungen. Wer in den Vereinigten Staaten aufgewachsen ist, hat vermutlich recht oft den Treueeid gehört: «Ich schwöre Treue der Fahne der Vereinigten Staaten von Amerika und der Republik, für die sie steht, eine Nation unter Gott, unteilbar, mit Freiheit und Gerechtigkeit für jeden.» Kinder hört man nicht selten schwören «under God, invisible» (*unsichtbar* statt *unteilbar*) oder «to the Republic for

witches stand» (der Republik, da Hexen stehen), weil es sich
einfach so anhört, wenn eine ganze Schulklasse die Formel
herunterbetet. Betrachten wir nur die phonetische Seite der
Wörter, sind diese Fehler nur zu verständlich. Erst wenn man
über die Bedeutung des Treueeids nachdenkt, wird einem
klar, dass dabei nicht von Hexen oder Unsichtbarkeit die
Rede sein kann.

Oder denken Sie nur mal an die typischen Voicemail-
Botschaften. Ich bin ziemlich beeindruckt, wie exakt mein
iPhone mir Telefonnummern diktiert, und die letzten
schriftlichen Nachrichten, die ich so erhalten habe, sind
erstaunlich genau. Trotz der eindeutigen Fortschritte der
Künstlichen Intelligenz habe ich letzte Woche eine Nachricht erhalten, die sich so las: «Hi, this message is for ... on
my name is Mary I'm calling from yell at your nose and
throat please give our office a call back at [Telefonnummer]
and it's option number three again I'm calling from Yale
your nose and throat.» Ich kann ja noch verstehen, dass der
Transkriptionsmechanismus es mit meinem Namen nicht
mal versuchen will (außer natürlich, dies ist ein systemati-
sches kulturelles Vorurteil im KI-System), aber was soll nun
«yell at your nose» und «Yale your nose» heißen? Daraufhin hörte ich die aktuelle Voicemail von Mary ab, die zur
Hals-Nasen-Ohren-Abteilung des Yale-Hospitals («Yale Ear
Nose and Throat») gehört, und mir war alles sonnenklar.
Aber Sprache ist nun einmal hochgradig mehrdeutig. Dank
unseres Top-down-Wissens und der vielen Referenzen, auf
die wir unbewusst zurückgreifen, schaffen wir es, Wörter und
Bedeutungen eindeutig zu machen, so gut wie wir es eben
können. Meine Top-down-Verarbeitung war so stark, dass
ich das «yell at your nose» nicht einmal hören konnte, ganz
egal, wie oft ich die Botschaft abspielte.

Aber können Menschen wirklich ein identisches Objekt auf zwei verschiedene Arten sehen,[56] nur weil sie in dem Moment etwas anderes glauben? Und das auch dann, wenn sie kein gesteigertes persönliches Interesse an dieser Überzeugung haben? Meine frühere Doktorandin Jessecae Marsh und ich gingen dieser Frage in einem Experiment nach. Zu Beginn zeigte man jedem Versuchsteilnehmer ein Dia, das ein Bakterium zeigte, welches in einer Bodenprobe vorhanden war. Dieses Bakterium (das aussieht wie ein Strich) steht links, gleich daneben ein Bild von der Bodenprobe (wie Sie weiter unten sehen können). Die Probe war beschriftet, sodass man klar ersehen konnte, ob sie Stickstoff enthielt oder nicht. Man sagte den Probanden, dass sie eine Reihe solcher Bilder zu sehen bekämen und am Ende herausfinden sollten, ob ein bestimmtes Bakterium die Ursache für das Vorhandensein von Stickstoff im Boden war.

Dann sah jeder Teilnehmer 60 Dias auf dem Bildschirm, die auf der rechten Seite je unterschiedliche Bodenproben zeigten. Anfangs zeigte man ihnen zwei Bakterien (wie Sie in den oberen beiden Bildern der Tafel sehen können): Manchmal war das Bakterium so lang, wie das Bild hoch war. Dann wieder war es kurz und hatte viel Platz darüber und darunter.

Wie die oberen beiden Abbildungen zeigen, sahen die Teilnehmer zuerst mehrere Bodenproben mit extrem langen Bakterien, wenn Stickstoff im Boden vorhanden war, und extrem kurzen Bakterien, wenn im Boden Stickstoff fehlte. Nachdem sie mehrere solcher Bilder gesehen hatten, entwickelten die Probanden vermutlich die Vorstellung, dass die langen Bakterien für den Stickstoff im Boden verantwortlich waren. Das klingt ja noch ganz logisch.

Dann aber kam der Haken. Als sich unserer Vermutung nach bei den Teilnehmern die Idee herauskristallisiert hatte,

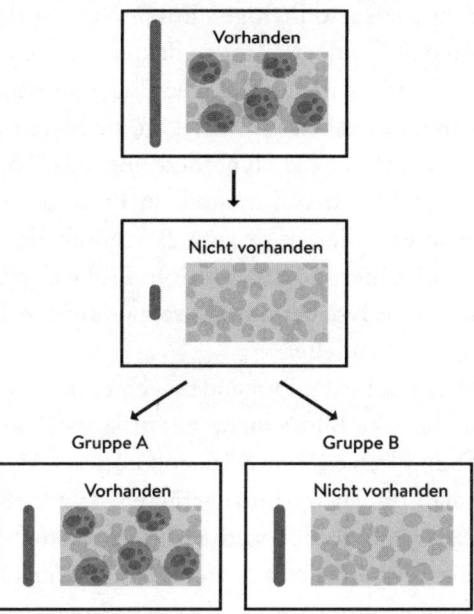

dass lange Bakterien für den Stickstoff in der Bodenprobe verantwortlich waren, zeigten wir der einen Hälfte der Probanden – hier Gruppe A – Aufnahmen, auf denen neben der Bodenprobe ein Bakterium mittlerer Länge abgebildet war, das auf das Vorhandensein von Stickstoff schließen ließ. Die Länge dieses Bakteriums wurde absichtlich so gewählt, dass es genau die Mitte zwischen dem langen und dem kurzen Bakterium einnahm. Also wirklich sehr zweideutig, weder lang noch kurz, sondern eben mittel.

Am Ende des Experiments hatte Gruppe A 60 Bilder gesehen: eine Mischung aus langen Bakterien mit stickstoffhaltiger Erde, kurzen mit stickstoff*freien* Bodenproben und mittellangen mit stickstoffhaltigem Erdreich. Dann gab es eine überraschende Frage: Wie viele Bilder zeigten lange

Bakterien mit stickstoffhaltiger Erde? Nur 20 der 60 Beispiele zeigten die eindeutig langen Bakterien, und dies immer in Verbindung mit stickstoffhaltigen Bodenproben. Die Teilnehmer allerdings gaben im Mittel an, sie hätten 28 solcher Bilder gesehen. Da sie die Hypothese entwickelt hatten, dass lange Bakterien für den Stickstoff im Erdreich verantwortlich waren, interpretierten sie jedes Bakterium als «lang», das zusammen mit einer stickstoffhaltigen Probe abgebildet war. Selbst wenn es sich dabei um das so zweideutige Bakterium mittlerer Länge handelte.

Die andere Hälfte der Probanden – hier die Gruppe B – sah eine recht ähnliche Bildsequenz: zuerst lange Bakterien (mit Stickstoff) und kurze (ohne Stickstoff). Dieses Mal aber präsentierte man die später hinzugefügten Bakterien mittlerer Länge zusammen mit Proben, die *keinen* Stickstoff enthielten. Als man die Testpersonen aus dieser Gruppe fragte, wie viele kurze Bakterien ohne stickstoffhaltige Proben sie gesehen hatten, schätzten diese im Mittel 29 Mal. Die richtige Antwort war auch hier 20.

In anderen Worten: Beide Gruppen sahen im zweiten Teil der Untersuchung identische Bilder von Bakterien mittlerer Länge, aber Gruppe A interpretierte sie als «lang» und Gruppe B als «kurz», weil beide Gruppen die Überzeugung entwickelt hatten, dass lange Bakterien für den Stickstoff im Erdreich verantwortlich waren. Angesichts dieser Überzeugung interpretierten sie uneindeutige Bakterien mit stickstoffhaltigem Erdreich als «lang», während uneindeutige Bakterien neben stickstofffreiem Erdreich als «kurz» empfunden wurden. Ich bin mir absolut sicher, dass keinem unserer Teilnehmer diese Einordnung wichtig war. Sie bekamen schließlich kein Geld dafür, wenn sie mehr lange als kurze Bakterien entdeckten oder umgekehrt. Außerdem mussten sie die mittleren ja nicht mitzählen. Sie hätten sie einfach ignorieren können, da sie eben nicht eindeutig waren. Aber die Probanden schätzten sie spontan als «lang» oder «kurz» ein, je nachdem, wie dies zu ihrem Top-down-Standpunkt passte.

Und sie klassifizierten die Bakterien nicht nur so, sie nahmen sie auch tatsächlich so wahr. Am Ende des Experiments legten wir den Probanden noch einmal die Bilder der langen, mittleren und kurzen Bakterien vor und fragten sie, welchem Bakterium das mittlere am meisten ähneln würde. Gruppe A meinte, es sähe aus wie das lange Bakterium, Gruppe B schob es in die Nähe des kurzen.

Die Top-down-Verarbeitung findet spontan und automatisch statt, ob wir das wollen oder nicht. Wir brauchen sie, um uns auf die Welt einen Reim machen zu können, da sie die durch die Sinne ankommenden Informationen in ein kohärentes Rahmenwerk einordnet, das uns erlaubt, unsere Umgebung vorherzusehen und zu kontrollieren. Ohne die Top-down-Verarbeitung wären wir verloren und unser Leben ein einziges Chaos.

Nehmen wir einmal eine ganz elementare visuelle Wahrnehmung wie die, die ich jetzt habe, wenn ich diesen Satz schreibe: Ich sehe, wie mein Hund sich aus seinem Hundebett erhebt. Die physikalischen Daten von allem, was sich in meinem Gesichtsfeld befindet, ändern sich ständig – Formen, Farben, Konturen, Linien, Gestalten. Ich aber sehe ein Objekt (mein Hund), das sich aus einem anderen Objekt (Hundebett) erhebt und auf den Teppich tritt. Und nicht, wie sich Hundebett oder Teppich zu anderen Farben und Formen ordnen. Nun stellen Sie sich vor, der Wahrnehmende bin nicht ich, sondern ein Roboter, der dazu in der Lage ist, mittels einer Super-Hightech-Kamera physikalische Signale zu verarbeiten. Nur hat der Roboter kein begriffliches Konzept von einem Hund oder einem Hundebett. Auch die Grundprinzipien der Wahrnehmung sind ihm unbekannt. Er weiß nicht, dass Teile, die sich bewegen, gut und gerne zu einem einzigen Objekt gehören können. Außerdem versteht er abstrakte Konzepte wie «Belebtheit» nicht: Er schreibt allen unbelebten Objekten die Fähigkeit zu, belebt zu werden, und glaubt, dass Computergrafik zur natürlichen Welt gehört. Angesichts all dessen würde der Roboter diese Szene ganz anders verstehen als ich. Ohne Top-down-Verarbeitung wären wir wie dieser Roboter, unfähig, unseren Hund von seinem Bett zu unterscheiden, und ständig darauf wartend, dass Küchengeräte und Möbel lebendig werden.

WAS KÖNNEN WIR TUN?

Das Problem hier ist, dass die Top-down-Verarbeitung auch für die tendenziösen Interpretationen verantwortlich ist, die wiederum hinter dem Bestätigungsfehler und ganz allgemein hinter Vorurteilen stehen. Die Resultate solcher Voreingenommenheit sind mitunter erschreckend, doch der Prozess beruht auf Fähigkeiten, die wir ständig brauchen, um unserer Welt einen Sinn zu verleihen. Anders ausgedrückt: Wir können den Prozess, der uns hier ein Bein stellt, nicht einfach unterbrechen. Die Erkenntnis, dass tendenziöse Interpretationen unvermeidlich sind, ist ein guter erster Schritt, wenn wir herausfinden wollen, was wir tun können, um den damit verbundenen Gefahren zu begegnen.

Denkfehler sind schwieriger zu überwinden, wenn wir glauben, dass wir dagegen immun sind und dass sie nur dummen Menschen unterlaufen, die uns kein bisschen ähnlich sind. Sobald wir merken, dass tendenziöse Interpretationen ein Teil des Top-down-Prozesses sind, können wir uns eingestehen, dass wir bei der Interpretation von Daten Fehler machen, selbst wenn wir versuchen, für ungewöhnliche, undogmatische Gedanken offen zu sein und nicht von einer irren Sekte einer Gehirnwäsche unterzogen wurden. Vor diesem Hintergrund sollten wir vielleicht doch mal hinsehen, wenn uns ein Vierjähriger nächstes Mal sagt, dass das gelbe Licht der Ampel eigentlich orange ist.

Unglücklicherweise ist die Lösung unserer Schwierigkeiten im Leben nicht immer so einfach wie der genauere Blick auf die Lichtsignale einer Ampel. Es gibt kein Allheilmittel, wenn wir uns selbst falsch einschätzen und beispielsweise denken, dass wir immer Verlierer sind oder die Zukunft uns nichts mehr zu bieten hat, obwohl das keineswegs der Fall ist. Also bleiben wir doch bei diesem Beispiel. Jeder zweifelt schließlich hie und da an sich, und manche Menschen tun sich wirklich schwer damit, ihre Selbstzweifel abzulegen, so schwer, dass diese ein Teil ihres Selbstbildes werden. In der Folge interpretieren sie alles, was sie erleben, im Licht dieser falschen Selbstwahrnehmung und verstärken sie dadurch weiter. Mit dem Ergebnis, dass sie sich ohne fremde Hilfe von diesen Zweifeln nicht mehr frei machen können.

Die klinische Psychologie hat daher eine Technik ersonnen, die sich kognitive Verhaltenstherapie nennt und darauf abzielt, den Menschen von diesen tief verwurzelten negativen Denkmustern zu befreien. Es hört sich vielleicht komisch an, dass wir lernen müssen, besser zu denken (und dafür noch bezahlen müssen, wenn es die Krankenversicherung nicht tut) – aber das ist so. Sie können sich das so vorstellen: Wenn Sie an einem Buffet stehen, dann laden Sie ja auch nicht einfach alles auf den Teller, was Sie vor sich sehen, wie Pac-Man, der

Alles-Verschlingende. Wir entscheiden uns ganz bewusst für manche Leckereien und lassen andere liegen. Auf die gleiche Weise gehen uns ständig Gedanken durch den Kopf, und wir müssen wählen, welchen wir nachgehen und welche wir besser loslassen. Wenn ein Mensch sich angewöhnt hat, ständig negativen Gedanken nachzuhängen, dann braucht er Hilfe, um diese Gewohnheit zu durchbrechen – ebenso wie wir einen Yogalehrer brauchen oder einen Personal Trainer, damit wir uns bestimmte Techniken aneignen und so motiviert sind, sie ständig zu üben. Die kognitive Verhaltenstherapie ist hochgradig effektiv, aber sie ist kein Zauberstab, der schon in einer Sitzung alles weghext. Das ist beim Yoga oder beim Personal Training ja auch nicht anders. Es braucht Wochen und Wochen der Therapie, und die Fähigkeiten, die wir dabei erwerben, müssen wir auch im Alltag anwenden – ein weiteres Beispiel dafür, wie schwierig es ist, einer tendenziösen Interpretation zu entgehen.

Aber jetzt gehen wir mal einen Schritt weiter. Was tun wir, wenn die tendenziöse Interpretation einer anderen Person uns nervt oder belastet? Auch hier verhilft uns die Erkenntnis, dass dessen Voreingenommenheit teilweise kognitiver Natur ist, zu einer toleranteren Haltung gegenüber Menschen, die anderer Meinung sind als wir. Was heißt: Diese Leute wollen uns nicht unbedingt schaden. Sie sehen die Situation vielleicht nur auf ihre eigene Art. Wir müssen da nicht jedes Mal in Verteidigungsstellung gehen. Manchmal ist es besser für uns, bei Problemen, die aus einer unterschiedlichen Sicht der Dinge entstehen, nach Lösungen zu suchen, statt den Standpunkt der anderen ändern zu wollen.

Sagen wir mal, Mr. Green legt sehr viel Wert darauf, seinen Rasen zu pflegen, während sein Nachbar Mr. Brown glaubt, dass ein gepflegter Rasen eine Belastung für die Umwelt ist, weil er nach gefährlichen Chemikalien schreit und viel zu viel Wasser schluckt. Mr. Green sieht in Mr. Browns Garten albtraumhaft hässliche, schädliche, widerliche, invasive Unkräuter. Mr. Brown aber sieht eine wunderschöne und winterharte Sammlung heimischer Wildblumen. Solch ein Konflikt taucht sogar in «Der Große Gatsby» auf, wo Gatsby dem Nachbarn seine Gärtner schickt, die sich um seinen Rasen kümmern sollen. Aber selbst wenn Mr. Green sich leisten könnte, das zu tun, würde die Lösung nicht funktionieren, weil Mr. Brown nun mal eine andere Gartenphilosophie hat. Statt darüber zu streiten, ob ein perfekt gepflegter Rasen nachhaltig ist, könnte Mr. Green einfach eine Hecke pflanzen, damit er Mr. Browns Garten nicht mehr sehen muss. Und er könnte seine Leidenschaft darauf richten, diese Hecken möglichst exakt zu trimmen.

Doch wie wir in diesem Kapitel gesehen haben, geht der von einer tendenziösen Sichtweise verursachte Schaden weit über Probleme wie den «Schandfleck» in der Nachbarschaft hinaus. Vorurteile gegen bestimmte Menschengruppen können sich leicht zu einer Frage von Leben und Tod auswachsen. Was sollen wir tun, wenn andere Menschen Ansichten vertreten, die wir für moralisch verwerflich halten? Wir alle wissen ja, wie schwierig es ist, das Weltbild eines Menschen zu ändern. Viele von uns mussten lernen, an der weihnachtlichen Festtafel tunlichst keine politischen Fragen anzusprechen, wenn wir bestimmte Verwandte auch später noch sehen wollten.

Aus diesem Grund brauchen wir Strategien und Regeln, die im System ansetzen. So ist es beispielsweise ein echter Kampf, jemanden zu überzeugen, sich gegen Covid-19 impfen zu lassen, wenn diese Person glaubt, dass die Impfstoffe schädlich sind. Die Freundin einer Freundin einer Freundin hat einen Doktor in Biologie und eine komplexe, leider völlig falsche Theorie, der zufolge mRNA-Impfstoffe gegen Corona dauerhafte Schäden in unseren Genen anrichten. Trotzdem wurde ihre Tochter geimpft, einfach weil die Universität sie sonst nicht mehr auf den Campus gelassen hätte. Dies ist ein typisches Beispiel dafür, wie eine Veränderung auf Systemebene die öffentliche Gesundheit schützt, selbst wenn die Ansichten der Menschen dazu weit auseinandergehen. Ein anderes ist der «Equal Employment Opportunity Act» von 1972, der eine berufliche Diskriminierung aufgrund von ethnischer Zugehörigkeit, Religion, Hautfarbe, Geschlecht oder Herkunftsland verbietet. Und natürlich sollten wir den Menschen beibringen, wie sie gegen ihre Vorurteile angehen können. Wir müssen dafür sorgen, dass Vorurteile weitestmöglich an Bedeutung verlieren. Allerdings lassen sich tendenziöse Sichtweisen, die auf unseren Überzeugungen in puncto Gesundheit, Werten und Sicherheit gründen, nicht so leicht ausmerzen, wenn sie sich erst einmal eingegraben haben. Außerdem haben unsere Vorurteile nicht selten ihren Ursprung im System, also in unserer Geschichte, Kultur, Wirtschaft und Politik. Und Eingriffe auf Systemebene haben ihre eigenen Schwierigkeiten. So ist es ein klassisches Henne-Ei-Problem, dass diese Entscheidungen von Menschen getroffen werden, die gleichfalls tendenziöse Interpretationen vornehmen.

Nichtsdestotrotz lässt sich manchmal ein System nur durch ein anderes konterkarieren – eines, das explizit und ganz bewusst dafür entwickelt wurde, um Chancengleichheit zu gewährleisten und so das Allgemeinwohl zu stärken.

7

DIE GEFAHREN DES PERSPEKTIVWECHSELS: WARUM ANDERE NICHT SEHEN, WAS FÜR UNS AUF DER HAND LIEGT

Mein Mann und ich waren einmal zusammen mit zwei anderen Paaren zu einer Dinnerparty eingeladen. Unsere Gastgeber sind in unserem Bekanntenkreis berühmt dafür, dass sie witzige Partyspiele veranstalten. An jenem Abend lud man uns zu einer Weinverkostung ein. Jedes Paar erhielt vier Gläser, die mit A, B, C und D gekennzeichnet waren. Jedes Glas enthielt einen jeweils anderen Rotwein. Die eine Hälfte des Paares sollte den Wein kosten und eine Beschreibung auf einer Karte verfassen. Es gab auf der Karte allerdings keinen Hinweis, ob es sich bei dem beschriebenen Wein um A, B, C oder D handelte. Dann sollte die andere Hälfte die Weine kosten und sie den Beschreibungen zuordnen.

Bei einem Paar handelte es sich um absolute Weinkenner. Sie besaßen einen großen Weinkeller und besuchten regelmäßig Weingüter auf der ganzen Welt. Der Mann kostete die Weine und beschrieb sie mit dem Jargon, der von Weinexperten verwendet wird: mittlerer Körper, mit Holz unterlegt, tanninbetont, buttrig, krautig. Als seine Frau die Beschreibungen vorlas, waren wir alle sehr beeindruckt. Doch sie konnte nur einen Wein richtig zuordnen. Es war ein recht schwieriges Spiel.

Beim zweiten Paar handelte es sich um Englischprofessoren. Der Mann schrieb für jeden Wein ein Gedicht. Einen Wein verglich er mit dem Tal, das er und seine Frau von der Hütte aus gesehen hatten, in der sie ihren Hochzeitstag gefeiert hatten. Einen anderen mit der Freude, die sie beide empfanden, als sie einer schwierigen Situation entgingen. Wir waren baff, dass er aus dem Stegreif so tolle Gedichte schreiben konnte, die seine Frau dann mit ihrer schönen Stimme in perfekter Betonung vortrug. Bewundernde Ohs und Ahs erschollen allenthalben. Allerdings gab es keinen einzigen Treffer.

Mein Mann und ich waren damals 15 Jahre verheiratet. Wir sind beide Professoren für Psychologie. Wir werden oft gefragt, ob wir die Gedanken anderer Menschen lesen könnten. Die Antwort darauf lautet: Nein. Wenn unsere Arbeit uns etwas gezeigt hat, dann dies, dass die meisten Menschen viel zu sicher zu wissen meinen, was sich in ihrem eigenen Kopf abspielt. Von den Vorgängen in fremden Köpfen ganz zu schweigen. Allerdings kennt mein Mann mich wirklich gut. Und er weiß eines mit absoluter Sicherheit: Ich habe von Wein keine Ahnung. Ich habe normal funktionierende Geschmacksknospen, aber ich bin mit einem einfachen Weißwein aus dem Tetrapak genauso zufrieden wie mit einem sehr alten Wein. Noch schlimmer: Ich mag keinen Rotwein.

Mein Mann brauchte weniger als eine Minute, um die Karten auszufüllen. Ich lächelte, als ich sie las, und ordnete sie alle korrekt zu. Er hatte Eigenschaften notiert wie: «stärkste Süße», «zweitstärkste Süße», «drittstärkste Süße» und «am wenigsten süß».

WIE GUT SIND WIR IN PUNCTO KOMMUNIKATION?

Wir kommunizieren ununterbrochen mit anderen Menschen. Wir reden oder schreiben über neue Ideen und Gefühle. Und wir hören zu, was die Menschen uns sagen. Obwohl wir also unser Leben lang auf die unterschiedlichste Weise kommunizieren, verstehen wir nicht, wie schwierig das ist. Die anderen Paare bei der Dinnerparty waren anschließend ein wenig verschnupft, weil es für sie kaum denkbar war, dass ihre Partner diese perfekt komponierten Beschreibungen nicht verstanden. Die Weinkenner meinten, sie hätten nur deshalb so schlecht abgeschnitten, weil der Rotwein nicht genug Zeit zum Atmen gehabt hatte. Dummerweise sind kommunikative Fehlleistungen weit häufiger, als wir denken, selbst unter Menschen, die wir kennen. Zuerst aber möchte ich auf zwei Studien hinweisen, die belegen, wie schlecht wir in Sachen Kommunikation wirklich sind.

Fangen wir mit geschriebenen Mitteilungen an, also mit E-Mails oder SMS. Wir schicken Freunden oder der Familie Textnachrichten, um einander Neuigkeiten zu berichten, Fragen zu stellen oder einfach nur herumzuwitzeln. Dabei werden wir manchmal recht ironisch: «Ach, ich bin ja zutiefst erschüttert, dass ich dieses Meeting verpasst habe.» Oder: «Mein Boss hat es schon wieder getan.» Wenn wir jemandem eine ironisch gemeinte Nachricht schicken, gehen wir davon aus, dass der Empfänger die Ironie darin erkennt. Und wir meinen, dass wir selbst auch ironische Sätze in SMS oder E-Mails, die uns erreichen, klar identifizieren können. Aber ist dies wirklich der Fall?

In einer Studie wurde untersucht, inwiefern die Testpersonen Ironie in Texten ihrer Freunde wirklich erfassten.[57] Die Gruppe wurde paarweise aufgeteilt. Einer der Probanden schrieb seinem Freund Botschaften, die nur aus einem Satz bestanden und manchmal ironisch gemeint waren, manchmal nicht. Die Absender waren sich dabei recht sicher, dass der andere erkennen würde, wann etwas ironisch gemeint war. Schließlich war man befreundet, und der andere kannte den trockenen Sinn für Humor des Schreibers oder wusste im Gegenteil, dass der nicht so der spaßige Typ war. Auch die Empfänger waren sich da ziemlich sicher. Als man aber die Tipps verglich, stellte sich heraus, dass die Einschätzung nur in etwa 50 Prozent der Fälle stimmte, was der Zufallswahrscheinlichkeit entspricht – vergleichbar mit den Wahrscheinlichkeiten beim Münzwurf. Die Vorstellung, dass die Hälfte der über Tweets, SMS oder E-Mails verbreiteten Ironie ernst genommen wird oder dass die Hälfte unserer ernsthaften Aussagen für ironisch gehalten wird, ist erschreckend.

Aber keine Sorge: Sie müssen jetzt nicht in Panik geraten und all die Sarkasmen durchgehen, die Sie im Leben von sich gegeben haben, denn dieser Effekt trat nur bei *geschriebenen* Nachrichten auf. Im direkten Gespräch verstand das Gegenüber diese teils sarkastischen, teils ernst gemeinten Nachrichten so, wie sie gemeint waren. Das liegt daran, dass im Englischen wie in den meisten Sprachen der Tonfall verdeutlicht, dass etwas ironisch gemeint ist. Meist zieht der Sprecher dann Silben in die Länge oder verändert die Stimmlage. Und diesen veränderten Tonfall erkennen die Menschen als Signal für Ironie.

Nun ja, ein klein bisschen panisch werden dürfen Sie trotzdem. Eine andere Studie ergab, dass es auch im direkten Gespräch, also wenn wir unsere Stimme einsetzen und sie modulieren können, zu Missverständnissen kommen kann, wenn wir versuchen die Sprecherabsicht mit dem Tonfall zu verdeutlichen. Bei dieser Studie ging es um uneindeutige Sätze, wie sie in jeder normalen Kommunikation vorkommen, zum Beispiel: «Gefällt dir mein neues Outfit?»[58] Wenn Ihre Partnerin oder Freundin das fragt, kann Verschiedenes dahinterstecken: Entweder sie ist nicht sicher, ob ihr das neue Outfit auch steht; oder sie findet es toll und würde gern ein Kompliment hören; oder sie ärgert sich, weil Sie ihr neues Outfit nicht mal bemerkt haben. Und tatsächlich, wenn wir mal darüber nachdenken: wir machen häufig uneindeutige Äußerungen. «Bitte lass mich allein.» Das kann heißen: «Ich habe zu tun.» Oder: «Ich bin sauer auf dich.» Eine einfache Frage wie «Wie ist denn der Salat?» kann heißen: «Schmeckt der Salat nicht schrecklich?» Oder: «Warum sagst du nicht was Nettes über den Salat, den ich gemacht habe?» Oder Sie wollen tatsächlich wissen, wie gut der Salat ist. Und anders als bei der Ironie gibt es hier keine verbindlichen stimmlichen Signale für die unterschiedlichen Bedeutungsebenen.

In der oben zitierten Studie sollte jeweils ein Partner der teilnehmenden Paare Sätze wie die eben genannten laut sagen und ihnen durch seine Intonation eine ganz bestimmte Bedeutung geben. Und der Zuhörer musste für jeden einzelnen Satz angeben, welche von vier möglichen Interpretationen der Sprecher intendiert hatte. Der Zuhörer war entweder ein Fremder, den der Sprecher gerade erst im Labor kennengelernt hatte, oder ein naher Bekannter wie ein Freund oder ein Ehepartner. Die Ehepaare waren im Durchschnitt 14,4 Jahre zusammen.

Wie bei der Studie zum Thema «Ironie» waren die Sprecher sich sicher, dass der Zuhörer ihre Intention richtig erkennen würde. Und diese Gewissheit war noch höher, wenn es sich um Freunde oder Ehepartner handelte. Die anschließende Auswertung zeigte aber nicht den geringsten Unterschied zwischen fremden und bekannten Zuhörern. Im Mittel ordneten die Zuhörer nicht einmal in der Hälfte der Fälle die intendierte Bedeutung richtig zu. Selbst nach mehr als 14 Jahren Ehe kann Ihr Partner Ihren Tonfall also missdeuten und die uneindeutigen Sätze falsch interpretieren. Und das in mehr als der Hälfte der Fälle.

DER FLUCH DES WISSENS

Natürlich möchte niemand Freunde und Angehörige falsch verstehen. Oder umgekehrt falsch verstanden werden. Warum aber geschieht es dann doch? Wir interpretieren jede einzelne unserer Wahrnehmungen vor dem Hintergrund all dessen, was wir bereits wissen. (Das haben wir ja schon in Kapitel 6 gesehen.) Da dies automatisch und unbewusst geschieht, nehmen wir an, dass alle anderen, selbst Menschen, die nicht wissen, was wir wissen, die Situation genauso sehen wie wir.

Studien zeigen, dass diese ichbezogene oder egozentrische Verzerrung schon bei Kleinkindern auftritt. Die Aufgaben in diesen Studien sind meist aufgebaut wie die folgende:

Sally hat eine Murmel. Sie legt die Murmel in ihren Korb. Dann geht Sally spazieren.
Anne nimmt die Murmel aus dem Korb und legt sie in den Karton neben dem Korb.
Sally kommt zurück. Sie will mit ihrer Murmel spielen.
Wo sucht Sally nach der Murmel?

Die korrekte Antwort ist natürlich: im Korb, nicht im Karton. Die meisten Kinder unter vier Jahren aber sagen, dass Sally im Karton nach ihrer Murmel sucht, weil sie ja wissen, dass die Murmel jetzt dort liegt. Sie können sich nicht vorstellen, dass ein anderes Kind eine falsche Meinung hat, die sich von der ihnen bekannten Wirklichkeit unterscheidet. Wenn Sie den Begriff «Theory of Mind» schon einmal gehört haben, genau darum geht es: die Überlegung, was jemand anderer denken könnte.

Da diese Fehler von Kindern gemacht wurden, gehen Sie nun vielleicht davon aus, dass Erwachsenen so etwas nicht mehr passiert. Aber eine später durchgeführte Studie zeigte, dass selbst Studenten diese Art von Problemen haben.[59] Man sagte den Teilnehmern, dass ein Mädchen namens Vicki in einem Raum Geige übte, wo es vier verschiedenfarbige Geigenkästen gebe. Nachdem sie geübt hatte, legte Vicki ihre Geige in den blauen Kasten und verließ den Raum. Kaum war Vicki draußen, kam Denise herein und legte die Geige in einen anderen Kasten. Nun informierte man die einen Hälfte der Probanden, dass Denise die Geige in den roten Kasten gelegt hätte. (Diese Gruppe nennen wir die Wissensgruppe.) Die Teilnehmer der anderen Gruppe erfahren nicht, für welchen Kasten sich Denise entschieden hat. (Die Nicht-Wissensgruppe.) Beiden Gruppen teilte man dann mit, dass Denise die Geigenkästen umgestellt hat, sodass der rote Kasten nun dort steht, wo vorher der blaue Kasten stand. Dann bat man sie, die Wahrscheinlichkeit anzugeben, mit der Vicki ihre Geige in jedem der Kästen suchen würde, wenn sie zurückkäme. Die korrekte Antwort ist natürlich, dass sie im blauen Kasten nachsieht. Doch die Probanden der Wissensgruppe – die wussten, dass die Geige im roten Kasten lag – konnten diese Information nicht ignorieren. Sie schätzten die Wahrscheinlichkeit, dass Vicki in dem roten Kasten nachsehen würde, höher ein als die Teilnehmer der Nicht-Wissensgruppe. Das ist der Fluch des Wissens: Sobald Sie etwas wissen, haben Sie Schwierigkeiten, sich wirklich in die Lage eines Menschen hineinzuversetzen, der dieses Wissen nicht hat – auch als Erwachsener.

Wer schon mal «Pictionary» gespielt hat, kennt das Gefühl, unter dem Fluch des Wissens zu leiden. Bei diesem Spiel zieht ein Teilnehmer eine Karte und muss dann den darauf abgedruckten Begriff oder Satz zeichnerisch darstellen. Anhand dieser Zeichnung müssen die anderen Teilnehmer versuchen, den Begriff oder Satz zu erraten. Nun ist auf der Skizze, sagen wir mal, das Gesicht eines Menschen mit langen Haaren zu sehen. Offensichtlich zeigt die Darstellung eine Frau, denn der Künstler hat ihr Brüste gemacht. Neben ihr stehen vier kleinere Menschen, auch mit Brüsten und langen Haaren. Was soll das nun bedeuten? Wenn die Zeit um ist und niemand dahintergekommen ist, was die Zeichnung bedeuten soll, zeigt sich der Fluch des Wissens in aller Schärfe im verzweifelten Ausruf des Zeichners: «Wie konntet ihr das nur übersehen? Es ist doch sonnenklar: ‹Little Women›, der Film von Greta Gerwig. Eine Mutter mit ihren vier Töchtern!»

In der nächsten Runde zieht eine Teilnehmerin, die eine bessere Künstlerin sein will, eine Karte und zeichnet daraufhin das Haupt eines Löwen. Ein anderer ruft aus: «Löwe!» Aber das ist nicht die richtige Antwort. Man bittet die Zeichnerin also um Hilfestellung. Doch die deutet nur wieder auf das Löwenhaupt, als wolle sie sagen, dass man nicht mehr brauche als das. Daher rät ein anderer: «Mähne!» Nein, wieder nichts. Die Künstlerin deutet wieder ganz energisch auf das Bild. Sie durchsticht es förmlich mit ihrem Stift. Der Fluch des Wissens kann sehr frustrierend sein. Und immer noch errät niemand, was gemeint ist. (Übrigens war die richtige Antwort: «Die Chroniken von Narnia».)

«Pictionary» soll natürlich die Spieler vor Herausforderungen stellen. Außerdem ist nicht jeder ein guter Zeichner. Daher gibt es noch eine berühmt gewordene Studie, die keinerlei künstlerische Begabung voraussetzt. Tatsächlich lässt sich diese Aufgabe auch von den Lesern daheim nachspielen, wenn sie ein paar Minuten erübrigen können. Die Mitspieler werden gebeten, einen bekannten Song auszusuchen, den der zufällig gewählte Partner dann erkennen soll. Nehmen wir mal an, eine der Teilnehmerinnen heißt Mary und sucht sich das Lied aus: «Mary had a Little Lamb». Mary klopft den Rhythmus, ohne das Lied zu singen. Und nun muss der Partner erraten, um welches Lied es sich handelt.

Wie wäre es: Wollen Sie nicht auch den Rhythmus eines Ihnen bekannten Liedes trommeln? Das sollte man doch erkennen können, oder? In dieser Studie jedenfalls sagten die Trommler voraus, dass etwa 50 Prozent ihrer Zuhörer das Lied erkennen würden. Und lagen nun auch 50 Prozent richtig? Nun, die Übung wirkte nur deshalb so einfach, weil die Trommler natürlich wussten, welchen Rhythmus sie vorgaben. In der Studie wurden 120 Songs geklopft, und nur drei davon wurden korrekt erkannt.[60] Die Trommler unterlagen der Illusion, dass jeder ihr Lied erkennen sollte, einfach weil sie die Antwort im Kopf hatten.

Wenn Ihr Partner einige Minuten erübrigen kann, dann lassen Sie ihn doch den Takt eines Lied für Sie klopfen. Damit Sie wissen, wie es sich anfühlt, Zuhörer zu sein. Wenn wir diese Übung in meinen Kursen machen, kommt immer wieder eine Antwort: «We Will Rock You». Das liegt einfach daran, dass der Song mit Klopfen (bzw. Stampfen) losgeht. Mit diesem Geklopfe klingt sogar «Happy Birthday» wie Hardrock.

Der Fluch des Wissens macht uns allzu selbstsicher, was die Verständlichkeit der Botschaften angeht, die wir in die Welt hinausschicken. So kann der Klopfer einen falschen Rhythmus trommeln, was den Zuhörer völlig aus dem Konzept bringt. Der Klopfer denkt vielleicht, das sei keine große Sache, da er ja die gleiche Sequenz erst vor sieben Sekunden geklopft hat. Auch hier nimmt der Klopfer an, der Zuhörer könne die Melodie in seinem Kopf quasi mithören. Wie die Zeichnerin beim «Pictionary», deren geistiges Bild den Buchumschlag der Narnia-Chroniken zeigt, auf dem das Haupt Aslans prangt. Sie ist so überzeugt von der Eindeutigkeit ihrer Zeichnung, dass ihr nichts einfällt, das sie ergänzen könnte, um das Bild klarer zu machen.

Auch das Weinverkoster-Spiel zu Anfang dieses Kapitels zeigt sehr schön, wie der Fluch des Wissens zuschlägt. Der Vorteil, den mein Mann und ich dabei hatten, war unser mangelndes önologisches Selbstvertrauen. Mein Mann, der wusste, wie unkultiviert – ist ja gut: ignorant – ich in puncto Wein bin, konnte gar nicht anders: Er musste eine Art Weinvokabular für Dummies finden. Und das stellte sich als die beste Strategie heraus.

Tatsächlich sind intelligente Menschen, die über umfangreiches Wissen verfügen, nicht zwangsläufig auch gute Lehrer oder Trainer. Und das liegt zu einem Gutteil am Fluch des Wissens. So haben sich meine Studenten einmal bitterlich beschwert über ein Seminar, das von einem Nobelpreisträger gehalten wurde – absolut brillant, aber völlig unverständlich. Eine meiner früheren Studentinnen nahm Geigenstunden bei einem Maestro, der mehrere Grammys gewonnen hatte. Als ich sie fragte, ob er ein guter Lehrer sei, antwortete sie taktvoll: «Das Geigenspiel liegt ihm im Blut.»

DEN BLICKWINKEL DER ANDEREN VERGESSEN

Tatsächlich kommt es häufig zu kommunikativen Fehlleistungen, weil wir uns nicht in andere Menschen hineinversetzen können. Ich rede hier über wirklich absurde Fälle, in denen wir eigentlich wissen, was der andere weiß, denkt, sieht oder mag. Also keine Situationen wie die bisher besprochenen, in denen es nahezu unmöglich ist herauszufinden, was der andere denkt. Des Weiteren hängt in diesen Fällen unser Handeln davon ab, was der andere denkt. Wir müssen dies also mitberücksichtigen. Doch selbst in solchen Fällen vergessen wir manchmal, den Blickwinkel des anderen mitzudenken.

Ein klassisches Beispiel für dieses Phänomen ist das Statussignal-Paradox.[61] Bei einer Studie hierzu legte man den Teilnehmern folgendes Szenario vor:

Stellen Sie sich vor, Sie sind gerade nach Denver gezogen und Sie nehmen an einem sozialen Event in einer Bar im Stadtzentrum teil. Sie möchten gerne gute Freunde gewinnen. Also überlegen Sie, während Sie sich anziehen, welche Ihrer beiden Uhren Sie anlegen. Eine ist eine teure Designeruhr, die andere billige Durchschnittsware. Beide passen zu Ihrer Kleidung. In welchem Maße würden sich Menschen für eine Freundschaft mit Ihnen interessieren, wenn Sie die Designeruhr tragen? Und wie ist es mit der Durchschnittsuhr?

Wenn Sie sich für die Designeruhr entschieden haben, haben Sie das Gleiche getan wie der Großteil der Teilnehmer dieser

Studie. Das gleiche Resultat ergab sich bei der Frage nach teuren Markenhemden versus Walmart-Ware, BMW versus VW Golf oder Canada-Goose-Daunenjacke versus Jacke von der Columbia University. Wie die Pfauen, die ihre irisierenden Federn zeigen wollen, will der Mensch seinen Status durch entsprechende Signale kommunizieren: eine Tasche, auf der PRADA steht, eine Rolex mit dem ikonischen Kronenlogo oder ein knallroter Ferrari mit Falcon-Wing-Türen.

Das Paradoxe daran zeigt ein anderer Teil der Studie. Die Teilnehmer stammten aus dem gleichen Pool (hatten also vermutlich einen ähnlichen Geschmack und ähnliche Werte wie die erste Gruppe). Sie wurden nach dem Zufallsprinzip ausgewählt, um eine andere Frage zu beantworten: Zu wem würden Sie sich persönlich mehr hingezogen fühlen? Diese Antworten fielen ganz anders aus. Diese Probanden würden sich eher anfreunden mit jemandem, der eine normale Uhr trägt und keine Rolex, ein Walmart-Hemd und kein Saks Fifth Avenue und einen VW Golf fährt und keinen BMW.

Wenn wir unsere Kleidung auswählen, um für potenzielle Freunde anziehend zu sein, tappen wir manchmal in eine Falle: Wir wollen unbedingt unseren hohen Status signalisieren – und das ist der Fehler. Wie würden wir wohl reagieren, wenn in einer Bar jemand auf uns zukommt, der eine Tag Heuer am Handgelenk trägt und auf dessen Hemd in goldenen Lettern die Aufschrift GUCCI prangt? Nur wenn wir uns eine Minute Zeit nehmen, um uns in die Lage unseres möglichen Gegenübers zu versetzen, finden wir heraus, welche Uhr wir am besten tragen. Selbst wenn wir den anderen beeindrucken wollen – *vor allem*, wenn wir den anderen beeindrucken wollen –, sollten wir uns auf seine Perspektive einlassen.

Die nächste Studie zeigt, dass wir gern vergessen, uns in die Lage des anderen zu versetzen, selbst wenn wir das könnten.[62] Und das hängt unter Umständen mit der Kultur zusammen, aus der wir stammen. Die Teilnehmer waren Erstsemester der University of Chicago, denen man sagte, sie würden bei einem Kommunikationsspiel mitmachen. Jeder Teilnehmer saß einem «Direktor» gegenüber, der zu den Versuchsleitern gehörte. Zwischen den beiden Personen stand ein hölzerner, 12,5 Zentimeter hoher Rahmen von 50 mal 50 Zentimetern. Der Rahmen war in 4 mal 4 gleich große Zellen unterteilt, wie Sie das in der unten stehenden Abbildung sehen. Manche dieser 16 Zellen enthielten Objekte wie einen Apfel, eine Tasse oder einen Würfel. Die Aufgabe der Probanden war es, diese Objekte nach Anweisung des Direktors durch die Zellen zu bewegen. Der Direktor konnte beispielsweise sagen: «Bewegen Sie die Flasche um eine Zelle weiter nach links.» Dann musste der Teilnehmer die Flasche suchen und sie in die benachbarte Zelle links von ihm einordnen. Sowohl der Direktor als auch der Proband sahen, was passierte. Die Aufgabe der Probanden bestand einzig und allein darin, die Anweisung des Direktors auszuführen.

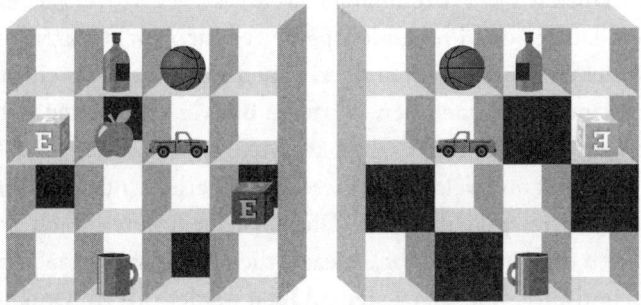

Anmerkung: Links sehen Sie den Blickwinkel des Probanden, rechts den des Direktors.

Nach ein paar Aufwärmübungen sagt der Direktor dann: «Bewegen Sie den Würfel eine Zelle nach oben.» Da nur eine Flasche und ein Apfel im Kasten waren, musste der Proband also keine Auswahl treffen. Nun aber gibt es zwei Würfel, wie Sie auf der Abbildung links sehen. Der entscheidende Punkt ist: Einer der Würfel, nämlich der in der dritten Reihe von oben, ist für den Direktor nicht zu sehen (wie Sie auf der Abbildung rechts erkennen). Die Teilnehmer sahen sehr wohl, dass diese Zelle nach hinten abgeschlossen war. Bei einer der Aufwärmrunden hatten sie sogar die Rolle des Direktors eingenommen. Sie wussten also, wie es war, auf der anderen Seite zu sitzen. Aufgrund dieser Tatsachen wäre es für den Probanden ein Leichtes herauszufinden, welchen Würfel der Direktor meint – nämlich den in der zweiten Reihe von oben. Das ist der einzige Würfel, den der Direktor sehen kann.

Die Versuchsleiter maßen, wie viel Zeit die Probanden brauchten, um in jeder Runde ihre Aufgabe zu erfüllen. Dann verglichen sie die Reaktionszeit bei den Runden, in denen es einen «unsichtbaren» Würfel gab, mit solchen, bei denen kein zweiter Würfel vorhanden war. Obwohl die Antwort auf der Hand lag, brauchten die Teilnehmer zum Finden des richtigen Würfels 130 Prozent länger, wenn es zwei Würfel gab. Fast zwei Drittel der Probanden genierten sich nicht zu fragen: «Welchen Würfel?» In einigen Fällen sogar mehr als einmal. Und andere nahmen den Würfel in der verschlossenen Zelle, den der Direktor nicht sehen konnte.

Interessanterweise trat diese Unsicherheit nur bei Englisch-Muttersprachlern auf. Die Forscher testeten auch Studenten der University of Chicago, die in Festlandchina geboren und aufgewachsen waren und seit weniger als 10 Monaten in den Vereinigten Staaten lebten. Als man den chinesischen Probanden diese Aufgabe in Mandarin stellte, war ihre Reaktionszeit identisch, ob sie nun einen Würfel sahen oder zwei. Anders gesagt: Sie ignorierten die Objekte einfach, die der Direktor nicht sehen konnte, und agierten, als hätten sie das Bild vor Augen, das auch der Direktor sah. Nur ein chinesischer Proband fragte: «Welchen Würfel?» Ich glaube, er war peinlich berührt, als er merkte, wonach er gefragt hatte.

Den Unterschied für diese kulturelle Differenz würde jeder verstehen, der die Verschiedenheit von kollektivistischen beziehungsweise individualistischen Gesellschaften versteht. Manche Kulturen wie die von Südkorea, Japan, Indien und China gelten als kollektivistisch. Die Menschen in diesen Kulturen haben ein starkes Gefühl der Zusammengehörigkeit und werden regelmäßig an ihre Pflichten oder ihre Verantwortung gegenüber der Gemeinschaft erinnert. Man erwartet dort tatsächlich ein ständiges Augenmerk auf soziale Normen.

Ein einfaches Beispiel: das Bestellen im Restaurant. In Amerika bestellt jeder das Gericht, das ihm zusagt. Üblicherweise bestellt man eben nicht, was der andere hat. Wenn derjenige, der als Erster bestellen soll, seinen Nachbarn fragt, was er nimmt, heißt es gewöhnlich: «Aber wenn Sie das bestellen, dann nehme ich dies.» Wenn die beiden dann tatsächlich das Gleiche bestellen, entschuldigen Sie sich mitunter sogar dafür, nicht origineller zu sein. In Korea und China geht man davon aus, dass Vorspeisen und Hauptgänge geteilt werden. Selbst wenn zum Beispiel beim Mittagessen nur ein Gang geordert wird, wird man, sobald eine Autoritätsperson oder ein älterer Mensch etwas bestellt, erleben, dass der ganze Tisch dasselbe möchte.

Loyalität und Gruppenzugehörigkeit werden in kollektivistischen Gesellschaften so hoch geschätzt, dass man auf individuelle Rechte und Privatsphäre verzichtet. Während der

Pandemie folgten fast alle Südkoreaner den Anweisungen der Regierung, Masken zu tragen und ihre Geschäfte zu schließen. Der Führer einer religiösen Gruppierung, der weiterhin Treffen in Innenräumen veranstaltet und dadurch einen massiven Ausbruch verursacht hatte, musste im Fernsehen öffentlich Abbitte leisten, indem er sich auf den Boden warf und um Vergebung bat. In Hochrisikozonen wie Geschäften, Restaurants, Nachtclubs, Karaokebars und dergleichen wurde ein Zugangssystem mit QR-Code eingerichtet. Wurde ein positiver Covid-Cluster entdeckt, erhielten die Besucher dieser Orte sofort eine Nachricht, dass sie sich testen lassen sollten. Dieses Ausmaß an sozialer Konformität wäre in einer individualistischen Gesellschaft wie den Vereinigten Staaten undenkbar.

Um sich an eine hochgradig kollektivistische Gesellschaft anzupassen, müssen deren Mitglieder immer wissen, was die anderen denken und wie diese über sich selbst denken. Die Sozialisierung, die nötig ist, um sich diesen Normen unterwerfen zu können, beginnt schon sehr früh. Vielleicht liegt es an dieser ständigen Übung im Gedankenlesen, die Menschen aus kollektivistischen Gesellschaften so geschickt darin macht, den Blickwinkel des anderen einzunehmen. Das ist fast schon ein Reflex.

WAS FUNKTIONIERT

Wie aber können wir besser verstehen, was andere denken, beabsichtigen, glauben und empfinden? Die Tatsache, dass Menschen aus kollektivistischen Kulturen darin besser sind, zeigt ja, dass sich diese Fähigkeiten lehren und lernen lassen.

Aber wir können ja nicht in eine dieser Gesellschaften um-
ziehen oder unsere Kinder für einige Jahre dorthin schicken,
nur damit sie lernen, die Gedanken und Gefühle anderer
Menschen besser zu verstehen. Und wie manche Leser wohl
schon vermuten, hat eine gesteigerte Sensibilität für das Denken der anderen auch ihre Kehrseite. Für Menschen aus individualistischen Kulturen mutet der stillschweigende Druck,
in einem Restaurant dasselbe zu bestellen wie alle anderen,
merkwürdig, ja geradezu skurril an. Dass andere Menschen
ständig wissen, wo wir unterwegs sind, kann sogar vor dem
Hintergrund einer Gesundheitskrise so wirken, als wären wir
mitten in George Orwells «1984» gelandet. Es existieren ja
auch Untersuchungen, die zeigen, dass es zu ernsthaften gesundheitlichen Beeinträchtigungen führen kann, wenn man
sich zu sehr darauf fixiert, was andere Menschen denken. So
leistet dies beispielsweise dem Mobbing Vorschub, ob in der
realen Welt oder im Cyber-Universum. Wir dürfen uns also
nicht zu sehr darum sorgen, was andere denken mögen. Dennoch müssen wir sicherstellen, dass wir grundsätzlich in der
Lage sind zu verstehen, was andere denken. Das ist für jede
normale soziale Interaktion unverzichtbar.

Also fangen wir bei der Kindererziehung an. Erinnern
Sie sich noch? Kinder zwischen zwei und vier Jahren haben
Schwierigkeiten einzusehen, dass andere Menschen «falsche»
Vorstellungen haben können, Vorstellungen, die nicht zu der
Realität passen, die die Kinder kennen? Eine wissenschaftliche Untersuchung stellte jedoch fest, dass man Kindern
dieser Altersgruppe in wenigen Wochen beibringen kann,
das Konzept der falschen Vorstellungen zu verstehen.[63] Interessanterweise ging es dabei um die Frage, wie man Kinder
beim Lügen unterstützt. Denn Lügen gründet auf dem Wissen, dass andere Menschen die Wahrheit nicht kennen, selbst

wenn *wir* das tun. Da zwei- bis dreijährigen Kindern dieses Wissen fehlt, können sie nicht lügen.

Bei der Studie lernten Dreijährige zuerst ein Spiel: Der Versuchsleiter versteckte ein Bonbon unter einem von zwei umgedrehten Bechern. Wenn das Kind herausfand, unter welchem Becher das Bonbon lag, durfte es dieses behalten. Dann bat man das Kind, das Bonbon zu verstecken, und der Versuchsleiter musste raten, wo. Nachdem das Kind das Bonbon unter dem Becher verborgen hatte, fragte der Versuchsleiter, wo es lag. Die Kinder wussten, dass sie das Bonbon bekamen, wenn der Versuchsleiter es nicht fand. Trotzdem deuteten sie immer auf den richtigen Becher mit dem Bonbon. Obwohl sie das Bonbon gerade selbst versteckt hatten, glaubten die Dreijährigen fälschlicherweise, der Versuchsleiter wüsste, wo es liegt. Sie konnten sich einfach nicht vorstellen, dass jemand etwas glaubte, von dem sie wussten, dass es falsch war. Also sagten sie fast immer die Wahrheit.

Nachdem die Forscher anhand dieses Spiels zuverlässig festgestellt hatten, dass die Kinder, die man für die Studie ausgewählt hatte, nicht lügen konnten, erhielten die Kleinen ein Training: sechs Sitzungen auf elf Tage verteilt. Das Training bestand aus mehreren Aufgaben. So zeigte der Versuchsleiter ihnen ein Federmäppchen und ließ sie raten, was darin war. Die Kinder sagten: Stifte. Dann öffnete der Versuchsleiter das Mäppchen und zeigte, dass es etwas anderes enthielt, nämlich Schleifen. Dann fragte er die Kinder, ob sie ursprünglich gedacht hätten, dass das Mäppchen Schleifen enthält. Und ob jemand, der nicht ins Mäppchen geguckt hatte, an Schleifen gedacht hätte. Wenn die Kinder eine falsche Antwort gaben (also zwei Mal Nein), was in diesem Alter normal ist, weil sie eben nicht wissen, was eine falsche Vorstellung ist, wurden sie korrigiert. Danach wiederholte man die Übung. Bei einem anderen Teil des Trainings erzählte man den Kindern Geschichten, die viele Begriffe enthielten, die mentale Zustände beschreiben (wie mögen, wünschen, fühlen). Dann bat man sie, Sätze zu bilden, in denen diese Wörter vorkamen. Wenn die Kinder das Training hinter sich hatten und die Übung mit dem Bonbon unter dem Becher noch einmal machten, tricksten sie den Versuchsleiter bei fast jedem Versuch aus!

Natürlich ist es nicht nett, Kindern das Lügen beizubringen, aber das haben die Versuchsleiter auch gar nicht getan. Die Kinder haben einfach nur gelernt, den mentalen Zustand eines anderen einzuschätzen. Die Forscher schreiben im Übrigen, dass Lügen eine wichtige soziale Fähigkeit ist. So würden wir uns über die geistige Gesundheit eines Freundes ernsthaft Gedanken machen, wenn dieser die Logik einer Überraschungs-Geburtstagsparty nicht begreifen würde. Wenn er zum Beispiel davon ausginge, dass das Geburtstagskind Bescheid weiß, auch wenn es niemand eingeweiht hat, einfach weil seine Freunde das Ganze organisieren. Eine Überraschungsparty zum Geburtstag verlangt doch ein gewisses Maß an Unehrlichkeit. Und das ist nur möglich, weil wir ja wissen, dass andere Menschen Vorstellungen haben können, die sich von den unseren unterscheiden.

Was die Kinder durch das Training lernten, nennt man die *kognitive* «Theory of Mind», die Einsicht, dass andere die Welt anders sehen können, als wir das tun. Geht es jedoch um Empathie und Mitgefühl für andere, handelt es sich um die *affektive* «Theory of Mind»: das Verständnis der Tatsache, dass Menschen verschiedene Gefühle haben können, und das Wissen darum, was sie in welchen Situationen vermutlich empfinden.

Die Unterscheidung zwischen kognitiver und affektiver «Theory of Mind» ist ganz zentral, wenn es um das Verstehen von Psychopathen geht. Lügen und Betrügen heißt, dass wir das Denken anderer Leute verstehen. Was also die kognitive «Theory of Mind» angeht, sind Psychopathen darin genauso gut wie Nicht-Psychopathen. Sie sind geschickt darin, zu erkennen, was andere denken, und vorherzusagen, welche Überlegungen diese anstellen. Daher können sie andere Menschen so gut manipulieren. Was den Psychopathen fehlt, ist die affektive «Theory of Mind». Sie sind kaltschnäuzig, herz- und erbarmungslos, weil sie die Gefühle anderer Leute nicht wahrnehmen.

Die affektive Seite der «Theory of Mind» – die Einsicht in die Gefühle anderer und die Entwicklung von Mitgefühl – lässt sich «trainieren», indem wir über die Lebensumstände anderer Menschen nachdenken. Ich möchte Ihnen das am Beispiel einer Studie veranschaulichen, bei der die Probanden über syrische Flüchtlinge nachdenken sollten.[64] Bis zum Jahr 2016 gab es 5,5 Millionen syrische Flüchtlinge, das ist ein Viertel aller Flüchtenden auf der ganzen Welt. Die Teilnehmer wurden gefragt, ob sie einen Brief an den US-Präsidenten – damals Barack Obama – schreiben würden, um ihn zu bitten, diese Flüchtlinge in den Vereinigten Staaten aufzunehmen. Nur 23 Prozent der Demokraten-Wähler sagten Ja. Einige der Probanden erhielten weitere Instruktionen, bevor man sie bat, einen solchen Brief zu schreiben. Man bat sie, sich in die Lage dieser Flüchtlinge hineinzuversetzen. «Stellen Sie sich vor, Sie fliehen vor Krieg und Verfolgung in Ihrem Land. Was würden Sie mitnehmen, da Sie nur mitführen dürfen, was Sie tragen können? Wohin würden Sie fliehen? Oder würden Sie lieber in Ihrem Heimatland bleiben? Was wäre Ihrer Ansicht nach für Sie die größte Herausforderung?» In dieser Gruppe von Demokraten-Wählern war die Bereitschaft, einen Brief an den Präsidenten zu schreiben, um 50 Prozent höher. Sich

in die Lage eines anderen hineinzuversetzen, kann also pro-
soziales Verhalten fördern. (Bei den Republikaner-Wählern
fiel der Effekt geringer aus, vielleicht weil diese ja traditionell
gegen Einwanderer sind. Und nicht, weil das Sich-Hineinversetzen etwa kein Mitgefühl erzeugt hätte.)

WAS NICHT FUNKTIONIERT

Bisher habe ich gezeigt, dass sich unsere Einsicht in das
Denken und Fühlen anderer Menschen verbessern lässt.
Mit einer bedeutsamen Einschränkung: Die Art von Verstehen, über das wir hier reden, ist ausgesprochen elementar.
Im Falle der syrischen Flüchtlinge zum Beispiel ist deren
Situation so schlimm und grausam, dass fast jeder Mensch
ihre Gefühle nachvollziehen kann. Und jedes normal entwickelte Kind lernt noch vor dem Vorschulalter, dass andere
Menschen möglicherweise anders denken. Können wir über
dieses grundlegende Niveau hinausgehen und erkennen, was
andere denken oder fühlen, indem wir uns in ihre Lage versetzen?

Sollte da die Antwort nicht einfach Ja lauten? Eben weil
wir das für möglich halten, beschweren wir uns oft, dass
andere Leute unsere Bedürfnisse nicht erkennen. «Warum
kannst du nicht versuchen, das Ganze mal aus meiner Perspektive zu sehen?» Wenn wir von einem Chef drangsaliert
werden, der zu viel von uns erwartet, fragen wir uns ja auch,
wie er vergessen haben kann, wie das Leben auf der unteren
Hierarchiestufe war. Wir glauben, es sei ja wohl nicht zu viel
verlangt, auf ein bisschen Verständnis zu hoffen! Aber hier
geht unsere Intuition in die Irre, oder zumindest wird dieser

Eindruck nicht von eindeutigen Belegen gestützt. Ein Team von drei Forschern konnte in 24 Experimenten zeigen, dass wir andere nicht besser verstehen, nur weil wir uns in den anderen hineinversetzen.[65]

Und nebenbei bemerkt: Soweit ich das überblicke, wurden für einen einzelnen Artikel nie derart viele Versuche durchgeführt. (Eigentlich waren es sogar 25, aber zum letzten kommen wir erst am Ende dieses Kapitels.) Die Forscher mussten so viele Versuche machen, weil ihre These absolut kontra-intuitiv war. Wenn eine beliebige Studie keine Belege findet, dass es keinen Effekt hat, sich in andere Menschen hineinzuversetzen, dann kann das methodologische Gründe haben: Vielleicht haben sich die Teilnehmer nicht ausreichend bemüht, oder die Aufgabenstellung war zu schwierig. Oder es war einfach unmöglich herauszufinden, was jemand anderer in einem bestimmten Fall dachte. Wissenschaftlich ausgedrückt würde man sagen, dass die vorausgegangenen Studien versuchten, einen Nulleffekt zu belegen, und das ist bekanntermaßen schwierig. Ein Beispiel: Nehmen wir an, Ihre Mutter sagt, dass Ihre Lieblingssocken verschwunden sind. Sie habe wirklich «überall» gesucht – in der Kommode, der Nachttischschublade, unterm Bett, im Wäschekorb. Ihr Vater wendet ein, dass das nicht «überall» ist, und meint, sie solle doch mal in der Kommode Ihres Bruders nachsehen, in Ihren Manteltaschen, im Hundebett oder zwischen den Laken. Aber selbst nachdem sie an all diesen Orten geguckt hat, meint Ihre Mutter immer noch, sie habe schließlich «überall» nachgesehen. Hieran lässt sich sehr schön erkennen, dass es schwieriger ist nachzuweisen, dass die Socken nicht im Haus sind, als zu belegen, dass sie da sind. Genauso verhält es sich mit den Nulleffekten in Versuchen.

Ich verstehe den Artikel der drei Autoren so, dass sie fast

alles versucht und zahlreiche Aufgaben gestellt haben. Sie nutzten «False-Belief»-Aufgaben, bei denen die Teilnehmer sich in eine Person hineinversetzen sollen, die die Wirklichkeit falsch einschätzt. Der Proband selbst weiß, wie die Dinge in Wirklichkeit liegen. Ein anderer berühmter Test ist der «Reading-the-Mind-in-the-Eyes»-Test: Dieser wurde ursprünglich entwickelt, um Kinder mit Erkrankungen des autistischen Formenkreises zu untersuchen. Man zeigt der Versuchsperson ein Bild von den Augen eines Menschen und bittet sie, einen Begriff zu wählen, der die Gefühlslage des Abgebildeten möglichst korrekt beschreibt. (Diesen Test können Sie kostenlos im Internet machen. Er wird auch eingesetzt, um die emotionale Intelligenz eines Menschen einzuschätzen.) So versucht man herauszufinden, ob die Probanden ein falsches Lächeln oder Lügen erkennen. Bei anderen Aufgaben geht es um realistischere zwischenmenschliche Interaktionen. Man bat die Teilnehmer, die Lieblingsbeschäftigungen des Partners einzuschätzen, zum Beispiel Bowling oder den Müll rausbringen. Oder vorherzusagen, wie der Partner wohl auf Filme wie «Casino Royale» oder «Natürlich blond» reagieren wird. Oder auf Witze, die manche Menschen lustig finden, andere beleidigend. (Zum Beispiel: «Was ist der Unterschied zwischen einer Batterie und einer Frau? Eine Batterie hat eine positive Seite.» Oder: «Warum sind Männer wie Erdbeeren? Weil sie lange brauchen, bis sie reif werden, aber wenn sie es sind, sind sie meist schon verdorben.») Und auf strittige Ansichten (wie: «Die Polizei muss alles Erforderliche tun, um Recht und Ordnung aufrechtzuerhalten»).

Bei allen 24 Experimenten wurden die Teilnehmer in zwei Gruppen eingeteilt: eine Kontrollgruppe, in der die Teilnehmer beliebige Ratestrategien anwenden durften; und eine Gruppe, die man explizit bat, sich in die andere Person hineinzuversetzen: die Person, deren Augen man zeigte; oder den Partner, dessen Vorlieben, Reaktionen und Meinungen sie einschätzen sollten. Die Teilnehmer der zweiten Gruppe berichteten, dass sie sich weniger ichbezogen fühlten. Und sie glaubten auch, dass das Sich-Hineinversetzen ihre Fähigkeit gestärkt habe, die richtige Antwort zu finden. Allerdings ließ sich dieser Effekt über alle Aufgaben hinweg nicht bestätigen.

Selbst mein Mann und ich – beide Professoren für Psychologie – sind in diese Falle getappt. Hier ein Beispiel zur Freude des Lesers. Bei uns zu Hause koche meist ich. Da mein Mann beruflich häufig außer Haus isst, koche ich, die ich viele verschiedene Gerichte zubereiten kann, immer etwas, das er gerne isst, wenn er denn einmal zu Hause speist. Da meine Kinder die Vorlieben meines Mannes nicht teilen, musste ich häufig zwei Gerichte zubereiten (Spaghetti mit Bolognese-Sauce für die Kinder, Linguine mit Brokkoli und Salsiccia für meinen Mann). Oder ich musste das Huhn auf zweierlei Art marinieren (ohne Knochen und scharf für meinen Sohn und mit Knochen und nicht scharf für Tochter und Mann). Bevor ich weitererzähle, muss ich noch anfügen: Mein Mann ist der rücksichtsvollste und genügsamste Mensch, den ich kenne. Und er macht seinen Teil der Hausarbeit. Er kennt mich außerdem sehr gut – wie Sie sich erinnern werden, wusste er genau, wie er den Wein beim Abendessen beschreiben musste, damit ich ihn erkenne. Als unser zweites Kind auszog und an die Uni ging, war unser familiäres Nest plötzlich leer. Und ich sagte, ich fände es supercool, dass ich jetzt nur noch eine Version jedes Gerichts zubereiten müsste. Mein Mann antwortete: «Ja, glücklicherweise mögen wir beide ja die gleichen Dinge.» Ich lachte hysterisch auf, als ich auf diese Weise erfuhr, dass mein immer so rücksichtsvoller Mann tatsächlich glaubte, ich mache Brathuhn und Salsiccia, weil *mir* beides schmeckt. Ich könnte ganz im Gegenteil auf der Stelle Vegetarierin werden. Und wenn niemand zu Hause ist, verzehre ich Pistazieneis mit Heidelbeeren zum Abendessen. Dann wurde mir klar, dass ich ihm das nie gesagt hatte! Und noch schlimmer: Ich hatte 25 Jahre lang fälschlicherweise angenommen, mein Mann wisse, dass ich beim Essen Kompromisse mache.

Dieses Beispiel und die 24 oben erwähnten Experimente zeigen, dass wir die Fakten (wie zum Beispiel was jemand gerne isst) nicht immer richtig einschätzen, indem wir uns in die Lage des anderen versetzen oder rücksichtsvoll sind. Trotzdem können wir uns von dem Gedanken nicht lösen, dass wir lernen können, andere besser zu beurteilen. Tatsächlich arbeitet die Psychotherapie mit Techniken, die den Patienten helfen, ihre Situation objektiver und weniger ichzentriert zu sehen und ihre destruktiven Denkmuster aufzugeben. Vielleicht haben Sie ja auch schon von den Kursen gehört, in denen sich die eigene emotionale Intelligenz verbessern lässt. Dort lernt man beispielsweise, die Gefühle anderer anhand ihres Gesichtsausdrucks einzuschätzen. Das wäre natürlich nützlich.

Wir wissen auch, dass Schauspieler und Dichter besonders gut darin sind, den Blickwinkel anderer einzunehmen. Und irgendwie müssen sie diese Fähigkeiten ja gelernt und geübt haben. Nicht jedermann ist in Creative-Writing- oder Drama-Kursen richtig aufgehoben, aber können wir andere vielleicht besser verstehen, indem wir Theaterstücke anschauen oder Romane lesen? Schließlich geht es dabei um den Blickwinkel anderer Menschen.

Eine im renommierten Fachmagazin *Science* veröffentlichte Studie untersuchte, ob wir die Gedanken und Gefühle anderer besser nachvollziehen können, wenn wir Werke literarischer Fiktion lesen.[66] Die Teilnehmer lasen Kurzgeschichten (zum Beispiel «The Runner» von Don DeLillo oder «Blind Date» von Lydia Davis) und Auszüge aus jüngeren Bestsellern (wie «Gone Girl» von Gillian Flynn oder «The Sins of the Mother» von Danielle Steel). Danach gab man ihnen einige «False-Belief»-Aufgaben zu lösen und den «Reading-the-Mind-in-the-Eyes»-Test. Die Forscher stellten dabei eine deutliche Verbesserung fest. In der Folge erweckte die Studie einiges Interesse und wurde häufig zitiert. Als ich den Artikel las, fand ich es schwer zu glauben, dass die Menschen sich nach einem so kurzen Lektüreerlebnis verändert haben sollten. Wenn es so einfach ist, warum haben wir dann nicht längst den Weltfrieden?

Wie sich herausstellte, war die Studie nicht replizierbar. Eine jüngere, in *Nature* veröffentlichte Untersuchung prüfte die Replizierbarkeit der sozialwissenschaftlichen Experimente, die zwischen 2010 und 2015 in *Nature* und *Science* veröffentlicht worden waren.[67] Eines davon war die oben zitierte Studie. Es gab keinen Beleg dafür, dass das Lesen von fiktionalen literarischen Werken die Fähigkeiten bei den entsprechenden Aufgaben ansteigen ließ.

Doch wie ich bereits erklärt habe: Nulleffekte sind schwer zu belegen. Eine absolut plausible Theorie ist, dass Lesen tatsächlich solche Auswirkungen hat, diese sich jedoch erst nach Jahren der Lektüre einstellen. Menschen in kollektivistischen Gesellschaften können die Erfahrung anderer besser einschätzen, weil sie in dieser Kultur groß geworden sind. Und Methoden zur Steigerung der emotionalen Intelligenz bringen erst dann Resultate, wenn die Übungen lange Zeit durchgeführt wurden. Das Gleiche gilt für Schauspieler oder Autoren: Ihr Talent, sich in andere hineinzuversetzen, haben sie vermutlich lange trainiert und hatten dabei Anleitung beziehungsweise Feedback von anderen Menschen.

WAS SICHER FUNKTIONIERT

Tatsächlich können wir ganz konkret etwas dafür tun, um die Gedanken anderer besser einzuschätzen und unsere Gedanken klarer auszudrücken. Und das ist letztlich ganz simpel: Lassen Sie andere nicht raten, was Sie denken oder fühlen. *Sagen* Sie es einfach. Und wenn Sie ironische Witze simsen, setzen Sie dahinter ein Emoticon: ¯_(ツ)_/¯ oder ☺.

Ja, manchmal erscheint es uns peinlich oder öde zu sagen, was wir denken. Auf jeden Fall ist es uncool, wenn wir signalisieren müssen, dass wir einen Witz gemacht haben. Aber sollten wir uns nicht daran erinnern, wie wir uns gefühlt haben, als jemand für uns den Rhythmus eines Liedes klopfte? Ich würde meine Freundin nur dann fragen, ob ihr mein neues T-Shirt gefällt, wenn ich tatsächlich wissen möchte, was sie darüber denkt, und wenn ich es noch zurückgeben könnte, sollte sie es grässlich finden. Und nicht, wenn ich ein passiv-aggressives Statement abgeben möchte, das ihr signalisiert: «Du schenkst mir keine Aufmerksamkeit.»

Ebenso sollten Sie aufhören, die Gedanken und Gefühle anderer vorwegnehmen zu wollen. Wenn Sie ein mitfühlender und zuvorkommender Mensch sind, ist es schwierig, der Versuchung zu widerstehen, die Gedanken des anderen zu lesen. Aber Studie um Studie zeigt, dass dies ganz schön in die Hose gehen kann. Die einzig sichere Methode, um herauszufinden, was andere wissen, glauben, fühlen oder denken, ist es, sie zu fragen. «Frag doch einfach» – das war das 25. Experiment bei der Untersuchung, die ich Ihnen vorgestellt habe. Die Probanden erhielten eine Liste von Fragen über ihren Partner. Den Teilnehmern einer Gruppe sagte man, sie sollten sich in ihren Partner hineinversetzen. Die andere Gruppe erhielt fünf Minuten Zeit, um den Partner zu fragen, bevor der Test anfing. Verglichen mit der Gruppe, deren Teilnehmer sich in den Partner hineinversetzen sollten, erzielte die Gruppe, die Fragen stellen durfte, ein deutlich besseres Ergebnis. Solch ein Experiment erscheint geradezu banal: Natürlich sind wir gut bei Tests, bei denen wir die Antwort kennen. Aber genau darum geht es ja. Sie werden die Fakten nie kennen, wenn Sie nicht losgehen und Fakten sammeln.

Um zu verstehen, was andere Menschen denken, fühlen, glauben oder wissen, müssen wir uns die Antwort von eben diesen Menschen holen. Wenn Sie nicht wissen, wie witzig oder beleidigend Ihre Freunde sexistische Scherze finden, können Sie deren Einstellung nicht erfahren, indem Sie ihre Perspektive einnehmen. Weil wir unser Wissen und unsere Gefühle auf andere projizieren, sind wir viel zu überzeugt davon, dass wir ihre Gedanken kennen. Das Resultat? Wir machen uns erst gar nicht die Mühe herauszufinden, ob unsere Annahmen korrekt sind. Wir vergessen das einfach. Fakten zu sammeln ist der einzig wirklich sichere Weg zum gegenseitigen Verständnis.

8

DAS PROBLEM DER SPÄTEN BELOHNUNG: WIE UNSER GEGENWÄRTIGES SELBST UNSER KÜNFTIGES MISSVERSTEHT

Ich erhielt meinen Doktorgrad in Psychologie mit gerade mal 25 Jahren, also deutlich früher als die meisten Doktoranden. Nicht etwa, weil ich ein Genie gewesen wäre, sondern ich hatte ganz einfach einen Termin, den ich halten musste. Ich hatte nicht geplant, den Abschluss so früh zu machen, als ich mit 21 von Südkorea in die Vereinigten Staaten kam, um ins Graduiertenprogramm einzusteigen. Ich versuchte immer noch, Sätze zu verstehen wie: «Für hier oder to go?», wenn ich bei McDonald's anstand. Und ich war verwundert, als meine Zimmergenossin zu lachen begann, nachdem ich auf ihre Frage: «Was hat dich denn hierhergebracht?», antwortete: «Ein Flugzeug.» Mein Plan, die Doktorarbeit in den üblichen fünf bis sechs Jahren fertigzustellen, geriet ins Wanken, als mein Doktorvater mir zu Anfang meines vierten Jahres verkündete, er würde an eine andere Uni gehen. Er meinte, wenn ich bis Jahresende meine Dissertation abgeschlossen hätte, würde er mich als Postdoc an die neue Uni mitnehmen – und das war mein absoluter Traum als künftige Forscherin.

Ich war immer schon gut in der Schule, aber eine Doktorarbeit in nur einem Jahr zu schaffen, war eine echte Herausforderung. Ich musste wie verrückt schuften, um das zu schaffen. Schluss mit Spaß und Spiel! Keine Filme, keine Partys, nicht mal Bier. Ich arbeitete jeden Tag 16 Stunden lang und lebte von Kellogs Oat Brans, Milch und Kaffee. Und selbst nach diesem Jahr war mit Herausforderungen und Enttäuschungen nicht Schluss. Ich erzähle Ihnen das alles, um Ihnen zu zeigen, dass ich durchaus fähig bin zu warten, bis ich meine Belohnung erhalte.

Andererseits bin ich auch der ungeduldigste Mensch, den ich kenne. Ich beantworte E-Mails von meinen Studenten innerhalb von Sekundenbruchteilen, nachdem sie eingegangen sind. Und wenn mir eine Frage durch den Kopf schießt, muss ich auf der Stelle eine Antwort haben. Wenn mir eine gute Idee für eine Forschungsarbeit kommt, schreibe ich meinen Absolventen nicht etwa eine E-Mail. Ich schicke eine SMS oder suche sie im Büro auf. Und wenn ich meine, einen Haarschnitt zu brauchen, nehme ich immer den nächstmöglichen freien Termin. Auch wenn mir das jedes Mal leidtut: Zu warten, bis mein Lieblingsfriseur einen Termin für mich hat, ist für mich die reine Qual. Ich will Resultate, Antworten und Belohnungen jetzt, auf der Stelle.

WIE MAN VERZÖGERUNGEN «DISKONTIERT»

Ich habe mit zwei scheinbar widersprüchlichen Geschichten angefangen, aber – wie ich später erklären werde – im Grunde widersprechen sie sich nicht. Vorher aber möchte ich Ihnen noch vorführen, wie ungeduldig manche Menschen sind. Hier ist ein klassischer Test, mit dem gemessen wird, wie wir mit verspäteten Belohnungen umgehen.

Was wäre Ihnen lieber: 340 Dollar sofort oder 340 Dollar in sechs Monaten? Die Antwort ist eigentlich klar. Natürlich zieht jeder Mensch die 340 Dollar sofort vor.

Aber würden Sie lieber 340 Dollar sofort oder in sechs Monaten 350 Dollar bekommen? Auch hier entscheiden sich die meisten Menschen noch für das Geld, das sie gleich kassieren können.

Würden Sie aber lieber 340 Dollar sofort bekommen oder 390 Dollar in sechs Monaten? In einem klassischen Experiment entscheiden sich die meisten Versuchsteilnehmer immer noch für die 340 Dollar sofort und nicht für 50 Dollar mehr, die sie bekämen, wenn sie sechs Monate warten würden. Lieber 340 Dollar sofort nehmen als 390 Dollar in sechs Monaten scheint auf den ersten Blick sinnvoll, zieht man Aspekte wie Inflation, Zinsen oder Investmentchancen in Betracht. Ist es nicht klüger, das Geld sofort zu nehmen und damit etwas anzustellen, das noch mehr Geld bringen könnte?

Die Antwort ist Nein.[68] Nehmen wir an, Sie bekommen jetzt 340 Dollar und legen diese aufs Sparbuch oder kaufen davon Aktien. Wenn wir von einer normalen wirtschaftlichen Entwicklung ausgehen, dann werden Sie nach sechs Monaten nicht wesentlich mehr Geld haben – vielleicht 10 oder 15 Dollar, mehr nicht. Um 340 Dollar in sechs Monaten auf 390 Dollar anwachsen zu lassen, müssten Sie eine Jahresentwicklung von 30 Prozent haben. Also weit mehr als alle marktgerechten Zinsen.

Ein anderes mögliches Argument lautet: Es ist besser, die 340 Dollar gleich zu nehmen. Man weiß schließlich nie, was in den nächsten sechs Monaten passiert. Die Person, die

Ihnen das Geld anbietet, ändert vielleicht ihre Meinung oder segnet sogar das Zeitliche. Auch Sie könnten sterben. Ein Atomkrieg könnte Papiergeld unbrauchbar machen, außer vielleicht als Anzünder, um ein Feuer in Gang zu bekommen. Oder Ihre extrem wohlhabende Tante stirbt und hinterlässt Ihnen ihr ganzes Vermögen, was die 50 Dollar, die Sie zu erwarten haben, zu Peanuts macht. Diese Beispiele sind alle extrem unwahrscheinlich. Der Knackpunkt ist: Nur in solch raren Fällen wären 390 Dollar in sechs Monaten weniger wert als 340 Dollar sofort.

Machen wir eine weitere Übung, die zeigt, wie irrational wir mit künftigen Renditen umgehen. Lässt man jemandem die Wahl zwischen 20 Dollar jetzt und 30 Dollar in vier Wochen, entscheiden die meisten Menschen sich für die 20 Dollar. Haben sie jedoch die Wahl zwischen 20 Dollar in 12 Monaten und 30 Dollar in 13, nehmen sie meist – ja, richtig: die meisten Menschen entscheiden sich dafür, einen Monat auf 10 Dollar mehr zu warten. Wir haben es hier mit exakt den gleichen Differenzen zu tun: 10 Dollar und ein Monat. Ganz egal, wie viel diese 20 beziehungsweise 30 Dollar einem Menschen wert sind: Wenn die Person sich bei der ersten Frage für 20 Dollar entschieden hat, sollte sie das auch bei der zweiten Frage tun. Aber der eine Monat, der unmittelbar vor einem liegt, fühlt sich viel länger an als der eine Monat in der Zukunft.

Natürlich hat dieses Phänomen auch Grenzen. Wenn die Frage lautet: 340 Dollar sofort oder 340 000 in sechs Monaten, ist jeder zur Geduld fähig. Diese Mechanik war wohl auch wirksam, als ich als Doktorandin meine Optionen einschätzte: Der Titel und der darauffolgende Job in der Forschung waren mir viel mehr wert als alle unmittelbaren Belohnungen, zum Beispiel ein Sozialleben oder eine normale Ernährung. Ich bin sicher, jeder Mensch kennt solche Momente und hat in der Gegenwart Verzicht geleistet für eine große Belohnung in der Zukunft. Ich will ja nicht sagen, dass der Mensch generell nicht fähig ist, auf aufgeschobenen Lohn zu warten.

Trotzdem schätzen wir künftigen Lohn häufiger als geringer ein, als das gerechtfertigt wäre. Zahlreiche Experimente aus der Verhaltensökonomik zeigen – wie die eben genannten Beispiele –, dass wir künftigen Lohn nicht ausreichend bewerten können. Nehmen wir einige Beispiele aus dem wirklichen Leben, die zeigen, wie irrational wir mit künftigem Lohn umgehen. Ich werde diese Fehleinschätzung verzögerter Belohnungen «hyperbolische Diskontierung» nennen, wie das in der Verhaltensökonomik üblich ist.

Nehmen wir nur den Klimawandel. Wenn wir Recycling betreiben, um Abfälle zu reduzieren, wenn wir Bäume pflanzen, um Kohlenstoff zu binden, wenn wir mehr Geld ausgeben, um ein Elektroauto zu kaufen: Wir werden nicht sofort mit sauberer Luft, einem niedrigen Meeresspiegel und glücklichen Eisbären belohnt. Es wird Jahre und Jahrzehnte dauern, bis diese Vorteile sich bemerkbar machen. Einige dieser Erfahrungen werden nur künftige Generationen machen können. Selbst wenn wir wissen, dass der künftige Lohn der Reduzierung unseres Kohlenstoff-Fußabdrucks unschätzbar wertvoll ist, sind wir vielleicht nicht ausreichend motiviert, um die Klimaanlage herunterzuregeln oder viel Geld fürs Solardach auszugeben. Das nicht zu tun, ist ungefähr so, als würden wir lieber heute 350 Dollar kassieren als 350 Milliarden Dollar in einigen Jahrzehnten.

Und für alle, die nicht zu den Happy Few gehören, die sich tagtäglich mit Genuss auf dem Laufband abstrampeln und nach grünem Salat mit alten Getreidesorten lechzen: Nahezu alle Empfehlungen zur Erhaltung und Förderung unserer Gesundheit (wie ein Work-out fünf Mal die Woche oder nur ein einziges Glas Wein zu trinken) verlangen von uns, dass wir spätere Vorteile höher gewichten als sofortige Belohnungen. Wann immer wir einer Versuchung nachgeben, zeigen wir, dass uns der unmittelbare Lohn wichtiger ist als der künftige.

Die Belohnung muss nicht einmal in einer weit entfernten Zukunft liegen, damit dies unsere guten Absichten unterläuft und wir der Verlockung des Unmittelbaren nachgeben. Nehmen wir mal an, Sie kommen nach einem langen, anstrengenden Arbeitstag nach Hause und haben Lust auf Ihre Lieblingsnervennahrung – Pizza. Sie haben die Nummer der Pizzeria um die Ecke, die eine Lieferung innerhalb von 30 Minuten garantiert. Wenn Sie also nur eine halbe Stunde warten, werden Sie mit einer leckeren, dampfend heißen Pizza belohnt. Aber dann sehen Sie in der Küche diese angerissene Packung Kartoffelchips. Sie wissen, dass die Ihnen den Appetit auf die Pizza verderben werden, die nach dem Stress von heute ohnehin eine schönere Belohnung wäre. Trotzdem schnabulieren Sie die Kartoffelchips einfach weg und sind fürderhin von sich selbst genervt.

Die hyperbolische Diskontierung macht sich nicht nur in der Fehleinschätzung künftiger Belohnungen bemerkbar, sondern auch bei anstehenden unangenehmen Erfahrungen – was erklärt, warum wir an Aufschieberitis leiden. Viele Menschen blenden aus, dass sie eine unangenehme Aufgabe zu erledigen haben, zumindest bis kurz vor dem Termin oder sogar danach. Die Mühe, die uns eine lästige Aufgabe in der Zukunft kostet, scheint so viel leichter erträglich, als diese Aufgabe im Hier und Jetzt zu erledigen. Also schieben wir das Ganze lieber auf. Einmal versuchte ich, meine Studenten vor den unvermeidlichen Schwierigkeiten des Prokrastinierens zu bewahren, zumindest was die letzte Hausarbeit im Semester anging. Ich bat sie daher, das Pro und Contra einer Erledigung auf den letzten Drücker fein säuberlich aufzuschreiben. Sie gaben alle die typischen «korrekten» Antworten, aus denen ersichtlich wird, warum die Aufschieberitis falsch ist: zum Beispiel, dass man nie weiß, was in letzter Minute noch passieren kann. Oder dass wir immer unterschätzen, wie viel Zeit wir für eine bestimmte Aufgabe brauchen. Aber mich interessierte ohnehin eher, wie sie die Aufschieberei rechtfertigten. Einige von ihnen schrieben, dass sie dann eine bessere Leistung erbrächten:

- Diamanten entstehen nur unter hohem Druck.
- Der Stress und das Adrenalin, die auf den unmittelbar bevorstehenden Termin zurückgehen, können zu höherer Motivation führen.
- Sie haben mehr Zeit zum Nachdenken. Sie können Ihre Ideen ausbrüten, bis der Augenblick gekommen ist.

Andere argumentierten, dass diese Art zu arbeiten effizienter sei:

- Parkinsons Gesetz: Die Arbeit nimmt an Umfang zu mit dem Zeitrahmen, der für ihre Erledigung zur Verfügung steht.
- Sie können sich in Details verbeißen oder in Perfektionismus.
- Sie können das Ganze einfach nicht mehr aufschieben.

Eine meiner Lieblingsausreden setzte auf das, was die Studenten in meinen Kursen gelernt hatten: *Zu diesem Zeitpunkt können Sie dem Planungsfehlschluss nicht mehr aufsitzen.*

WARUM WIR NICHT WARTEN KÖNNEN UND WIE WIR DAS LERNEN

Bisher hatten wir lauter Beispiele, wie Menschen künftige Belohnungen zu gering einschätzten, obwohl das irrational ist. Um solchen Situationen zu begegnen, müssen wir uns erst damit befassen, warum sie überhaupt eintreten. Dafür gibt es nämlich mehr als einen Grund. Ich werde Ihnen einige dieser Gründe vorstellen und Mittel und Wege aufzeigen, um zu verhindern, dass wir spontanen Impulsen nachgeben.

Fehlende Selbstkontrolle

Manchmal können wir Belohnungen einfach nicht hinausschieben, weil es uns an Impulskontrolle fehlt. Der Geruch von gebratenem Speck, wenn Sie hungrig und gereizt sind, lässt Sie vermutlich alle Vorteile gesunder Ernährung vergessen. Sich an den Schreibtisch zu setzen und an einer Arbeit zu schreiben, die erst in sechs Monaten fällig ist, erfordert eine Menge Selbstkontrolle, wenn Ihre Lieblingsfernsehserie Sie gerade dazu verlockt, sich 30 Folgen nacheinander reinzuziehen.

Eine der ersten Studien zur hyperbolischen Diskontierung und Impulskontrolle ist heute bekannt als «Marshmallow-Test».[69] Sie wurde in den 1970ern mit Kindern als Testpersonen durchgeführt. Man gab Drei- bis Fünfjährigen ein Marshmallow und sagte ihnen, dass der Versuchsleiter gleich den Raum verlassen würde. Sie durften das Marshmallow sofort essen, aber wenn sie warten würden, bis der Versuchsleiter zurückkäme, würde man ihnen ein zweites Marshmallow geben. Konnten sie nicht warten, gab es keine zweite Leckerei.

Sie können den Marshmallow-Test auf *YouTube* sehen. Sie werden sich köstlich amüsieren. Es ist megasüß, wie die Kinder probieren, der Versuchung zu widerstehen, weil es danach mehr gibt. Sie starren das Marshmallow an, verdrehen die Augen. Manche riechen daran, andere berühren es und lecken dann an ihren Fingern. Oder sie bohren die Fingerchen hinein, als wollten sie testen, ob die Süßigkeit auch wirklich echt ist.

Wie jeder bestätigen kann, der Kinder großgezogen hat oder mit ihnen aufgewachsen ist, ist das Maß an Geduld, das ein Kind aufbringt, ganz unterschiedlich. Manche schaffen es, 15 oder 20 Minuten lang zu warten, andere werden schon viel früher schwach. Aber das ist nicht der Grund für die Berühmtheit des Marshmallow-Tests. Denn gut zehn Jahre später kam es zu einer erstaunlichen Entdeckung. Es stellte sich nämlich heraus, dass das «Beharrungsvermögen» eines Kindes gute Vorhersagen in Bezug auf seinen verbalen und quantitativen «SAT»-Test erlaubte: Je länger ein Kind auf das zweite Marshmallow warten konnte, desto besser schnitt es beim Studierfähigkeitstest (SAT) am Ende der Highschool ab. (Vielleicht haben auch Sie aus den Medien erfahren, dass eine Folgestudie den Marshmallow-Test widerlegte, aber das stimmt so nicht.[70] Die Korrelation zwischen der Wartezeit und den SAT-Punktwerten war in der zweiten Studie immer noch positiv, wenn auch nicht mehr ganz so eindeutig. Außerdem wurde die Folgestudie später wegen methodologischer und konzeptioneller Mängel überzeugend kritisiert.[71])

Wenn geduldige Menschen bessere Aussichten auf größere Vorteile in der Zukunft haben, wie können wir dann unseren Kindern beibringen, der Versuchung der unmittelbaren Bedürfnisbefriedigung zu widerstehen? Diese Frage war es, die sich die Forscher beim Marshmallow-Test ursprünglich stellten. Der einfachste Weg war es, die fluffige, zuckrige weiße Süßigkeit zu verstecken, während die Kleinen warten mussten. Hatten die Kinder dazu noch ein Spielzeug zur Verfügung oder hatte man ihnen aufgetragen, in der Zwischenzeit an etwas Schönes zu denken, schafften sie es, auch dann länger zu warten, wenn sie das Marshmallow die ganze Zeit vor Augen hatten.

Der irrationale Impuls, sofort eine geringfügigere Belohnung zu akzeptieren, und Strategien, ihn außer Kraft zu setzen, sind im Übrigen auch in der Natur zu beobachten. Ablenkung versetzt auch Tauben in die Lage, länger zu warten.[72] Und falls Sie wissen wollen, wie die Forscher das herausgefunden haben: Zuerst bemühte man sich, die Tauben bei 80 Prozent des Gewichts zu halten, das sich bei normaler Fütterung einstellt, was die Motivation zur Futtersuche steigert. Dann lernten die Tauben Folgendes: Pickten sie den Knopf an der Vorderseite ihrer Voliere sofort an, sobald dieser aufleuchtete, erhielten sie Buchweizengrütze, die sie nicht besonders mochten. Warteten sie aber 15 bis 20 Sekunden, ehe sie den Knopf anpickten, erhielten sie das Mischfutter, das ihnen besser schmeckte. Tauben sind nicht geduldiger als Menschen. Die überwältigende Mehrheit wollte lieber Buchweizengrütze sofort als das bessere Futter später. Und Tauben zeigten weniger Geduld, wenn sie gerade nichts zu tun hatten.

War aber Ablenkung geboten, klappte es auch mit dem Warten besser. In einem anderen Experiment gab es einen zweiten Knopf auf der anderen Seite der Voliere, der genau wie der erste zu Beginn des Experiments aufleuchtete. Die Tauben lernten, dass sie mit 20 Schnabelhieben gegen diesen Knopf (was natürlich länger dauerte, als nur einmal gegen den Grütze-Knopf zu picken) das beliebte Mischfutter erhielten. Es zeigte sich, dass die Tauben leichter die 15 bis 20 Sekunden auf ihr Mischfutter warten konnten, wenn man sie mit dem Picken auf den zweiten Knopf ablenkte.

Der Versuchung unmittelbarer Bedürfnisbefriedigung zu widerstehen ist hart. Wenn jemand täglich zum Abendessen ein oder zwei Cocktails oder Gläser Wein trinkt, erfordert es ein enormes Quantum an Willenskraft, diese Gewohnheit zu durchbrechen. Aber wenn es Kindern und Tauben gelingt, sich von der Versuchung des Unmittelbaren abzulenken, dann schaffen wir Erwachsene das vielleicht auch. Es ist einfacher, ein wohlschmeckendes, nicht alkoholisches Getränk zu konsumieren, statt begierig auf den Drink des Partners zu schielen.

Das Chaos der Ungewissheit

Unsere Bewertung künftiger Belohnungen oder Mühen fällt auch deswegen irrational aus, weil wir Probleme haben, Ungewissheit zu denken. Ich werde das anhand einer meiner liebsten Studien erklären. Dabei geht es zwar nicht um aufgeschobenen Lohn, aber sie zeigt trotzdem sehr schön, wie das Gefühl der Ungewissheit unser Urteil negativ beeinflusst.[73]

Eine Gruppe von Studenten sollte sich vorstellen, dass sie eine schwierige Prüfung abgelegt und gerade erfahren hatten, dass sie durchgekommen waren. Außerdem sollten sie sich vorstellen, dass man ihnen gleichzeitig ein attraktives Angebot gemacht hatte: Ferien auf Hawaii zu einem unschlagbar günstigen Preis, nur gültig bei sofortiger Buchung. Die Studenten hatten drei Alternativen: Sie konnten die Reise buchen, sie nicht buchen oder für eine nicht rückerstattbare Gebühr von fünf Dollar das Angebot verlängern. Die Mehrheit der Versuchsteilnehmer entschied sich, die Reise zu buchen. Das war sinnvoll, schließlich hatten sie das Examen bestanden und etwas zu feiern.

Eine andere Gruppe Studenten wurde vor die gleiche Wahl gestellt, nur sollten diese Probanden sich vorstellen, dass sie durchgefallen waren und die Prüfung in einigen Monaten wiederholen mussten. Die Mehrheit der Versuchsteilnehmer entschied sich auch hier für die Ferienreise. Auch das war sinnvoll. Schließlich hatten sie zwei Monate Zeit, um sich auf die Prüfung vorzubereiten, warum also nicht auf Hawaii die Batterien aufladen?

Die Resultate der ersten beiden Gruppen machten deutlich, dass die meisten Studenten die Reise buchten, ganz egal, wie sie bei der Prüfung abgeschnitten hatten. Aber es gab noch eine dritte Gruppe: Diese Studenten erfuhren nicht, ob sie bestanden hatten oder nicht. Und diese Teilnehmer wählten die Fünf-Dollar-Gebühr, damit sie sich entscheiden konnten, nachdem man ihnen die Prüfungsresultate mitgeteilt hatte. Die Probanden waren also bereit, für die Möglichkeit zu bezahlen, ihre Entscheidung erst dann treffen zu müssen, wenn die Ungewissheit beseitigt war – obwohl vermutlich die meisten die gleiche, vom Prüfungsergebnis völlig unabhängige Entscheidung treffen würden.

Ungewissheit, wie sich wichtige künftige Ereignisse gestalten, kann uns in unseren Entscheidungen behindern. Wenn Sie auf Nachricht warten, ob Sie nach einem Vorstellungsgespräch den Job bekommen oder ob ein Geschäft zustande kommt oder nicht, ist es schwierig, überhaupt irgendetwas zu tun, selbst Dinge, die Ihnen normalerweise Spaß machen. Als im Jahr 2020 der Tag der Präsidentschaftswahl näher rückte, schaffte ich es kaum, an irgendetwas zu arbeiten. Das betraf auch einen Text, den ich Ende des Jahres hätte abgeben sollen. Wie in der Studie mit den Ferien auf Hawaii spielte ich gedanklich alle möglichen Resultate durch: Wenn Trump wiedergewählt wird, muss ich dann den Text überhaupt noch schreiben? Ja. Wenn Biden gewählt wird, muss ich den Text dann schreiben? Ja. Das half mir, weiter am Text zu arbeiten. Ich schrieb sogar am Wahltag selbst. Tatsächlich war es eine erfrischende Abwechslung für mich.

Obwohl es mir gelang, Ruhe zu bewahren und die Ungewissheit zu ertragen, hätte ich sehr viel mehr bezahlt als nur fünf Dollar, hätte ich dafür die Ergebnisse früher erfahren. Viele Menschen wollen Ungewissheit im Leben so weit wie möglich reduzieren. Diese Aversion gegen Ungewissheit ist normal, aber sie kann uns zu unvernünftigen Entscheidungen treiben, wenn wir zwischen einem sicheren und einem ungewissen Resultat wählen müssen wie bei der hyperbolischen Diskontierung.

Um das zu erklären, kehren wir noch einmal zu der Frage zurück, ob wir lieber 340 Dollar gleich oder 390 Dollar in sechs Monaten hätten. Geld hin oder her, diese Entscheidung ist tatsächlich eine Wahl zwischen Gewissheit und Ungewissheit, weil die Zukunft immer ungewiss ist. Wer weiß schon, was in sechs Monaten passiert? Viele unserer Bedenken hinsichtlich der 390 Dollar in sechs Monaten sind irrational, weil – wie ich bereits erklärt habe – die Wahrscheinlichkeit sehr gering ist, dass die von uns befürchteten Ereignisse tatsächlich eintreten. Das Problem ist nur: Auch wenn wir wissen, dass unsere Wahrscheinlichkeit, innerhalb der nächsten sechs Monate zu sterben, minimal ist, messen wir ihr doch einen höheren Stellenwert bei, wenn sie mit etwas kontrastiert, was wir für sicher halten. Das nennt man passenderweise den Sicherheitseffekt.

So gibt es in der Verhaltensökonomik ein berühmtes Phänomen namens Allais-Paradox, das nur aufgrund des Sicherheitseffekts auftritt. Das Paradox ist nach Maurice Allais benannt, der 1988 den Nobelpreis für Wirtschaftswissenschaften erhielt. Allais war Physiker und Ökonom. Hier geht es also um Zahlen. Letztlich aber bezeichnen die Zahlen Geld, was heißt, dass sie leicht zu verstehen sind.

Sehen wir uns anhand der folgenden Situation an, worum es beim Allais-Paradox geht: Man bietet Ihnen zwei Spielchancen, die zu gut sind, um wahr zu sein. Sie müssen sich für eine entscheiden.

Spiel A: 100 Prozent Chance auf den Gewinn von 1 Million Dollar

Spiel B: 89 Prozent Chance auf den Gewinn von 1 Million Dollar, 10 Prozent Chance auf den Gewinn von 5 Millionen Dollar und 1 Prozent Chance auf einen Gewinn von 0 Dollar

Was würden Sie wählen? Nehmen Sie sich Zeit für Ihre Entscheidung. (Aber versuchen Sie nicht, den Erwartungswert zu berechnen, den wir zu Anfang dieses Buches hatten. Folgen Sie einfach Ihrer Intuition.)

Ich weiß, dass ich mich ganz sicher für A entscheiden würde. Eine Million Dollar ist ziemlich viel Geld. Ich würde sie nehmen und in Pension gehen. Hätte ich mich für Spiel B entschieden und keinen Cent bekommen, würde ich mir mein Leben lang Vorwürfe machen. Es scheint doch völlig sinnlos, mit Spiel B ein Risiko einzugehen, selbst wenn es dabei die 10-prozentige Chance auf 5 Millionen Dollar gibt. Die Mehrheit der Menschen entscheidet sich für Spiel A. Der Unterschied zwischen einer 1-prozentigen Chance auf 0 Dollar bei Spiel B verglichen mit der 0-prozentigen Chance auf nichts bei Spiel A wiegt doch recht SCHWER.

Nun betrachten wir eine andere Situation. Sie sollen sich für eine nicht ganz so fantastische, aber immer noch lukrative Spielmöglichkeit entscheiden:

Spiel X: eine Chance von 11 Prozent auf den Gewinn von 1 Million Dollar und eine Chance von 89 Prozent, nichts zu gewinnen
Spiel Y: eine Chance von 10 Prozent auf den Gewinn von 5 Millionen Dollar und eine Chance von 90 Prozent auf gar nichts

Angesichts dieser Auswahl entscheiden sich die meisten Menschen für Spiel Y. Das würde ich auch tun. Obwohl ich ja gesagt habe, dass ich mit 1 Million Dollar glücklich wäre. Aber wenn der Unterschied in der Wahrscheinlichkeit nur bei 1 Prozent liegt, kann man da nicht die minimal geringere Chance akzeptieren, wenn man danach 4 Millionen Dollar mehr in der Tasche hat?

Moment mal. Wenn Sie beim ersten Mal A gewählt haben und sich jetzt für Y entscheiden, dann ist das widersprüchlich.

Also zurück zu Spiel A und B. Um die bessere Alternative zu wählen, könnte ein rationaler Mensch die Komponente herauskürzen, die in beiden Alternativen gleich ist. Hier die zwei Möglichkeiten anders formuliert, damit klarer wird, wo wir den Rotstift ansetzen können:

Spiel A: 89-prozentige Chance, 1 Million zu gewinnen, PLUS eine 11-prozentige Chance, 1 Million zu gewinnen
Spiel B: 89-prozentige Chance, 1 Million zu gewinnen, 10-prozentige Chance, 5 Millionen zu gewinnen, und 1-prozentige Chance, am Ende mit nichts dazustehen

Sowohl bei A als auch bei B gibt es die 89-prozentige Chance, 1 Million Dollar zu gewinnen. Also können wir das schon mal rauskürzen. Und wie sehen dann unsere Optionen (ausgedrückt als A' und B') aus:

Spiel A': 11-prozentige Chance, 1 Million zu gewinnen
Spiel B': 10-prozentige Chance, 5 Millionen zu gewinnen

Was würden Sie jetzt wählen? Vermutlich B'. Aber die Wahl zwischen A' und B' ist die gleiche wie zwischen X und Y. Ich kopiere das jetzt noch mal rein:

Spiel X: 11 Prozent Chance auf den Gewinn von 1 Million Dollar und 89 Prozent Chance, nichts zu gewinnen
Spiel Y: 10 Prozent Chance auf den Gewinn von 5 Millionen Dollar und 90 Prozent Chance auf gar nichts

Wie bei X versus Y entscheiden sich die meisten Menschen für B'. Doch vor die Wahl gestellt, ob A oder B, entscheidet sich der Großteil für A – was unlogisch und widersprüchlich ist. Daher wird dieses Verhalten auch als «Paradox» bezeichnet.

Der Grund ist, dass das gleiche 1 Prozent sich ganz anders anfühlt, wenn es den Unterschied zwischen 0 und 1 Prozent ausmacht oder zwischen 10 und 11 Prozent. Mathematisch betrachtet macht der Unterschied immer nur 1 Prozent aus. Psychologisch gesehen aber behandeln wir die beiden Optionen völlig unterschiedlich. Und zwar weil im ersten Fall der Unterschied ist, dass etwas gar nicht passiert oder zumindest mit einer geringen Wahrscheinlichkeit – und das ist der Unterschied zwischen Gewissheit und Ungewissheit. Im Gegensatz dazu werten wir den Unterschied zwischen 10 und

11 Prozent als gering. Eine geringe Chance, die sich von der anderen nicht sonderlich abhebt.

Das Allais-Paradox ist präzise und schön (zumindest für mich), aber es klingt natürlich ein wenig an den Haaren herbeigezogen. Verhaltensökonomen diskutieren Entscheidungssituationen gerne mit diesen Spieler-Beispielen, aber es macht das Phänomen schlechter nachvollziehbar. Warum sollte Ihnen jemand die Möglichkeit geben, mit 100-prozentiger Wahrscheinlichkeit 1 Million Dollar zu gewinnen? Das ist noch nicht mal ein Spiel. So etwas würde im normalen Leben einfach nicht passieren. Daher nun ein paar Beispiele, die wir in den Pandemiejahren live erlebt haben.

Die amerikanische Gesundheitsbehörde CDC veröffentlichte im Juni 2021 folgende Zahlen: Der Impfstoff von BioN Tech-Pfizer schützt mit 95-prozentiger Wahrscheinlichkeit vor schweren Erkrankungen und Krankenhauseinweisung im Zusammenhang mit Covid-19, das Moderna-Vakzin mit 94-prozentiger Wahrscheinlichkeit. Es gab rund um die Covid-19-Impfstoffe ja zahlreiche Klagen, Sorgen, Querelen und Überreaktionen, doch ich habe nicht eine einzige Klage über diesen 1-prozentigen Unterschied gehört. Ich wurde mit Moderna geimpft. Es störte mich zwar, dass ich bei Moderna vier Wochen auf die zweite Impfung warten musste, wo diese beim BioN Tech-Pfizer-Präparat nur drei Wochen betrug (wie gesagt: ich bin ungeduldig), aber der Unterschied bei der Wirksamkeit störte mich kein bisschen. Hätte die Regierung entschieden, den Moderna-Impfstoff kostenfrei abzugeben, für das BioN Tech-Pfizer-Vakzin aufgrund der kürzeren Wartezeit 100 Dollar zu verlangen, wären wohl nur sehr wenige Menschen bereit gewesen, für 1 Prozent Unterschied so viel zu bezahlen.

Wäre der Impfstoff von BioN Tech-Pfizer allerdings zu

100 Prozent effektiv gewesen, der von Moderna nur zu 99 Prozent, dann hätte es schon anders ausgesehen. Denn in einem Fall hätten wir eine 100-prozentige Garantie gehabt, nicht an Covid-19 zu erkranken, verglichen mit der minimalen Chance, die Krankheit doch zu bekommen. In diesem Fall hätten die Leute vermutlich gern 100 Dollar bezahlt, um das BioNTech-Pfizer-Präparat zu bekommen. Das ist der Sicherheitseffekt.

Wann immer wir vor einer Wahl stehen, bei der die Belohnung erst später erfolgt, können wir damit rechnen, dass unsere Vorliebe für Gewissheiten (gleich jetzt etwas zu bekommen) im Vergleich zur Ungewissheit (etwas später zu erhalten) eine Rolle spielt. Und diese Neigung zu überwinden ist alles andere als einfach. Ich erzähle meinen Studenten schon seit dreißig Jahren vom Allais-Paradoxon und vom Sicherheitseffekt, aber der Sicherheitseffekt würde mein Denken beeinflussen, wenn ich vor diesen Alternativen stünde. Viele Menschen haben eine Abneigung gegen Risiken. Wenn wir also keine Risiken eingehen wollen oder nicht auf einen künftig größeren Gewinn warten können, nur weil uns Ungewissheit Angst macht, dann wäre es doch keine schlechte Sache, wenn wir lernen könnten, mehr auf die Zukunft zu vertrauen.[74]

Eine Studie zeigt ganz konkret, wie das gehen kann. Die Versuchsteilnehmer wurden dabei in zwei Gruppen eingeteilt. Die eine Gruppe sollte eine Situation beschreiben, in der sich die Teilnehmer machtlos gefühlt hatten, zum Beispiel weil ihr Chef sie übers Wochenende arbeiten ließ oder weil sie aufgrund eines verstauchten Knöchels nicht an einem Wettlauf teilnehmen konnten. Die zweite Gruppe sollte eine Situation beschreiben, in der sie sich mächtig gefühlt hatten. Eine Teilnehmerin beschrieb ihr Gefühl, als sie zur Kapitänin ihrer Uni-Mannschaft gewählt worden war und von da an über Trainingspläne und das Essen beim Team-Dinner entschied. Eine andere erzählte, wie sie Leiterin eines Lebensmittelgeschäfts wurde und die anfallenden Arbeiten auf die anderen Mitarbeiter verteilte. Diese Studie ergab, dass die Probanden der zweiten Gruppe eher auf aufgeschobene Belohnungen warten konnten als die Personen aus der Gruppe, die sich bei der vorherigen Übung als machtlos erlebt hatte.

Die Pandemie hat uns alle mit Zukunftsängsten erfüllt. Wir haben immer noch das Gefühl, die Kontrolle verloren zu haben. Doch auch wenn wir nicht mit einer weltweiten Katastrophe konfrontiert sind, fühlen wir uns bisweilen hilflos und in der Situation gefangen. Um wieder Vertrauen in die Zukunft zu bekommen, ist es nützlich, sich an Zeiten zu erinnern, in denen wir für uns und andere etwas bewirken konnten. Allein dies kann uns schon zu besseren Entscheidungen verhelfen, die auf Fakten gründen statt auf Furcht.

Psychologische Distanzierung

Eine andere Erklärung, warum wir den Wert von künftigen Dingen zu niedrig veranschlagen, hört sich vielleicht banal an: Die Zukunft fühlt sich einfach fern an. So offensichtlich das sein mag, so deutet sich darin auch eine Lösung an, die alles andere als banal ist.

Verwenden wir doch die räumliche Trennung als Analogie zur zeitlichen Distanz. Wenn es in Ihrer Nachbarschaft brennt, ist das erschreckend, selbst wenn keine Gefahr besteht, dass die Flammen auf Ihr Haus übergreifen. Ist es hingegen in einer anderen Stadt zu einem Brand gekommen, überfliegen Sie die Nachricht in der Zeitung nur oberflächlich. Und noch ein zweites, freundlicheres Beispiel: Gewinnt jemand, mit dem Sie zur Schule gegangen sind, einen Oscar, dann sind Sie stolz, ja Sie feiern vielleicht sogar, obwohl Sie ja rein gar nichts damit zu schaffen hatten. Wird der Oscar aber einem Menschen in einem anderen Land verliehen, dann wird das kaum Ihr Interesse erwecken, außer Sie sind ein besonderer Fan dieser Schauspielerin. Ähnlich geht es uns mit Ereignissen in der Zukunft. Und aus eben diesem Grund schätzen wir spätere Vorteile stets zu gering ein.

So hatte man mich eines Tages eingeladen, bei einer kleinen Konferenz an der Universität Cambridge in Großbritannien einen Vortrag zu halten, und zwar genau sechs Monate nachdem ich die Einladung bekommen hatte. Einen Monat vor der Konferenz aber musste ich mich einem kleinen medizinischen Eingriff unterziehen. Mein Arzt sagte mir, dass die meisten Menschen nach dieser Operation innerhalb von vier Wochen wieder reisefähig sind. Ich nahm an, dass es mir ergehen würde wie den meisten Menschen. Und selbst wenn dem nicht so wäre, so sollte der Schmerz doch nicht so gravierend sein. Also nahm ich die Einladung an. Alles, auch der mögliche Schmerz, den ich in fünf Monaten empfinden würde, schien mir irgendwie nebulös und nicht von Belang. Unmittelbar vor der Operation fiel mir dann ein, dass ich den Vortrag ja vorbereiten musste, und zwar, während ich noch Schmerzen hatte. Als ich fünf Monate zuvor die Einladung angenommen hatte, hatte ich das nicht richtig durchdacht. Ich hätte es besser wissen müssen: Wenn ich selbst eine Konferenz plane, lade ich die Leute, die schwer zu bekommen sind, Monate vorher ein, weil ich weiß, dass sie umso eher zusagen, je weiter das Event in der Ferne liegt. Und hier war mir der gleiche Fehler unterlaufen.

Diese zeitliche Diskontierung hat viel damit zu tun, dass wir uns zu viele Verpflichtungen aufbürden. Wir unterschätzen die möglichen Kosten, Mühen und Belastungen sowie die Zeitdauer, wenn sie erst in der Zukunft anfallen. So wie wir mögliche Belohnungen unterschätzen (diskontieren). Nehmen wir den Klimawandel. Eine Studie belegt, dass Menschen lieber dieses Jahr 21 Tage bessere Luft haben als 35 Tage in einem Jahr.[75] Wir können uns leicht vorstellen, wie unser aktuelles Selbst sich über die frische Luft freut. Aber wie unser künftiges Selbst sein mag, können wir uns nicht ausmalen und auch nicht, wie sehr diese Person die künftige frische Luft genießen würde.

Gibt es etwas, was wir gegen diese psychologische Distanzierung tun können? Ein nachweisbar sinnvoller Weg ist es, sich künftige Ereignisse so detailgetreu wie möglich auszumalen, damit sich die Zukunft für uns realer anfühlt. Und es gibt neue und coole Instrumente, die uns dabei helfen können.

In einer wissenschaftlichen Untersuchung setzen die Forscher auf virtuelle Realität, um jungen Leuten zu helfen, ihre finanzielle Zukunft besser zu planen.[76] Zuerst entwickelte man digitale Avatare für die Erstsemester, die an diesem Experiment teilnahmen. Dann veränderte man einige dieser Avatare so, als würden sie kurz vor der Rente stehen. Es stellte sich heraus, dass jene Studenten, die einen gealterten Avatar hatten, eher dazu neigten, ein 1000-Dollar-Geldgeschenk in ein Investment umzuwandeln, als die Teilnehmer der Kontrollgruppe, deren Avatar jung geblieben war.

Natürlich haben nicht viele Menschen Zugang zu so tollem Virtual-Reality-Equipment, aber es kann ja schon helfen, sich positive künftige Ereignisse nur *vorzustellen*.[77] In einer Studie stellte man die Probanden vor die klassische Frage zur hyperbolischen Diskontierung: ein geringer Betrag sofort (zum Beispiel 20 Euro) versus einen höheren Betrag später (sagen wir 35 Euro in 45 Tagen). Bevor man die Teilnehmer aber bat, ihre Entscheidung zu treffen, sollten sie alle Aktivitäten aufschreiben, die sie für die nächsten sieben Monate geplant hatten. So gab Audrey beispielsweise an, sie wolle in 45 Tagen nach Rom reisen. Als sie vor der Entscheidung stand, den kleineren oder den größeren Betrag zu nehmen, wurde letzterer mit der Reise verknüpft. Man sagte Audrey also, sie könne 20 Euro sofort haben oder 35 Euro in 45 Tagen, und unter dieser Angabe stand in Großbuchstaben FERIENREISE. Menschen an geplante künftige Ereignisse zu erinnern, reduzierte das irrationale Diskontieren künftiger Belohnungen massiv und ermutigte sie, sich vielmehr für den späteren, höheren Lohn zu entscheiden.

Diese Technik wird vor allem eingesetzt, wo Menschen ihren Nikotin- oder Alkoholgenuss reduzieren möchten oder ihre tägliche Kalorienaufnahme. In einer Studie trafen sich übergewichtige Frauen zu einem regelmäßigen nachmittäglichen Experiment.[78] Dieses wurde lange nach dem Mittagessen angesetzt, zu einer Zeit also, als die Frauen sicher schon wieder Hunger empfanden. Bei diesen Sitzungen sollten sie an Dinge denken, die bei den meisten Menschen als Seelenfutter durchgehen: Hackfleischbällchen, Pommes frites, Wurst, Kekse und Dips – was den Impuls triggern sollte, etwas zu essen. Danach hatten die Frauen unbegrenzten Zugriff auf diese Dinge. Sie sollten nur nachher einschätzen, wie gut sie ihnen jeweils geschmeckt hatten. Während der Verkostung spielte man einer zufällig ausgewählten Gruppe dieser Frauen Audio-Aufnahmen vor, wie sie Überlegungen anstellten, welche tollen Dinge ihnen in Zukunft wohl passieren könnten. Die andere Hälfte hörte ebenfalls Aufnahmen der eigenen Stimme, nur ging es da um den Reise-Blog einer bekannten Schriftstellerin, der zu jener Zeit total hip war, aber mit der Zukunft der Frauen nichts zu tun hatte. Nach den 15 Minuten Verkostung maß man die Kalorienaufnahme der Teilnehmerinnen. Die Frauen, die an ihr künftiges Selbst dachten, hatten im Durchschnitt etwa 800 Kalorien zu sich genommen, die Frauen der Kontrollgruppe aber 1100.

DRANBLEIBEN ODER NICHT DRANBLEIBEN

Zu Anfang dieses Kapitels haben wir uns damit beschäftigt, warum es irrational sein kann, künftige Belohnungen zu unterschätzen. Und wir sind verschiedene Faktoren durchgegangen, die dazu beitragen, ein Gegenmittel zu finden. Doch bevor wir hier ans Ende kommen, möchte ich noch auf eine wichtige Einschränkung hinweisen. Bei unseren bisherigen Reflexionen mag der Eindruck entstanden sein, als wäre es immer und unter allen Umständen gut, der Verlockung der sofortigen Gratifikation zu widerstehen und sie für eine bessere Zukunft zu opfern. Die Idee, dass man sich ändern kann, dass Fleiß und Mut wichtiger sind als Talent, gehören in populären psychologischen Ratgebern zum Grundvokabular. Es gibt eine ganze Reihe von Bestsellern über berühmte Menschen, die zwar zu Beginn ihrer Karriere nicht viel Talent aufwiesen, aber trotzdem Großes erreicht haben, weil sie sich dank ihrer Charakterstärke gegen alle Widrigkeiten durchsetzten. Sogar unsere Regierung finanziert Programme, die der Charakterbildung dienen und die Selbstkontrolle stärken sollen, damit die Betroffenen von Drogen- und Alkoholmissbrauch loskommen bzw. mit ihrer kriminellen Vergangenheit abschließen können. Ich finde diese Bemühungen wirklich großartig.

Gleichzeitig bin ich der Ansicht, dass einseitige Selbstkontrolle, wenn sie zu verbissen erfolgt, auch ins Auge gehen kann. Anekdoten über erfolgreiche Menschen, die durch dick und dünn gehen und auf der Gewinnerstraße bleiben, sind immer inspirierend. Aber wenn wir nur solche Fälle in den Blick nehmen, unterliegen wir – ebenfalls ganz klassisch – dem Bestätigungsfehler, den ich in Kapitel 2 erklärt habe. Es gibt eine ganze Reihe von Negativbeispielen, wie Menschen sich jahrelang abmühten – und keinen Erfolg hatten. Meiner Ansicht nach sollten wir die Geschichte der kleinen blauen Lokomotive, die sich etwas Großes zutraut und es dann auch schafft, ein wenig umschreiben. Das hat mit zwei Beobachtungen meinerseits zu tun.

Erstens wüten unter Heranwachsenden und jungen Erwachsenen Ängste epidemischen Ausmaßes. Das «National Institute of Mental Health» gibt an, dass fast ein Drittel der Heranwachsenden mindestens einmal in ihrem Leben unter einer Angststörung gelitten hat. Und die Ängste sind nicht nur da, sie verstärken sich auch noch: Die Anzahl der 18- bis 25-Jährigen, die eine Angststörung erleiden, ist von 8 Prozent im Jahr 2008 auf 15 Prozent im Jahr 2018 gestiegen.[79] (Und das war noch vor der Pandemie.) Ich konnte diese Zunahme persönlich beobachten. Zahlreiche wirklich exzellente Studenten leiden unter FOMO, der «Fear Of Missing Out», der Angst, etwas zu verpassen. Dabei geht es nicht um Spaß, sondern um entscheidende Schritte im niemals endenden Wettrennen um noch mehr Leistung. Ich war ja nicht anders. Wie Sie zu Beginn dieses Kapitels lesen konnten, habe ich mich ziemlich gepusht, um schon mit 25 Jahren mein Doktorat abzuschließen.

Aber diese Geschichte hat eine Fortsetzung. Nicht lange nachdem ich den Doktortitel hatte, nahm ich das Geld, das ich vom Gehalt meines Postdoc-Jobs gespart hatte, und besuchte zum ersten Mal in meinem Leben Paris. Obwohl ich in einem Abstellkämmerchen in der Jugendherberge logierte, war dort alles einfach nur schön und köstlich. Ich entdeckte Crêpes und Zwiebelsuppe. Und ich lernte, dass es in Ordnung ist, wenn man ein Schinken-Baguette mit einer Schicht Butter bestrich, die so dick war wie eine Scheibe Käse. Aber der größte Kulturschock für mich war die Entdeckung, dass es Leute gab, die sich locker zwei Stunden Zeit fürs Mittagessen nahmen und dazu noch ein Glas Wein tranken. An einem Wochentag! Ich hatte das Mittagessen immer als Hemmschuh für meine Produktivität betrachtet. Man schaufelt das Essen in sich hinein und starrt nebenher auf einen Computerbildschirm oder einen Artikel in einer Fachzeitschrift.

Ich durchstreifte die Museen in Paris und betrachtete Gemälde, die die Sitten und Gebräuche von Menschen darstellten, die vor gut 200 Jahren oder mehr gelebt hatten. Dabei kam mir ein Gedanke. Die Menschen auf diesen Bildern hielten Ehescheidungen für unrechtmäßig und Korsetts für ein unverzichtbares Accessoire edler Frauenmode. Was halten wir wohl heute für selbstverständlich, was künftige Generationen nicht nur falsch, sondern schlicht lächerlich finden würden?

Da ich gerade erst meinen Doktor gemacht hatte, fragte ich mich, ob all das Durchhalten, die Opfer und die verzögerte Belohnung die Sache wirklich wert gewesen waren. Während ich das Museum durchstreifte, kam ich zu dem Schluss, dass künftige Generationen unsere Bereitschaft, für die Arbeit zu leben, vermutlich lachhaft finden würden. Warum haben wir eine Gesellschaft geschaffen, die die Menschen nicht nur zwingt, für ihren Lebensunterhalt zu arbeiten, sondern selbst den Privilegiertesten das Gefühl gab, sie müssten sich immer noch mehr mühen? Wir haben einen Mythos geschaffen, dem zufolge wir unbedingt den Gipfel erreichen müssen. Das gilt als Maß für unseren menschlichen Wert. Aber wenn wir oben angekommen sind, kommt der nächste Berg und der übernächste und so weiter. Viele von uns rackern sich ihr ganzes Leben damit ab, Berg um Berg zu erklettern oder zumindest auf halbwegs sicherem Boden zu bleiben.

Aber möglicherweise wird es keine 200 Jahre dauern, bis wir erkennen, dass unsere übermäßige Konzentration auf die Arbeit absurd ist. In vielen europäischen Ländern ist diese Einsicht schon gang und gäbe. Skandinavische Länder wie Dänemark, Norwegen und Finnland stehen weltweit an der Spitze, wenn es um das Glücksempfinden der Bewohner geht. Ein Grund dafür ist, dass Bildung und Gesundheitsversorgung dort nichts kosten. Das schafft von vornherein eine bessere Work-Life-Balance.

Übermäßige Selbstdisziplinierung beeinträchtigt nicht nur unsere geistige Gesundheit und unser Glücksempfinden. Sie wirkt sich auch negativ auf unsere körperliche Gesundheit aus, vor allem bei Menschen, die weniger Glück haben, was ihren sozioökonomischen Status angeht.[80] In einer Studie beobachtete das Forscherteam über mehrere Jahre hinweg afroamerikanische Teenager aus sozioökonomisch benachteiligten Familien im ländlichen Georgia.[81] Gemessen wurde dabei die Selbstkontrolle der Teenager. (Da einige der Resultate hier kontra-intuitiv sind, möchte ich für skeptische Leser erklären, wie sie zustande kamen: Das Maß ihrer Selbstkontrolle wurde zum einen von ihren Bezugspersonen eingeschätzt, zum anderen durch die Jugendlichen selbst, denen man Fragen vorlegte wie: «Gewöhnlich schaffe ich es, meine Ziele nicht aus den Augen zu verlieren.» Oder: «Wenn ich mich ändern wollte, bin ich sicher, dass ich das hinbekäme.») Wie man sich vorstellen kann, war das Maß der Selbstkontrolle bei den

Teenagern höchst unterschiedlich. Die Forscher stellten fest, dass jene jungen Leute, die mit 17 ein höheres Maß an Selbstkontrolle aufwiesen, im Alter von 22 Jahren weniger Drogenmissbrauch und aggressives Verhalten an den Tag legten. Das waren die Resultate, die zu erwarten waren. Sie zeigten die üblichen Vorteile der Selbstkontrolle. Die Studie aber brachte auch ein überraschendes Ergebnis: Je stärker die Selbstkontrolle in der Mitte der Adoleszenz war, desto *mehr* waren die Immunzellen der jungen Erwachsenen gealtert. Eine andere Studie ergab dasselbe erschreckende Ergebnis: Kinder aus Familien mit niedrigem sozioökonomischem Status, die eine höhere Selbstkontrolle hatten, zeigten vermehrt Anzeichen höherer kardio-metabolischer Risiken (wie Fettleibigkeit, erhöhter Blutdruck und ein hohes Niveau an Stresshormonen) – obwohl sie weniger Drogen nahmen und weniger mit dem Gesetz in Konflikt kamen.

Was ist da los? Wenn diese benachteiligten, aber hochgradig selbstdisziplinierten Jugendlichen in der Schule gut sind und im Leben etwas erreichen, dann wollen sie dieses Niveau halten oder sich vielleicht weiter verbessern. Aber weil sie nun mal in einem Umfeld leben, das diesen Bestrebungen nicht gerade förderlich ist, stehen sie ständig vor Schwierigkeiten und Herausforderungen. Da sie über dieses hohe Maß an Selbstkontrolle verfügen, kämpfen sie dagegen an, statt einfach zu kapitulieren. Das ist ein nie endender Kampf über Jahre hinweg. Ihre Stresshormone sind ständig aktiv, was letztendlich der Gesundheit schadet.

Und die schädlichen Auswirkungen übermäßiger Selbstkontrolle scheinen sich nicht auf Kinder aus benachteiligten Familien zu beschränken. Bei einer anderen Studie bat man Studienanfänger, die nicht notwendigerweise aus benachteiligten Familien stammten, an psychologischen Experimenten teilzunehmen, die ihnen als Studienleistung angerechnet würden.[82] Vorher aber wurde ihr Wunsch nach Selbstkontrolle gemessen. Sie mussten angeben, wie sehr sie mit Aussagen übereinstimmten wie: «Ich möchte meine Gefühle unter Kontrolle haben.» Oder: «Ich wünschte, ich könnte peinliche Gewohnheiten leichter ändern.»

Dann bat man alle Teilnehmer, einen Text abzutippen. Eine Gruppe hatte es dabei leicht. Sie mussten einen Abschnitt in ihrer Muttersprache Hebräisch per Tastatur eingeben. Die Kontrollgruppe hatte es schon deutlich schwerer: Die Probanden mussten einen Abschnitt in einer Fremdsprache (Englisch) eingeben und durften dabei weder das «e» noch die Leertaste benutzen. Außerdem mussten sie den Text mit ihrer nicht dominanten Hand tippen. Der Satz von Albert Einstein «If a cluttered desk is a sign of a cluttered mind, of what, then, is an empty desk a sign?» wird so zu: «ifacluttrddskisasignofacluttrdmind,ofwhat,thn,isanmptydskasign?» (Das einzutippen ist für mich selbst mit beiden Händen schwierig, und das in der Sprache, die ich Tag für Tag verwende.)

Nun möchte man doch annehmen, dass jene Studenten, denen Selbstkontrolle sehr wichtig ist, bei beiden Aufgaben besser abschneiden, richtig? Keineswegs. Ein starker Wunsch nach Selbstkontrolle erwies sich zwar bei den einfachen Aufgaben als hilfreich, aber bei den schwierigen geschah genau das Gegenteil: Studenten mit einem klaren Wunsch nach Selbstkontrolle schnitten dabei deutlich schlechter ab als die, denen sie weniger wichtig war.

Warum war das so? Weil die schwierige Aufgabe ein enormes Maß an Selbstkontrolle erfordert. Menschen mit einem starken Wunsch nach Selbstkontrolle merken schnell, dass zwischen Wunsch (perfekt zu sein!) und Wirklichkeit ein

Abgrund klafft. Da ihr Ziel plötzlich unerreichbar erscheint, sind sie entmutigt. Und das Resultat ist, dass sie sich weniger Mühe geben und am Ende schlechter abschneiden, als es möglich gewesen wäre.

Ich frage mich, ob ein ähnlicher Mechanismus zumindest teilweise die hohe Anzahl von Angststörungen unter jungen Menschen erklärt. Wer aus einer sozial benachteiligten Familie stammt, hat ständig das Gefühl, er müsse es besser machen. Und wer aus einer privilegierten Umgebung kommt, ist von Spitzenstudenten umgeben und von Social-Media-Postings, die die Talente und Leistungen der anderen herausstellen, was sie permanent an das Niveau erinnert, das sie erreichen «sollten». Die Diskrepanz, die diese hochgradig selbstdisziplinierten jungen Leute zwischen ihrem aktuellen und ihrem idealen Selbst empfinden, führt dazu, dass sie sich zu sehr antreiben, was Stress, Ängste und den Eindruck fortgesetzter Niederlagen fördert.

Zu unterscheiden, wann wir dranbleiben sollten und wann hinschmeißen, ist nicht leicht. Meine Methode ist es, mich Tag für Tag daran zu erinnern, das Tun selbst zu genießen, ohne ständig auf die Resultate zu schielen. Ich höre auf meine Yogalehrerin, wenn sie sagt: «Atmen!», während ich das Kamel mache: Ich knie auf dem Boden und beuge mich nach hinten, sodass die Brust Richtung Decke weist und meine Hände versuchen, meine Fersen zu fassen, die immer so weit weg sind. Wie meine Yogalehrerin sagt: Der Atem ist der Führer. Er zeigt, wie weit Sie sich antreiben können. Wenn Sie nicht locker atmen können, dann lassen Sie sein, was immer Sie gerade tun mögen. Ich schwöre: Dieser Ratschlag hat einem Kontrollfreak wie mir geholfen, unzählige Gelegenheiten abzuwehren, bei denen ich mir hätte schaden können. Vielleicht werde ich das Kamel nie schaffen, aber das führe ich auf meine zu kurzen Arme zurück. Aber ich genieße es, wenn meine Wirbelsäule aufwacht und das Blut durch den Kopf strömt, während ich fließend weiteratme.

Wenn das Ziel es wert ist, verfolgt zu werden, dann ist selbst der Schmerz, der die Übung begleitet, gut – ebenso wie der Schmerz, der sich nach einem guten Work-out einstellt, oder jener, den ein Gericht von einiger Schärfe oder eine eiskalt prickelnde Limonade hervorrufen. Aber wenn Sie das Gefühl haben, sich selbst zu quälen, um ein bestimmtes Ziel zu erreichen, wenn das Einzige, was Ihnen Freude macht, das Endergebnis ist und nicht das Tun, das Sie dorthin führt – dann sollten Sie die ganze Angelegenheit vielleicht noch mal überdenken. Nicht nur, was Ihre Prioritäten als solche angeht, sondern vor allem auch die Art, wie Sie über diese denken.

NACHWORT

Warum wollen Menschen besser denken lernen? Eine offen-
herzige Antwort, die ich auf diese Frage des Öfteren zu hören
bekommen habe, lautet: «Weil ich lernen möchte, wie ich
jeden in diesem Raum austricksen kann.» Wenn Sie wissen,
was Verlustaversion bedeutet, können Sie Geschäfts- oder
Investmentstrategien entwickeln, die auf diese Furcht bei
anderen Menschen bauen. Zu wissen, dass Menschen ganz
verschiedene Interpretationen von Daten liefern, je nachdem
in welcher Reihenfolge man ihnen diese präsentiert, kann
nützlich sein, wenn Sie die Meinung anderer Leute manipulieren wollen. Aber ich hoffe doch sehr, dass Sie dieses Buch
nicht zu diesem Zweck gebrauchen.

Ich habe mich immer gefragt, wie die Kognitionspsychologie dazu beitragen kann, die Welt ein bisschen besser zu
machen. Und andere auszutricksen oder zu manipulieren ist
nicht unbedingt der beste Weg zu einer schöneren Welt. Also
spulen wir noch mal zurück und überlegen, wie die Einsicht
in Denkfehler die Welt zu einem besseren Ort machen kann.
Ich glaube, eine bessere Welt ist vor allem eine Welt voller
Fairness. Und um fairer zu sein, müssen wir lernen, vorurteils-
frei zu denken.

So sollten wir zuallererst einmal fair zu uns selbst sein.
Wir sollten nicht zu wenig Selbstbewusstsein an den Tag
legen, was durchaus passieren kann, wenn wir selektiv nach
Gründen suchen, um unsere Unsicherheit zu verstärken (Kapitel 2). Oder wenn wir unsere gesammelte kreative Energie
darauf verschwenden, die schlechtestmögliche Sicht auf

unsere Missgeschicke zu finden (Kapitel 6). Wir sind auch nicht fair zu uns selbst, wenn wir *zu* selbstbewusst agieren, wenn wir unsere Grenzen ignorieren und uns in Situationen bringen, denen wir nicht gewachsen sind (Kapitel 1). Die Entscheidungen, die wir für uns treffen, sollten so objektiv ausfallen wie nur möglich und sich auf statistische Prinzipien und die Wahrscheinlichkeitstheorie gründen, weil diese die genauesten Vorhersagen erlauben (Kapitel 4). Zu wissen, dass wir Anekdoten aufsitzen, dem Framing-Effekt und der Verlustaversion, kann uns helfen, Leuten eine lange Nase zu drehen, die versuchen, diese Strategien zu unserem Nachteil einzusetzen (Kapitel 5). Wir sind nicht fair zu uns selbst, wenn wir unserer Zukunft nicht ihren wahren Wert zuschreiben. Andererseits ist es ebenso wenig fair, die Gegenwart für die Zukunft zu opfern (Kapitel 8).

Und natürlich sollten wir auch fairer zu anderen Menschen sein – und besser zu denken, ist schon allein deshalb fairer, weil es uns unvoreingenommener macht. Wenn Sie von der Behauptung ausgehen, dass bestimmte Menschen etwas Besonderes sind, weil sie irgendetwas wirklich gut können, dann reicht es nicht zu zeigen, dass diese Leute gut sind, denn andere Leute könnten auf demselben Gebiet genauso gut oder sogar noch besser sein. Solch eine Hypothese lässt sich nur überprüfen, wenn wir allen die gleichen Chancen geben (Kapitel 2). Und sobald wir begriffen haben, dass es für ein Ereignis immer mehrere Ursachen geben kann, können wir sowohl Lob als auch Schuldzuweisungen fairer verteilen (Kapitel 3). Der Weg zu einer gerechteren Gesellschaft liegt offen vor uns, wenn wir die Menschen direkt fragen, was sie brauchen und wünschen, statt einfach anzunehmen, wir wüssten das ohnehin schon (Kapitel 7). Wenn wir die Defizite anderer vorausahnen, weil wir den allgegenwärtigen Planungsfehlschluss kennen, und einen Plan B auf Lager haben, können wir mehr Geduld an den Tag legen, vor allem mit Leuten, die dieses Buch nicht gelesen haben!

Wie bei einer neuen Jeans oder neuen Schuhen braucht es seine Zeit, bis sich die neue Art zu denken eingelaufen hat. Natürlich können und wollen wir nicht alles in Ordnung bringen. Aber es schadet nicht, wenn wir – individuell und gemeinsam – uns ein wenig mehr Zeit nehmen, um darüber zu reden, wie es uns geht. Und unsere Gedanken mit unseren Mitmenschen zu teilen.

DANKSAGUNG

Zuallererst möchte ich allen Kognitionspsychologen danken, deren Arbeit die Grundlagen für dieses Buch geschaffen hat, vor allem jenen, die ich hier zitiert habe. Die Welt wäre viel schlechter dran insbesondere ohne Daniel Kahneman und den mittlerweile verstorbenen Amos Tversky. Ich kann den beiden nicht genug danken für die bahnbrechende Arbeit, die sie geleistet haben.

Auch meinen Studenten, die das «Thinking»-Seminar belegt haben, bin ich zu tiefem Dank verpflichtet. Ihre Bereitschaft, zu lernen und über ihre Fehler zu lachen, hat mich inspiriert, jede Woche mehr als 20 Stunden Vorbereitung in eine dreistündige Lehrveranstaltung zu stecken, um bessere und aktuellere Beispiele zu finden. Und Witze natürlich, damit sie bei der Stange und die Inhalte länger in Erinnerung bleiben. Ohne ihre Begeisterung hätte es dieses Buch nie gegeben.

Will Schwalbe von Flatiron Books ist ein genialer Geschichtenerzähler und erfahrener Lektor. Er hat mich geduldig und geschickt durch die aufeinanderfolgenden Versionen des Manuskripts geleitet. Er hat ganz sicher das höchste Niveau der «Theory of Mind», das ich je bei einem Menschen erlebt habe. Daher versteht er nicht nur die Herausforderungen, vor denen der Schreibende steht, sondern auch die Perspektive der Leser. Ich habe es so sehr genossen, mit diesem brillanten Lektor zu arbeiten, dass es mir fast leidtut, dass das Buch nun fertig ist.

Jim Levine, mein Literaturagent, half mir vor allem in der

Anfangsphase, als das Buchkonzept entstand. Ich bin dankbar, dass er darauf bestanden hat, ich solle darüber schreiben, wie wir unser Denken verbessern können. Und nicht, was daran verkehrt ist. Arthur Goldwag verbesserte meinen Text rundum und lektorierte mein Englisch der Nicht-Native-Speakerin, während er gleichzeitig meinen spezifischen Tonfall bewahrte. Samantha Zukergood und Andrea Mosqueda vom Lektoratsbüro haben die Perspektive jüngerer Leser unterstrichen. Und auch Bill Warhop, dem Korrektor bei Flatiron Books, möchte ich für seine gründliche Arbeit danken.

Meine Forschungsarbeiten, die ich im Buch immer wieder mal vorstelle, wurden durch Zuschüsse vom National Institute of Mental Health und vom National Human Genome Research Institute gefördert. Und von einem großzügigen Stipendium der Reboot Foundation.

Zu guter Letzt danke ich meinem Ehemann Marvin Chun. Als ich um 1998 herum Assistant Professor an der Universität Yale war, nahm ich an einer Gremiensitzung teil, in der es darum ging, wie man als Professorin alles haben konnte, sprich: Karriere und Familie. Eine der Teilnehmerinnen meinte, dahinter stünde ein Geheimnis: Man müsse nur den richtigen Ehemann finden. Glücklicherweise hatte ich den schon. Wir haben während unserer Ehe immer alles gerecht aufgeteilt: Hausarbeit, Kindererziehung und die Nachnamen unserer Kinder. Er hat meine Karriere immer unterstützt und sich ernsthaft besorgt gezeigt, wenn ich das Vertrauen in mich selbst verloren habe. Da er Kognitionspsychologe ist und jahrelang die sehr beliebte «Einführung in die Psychologie» hielt, hat er den Entwurf zu jedem einzelnen Kapitel gelesen und mir konstruktive und kritische Ratschläge gegeben. Und er hat als Ehemann all das Auf und Ab des Schreibprozesses miterlebt, bei dem ich mir entweder auf die Schulter klopfte oder in Verzweiflung versank, während wir während der Pandemie ans Haus gefesselt waren. Ich danke Dir für absolut alles.

ANMERKUNGEN

1 DER FLUENCY-EFFEKT

1 Michael Kardas, Ed O'Brien, «Easier seen than done: Merely watching others perform can foster an illusion of skill acquisition», in: *Psychological Science* (2018).

2 Woo-kyoung Ahn, Charles W. Kalish, «The role of mechanism beliefs in causal reasoning», in: *Explanation and Cognition* (2000), S. 199–225.

3 Adam L. Alter, Daniel M. Oppenheimer, «Predicting short-term stock fluctuations by using processing fluency», in: *Proceedings of the National Academy of Sciences* 103, Nr. 24 (2006), S. 9369–9372.

4 Matthew Fisher, Mariel K. Goddu, Frank C. Keil, «Searching for explanations: How the internet inflates estimates of internal knowledge», in: *Journal of Experimental Psychology: General* 144, Nr. 3 (2015), S. 674.

5 Leonid Rozenblit, Frank Keil, «The misunderstood limits of folk science: An illusion of explanatory depth», in: *Cognitive Science* 26, Nr. 5 (2002), S. 521–562.

6 Philip M. Fernbach, Todd Rogers, Craig R. Fox, Steven A. Sloman, «Political extremism is supported by an illusion of understanding», in: *Psychological Science* 24, Nr. 6 (2013), S. 939–946.

7 Roger Buehler, Dale Griffin, «Planning, personality, and prediction: The role of future focus in optimistic time predictions», in: *Organizational Behavior and Human Decision Processes* 92, Nr. 1–2 (2003), S. 80–90.

8 Stephanie M. Matheson, Lucy Asher, Melissa Bateson,

«Larger, enriched cages are associated with ‹optimistic› response biases in captive European starlings (Sturnus vulgaris)», in: *Applied Animal Behaviour Science* 109, Nr. 2–4 (2008), S. 374–383.

2 DER BESTÄTIGUNGSFEHLER

9 Peter C. Wason, «On the failure to eliminate hypotheses in a conceptual task», in: *Quarterly Journal of Experimental Psychology* 12, Nr. 3 (1960), S. 129–140.

10 Keith E. Stanovich, Richard F. West, Maggie E. Toplak, *The rationality quotient: Toward a test of rational thinking*, Cambridge 2016.

11 A. Regalado, «More than 26 million people have taken an at-home ancestry test», in: *MIT Technology Review,* 11. Februar 2019.

12 Matthew S. Lebowitz, Woo-kyoung Ahn, «Testing positive for a genetic predisposition to depression magnifies retrospective memory for depressive symptoms», in: *Journal of Consulting and Clinical Psychology* 85, Nr. 11 (2017), S. 1052.

13 Ryan D. Tweney, Michael E. Doherty, Winifred J. Worner, Daniel B. Pliske, Clifford R. Mynatt, Kimberly A. Gross, Daniel L. Arkkelin, «Strategies of rule discovery in an inference task», in: *Quarterly Journal of Experimental Psychology* 32, Nr. 1 (1980), S. 109–123.

14 Ziva Kunda, Geoffrey T. Fong, Rasyid Sanitioso, Emily Reber, «Directional questions direct self-conceptions», in: *Journal of Experimental Social Psychology* 29, Nr. 1 (1993), S. 63–86.

15 Frances H. Rauscher, Gordon L. Shaw, Katherine N. Ky, «Music and spatial task performance», in: *Nature* 365, Nr. 6447 (1993), S. 611.

16 Judy S. DeLoache, Cynthia Chiong, Kathleen Sherman, Nadia Islam, Mieke Vanderborght, Georgene L. Troseth, Gabrielle A. Strouse, Katherine O'Doherty, «Do babies learn from baby media?», in: *Psychological Science* 21, Nr. 11 (2010), S. 1570–1574.

3 DIE FALLSTRICKE DER KAUSALEN ATTRIBUTION

17 Mehr dazu beispielsweise in: John M. Barry, *The great influenza: The story of the deadliest pandemic in history*, New York 2004.

18 Liad Bareket-Bojmel, Guy Hochman, Dan Ariely, «It's (not) all about the Jacksons: Testing different types of short-term bonuses in the field», in: *Journal of Management* 43, Nr. 2 (2017), S. 534–554.

19 Ilan Dar-Nimrod, Steven J. Heine, «Exposure to scientific theories affects women's math performance», in: *Science* 314, Nr. 5798 (2006), S. 435.

20 Daniel Kahneman, Amos Tversky, «The psychology of preferences», in: *Scientific American* 246, Nr. 1 (1982), S. 160–173.

21 Dale T. Miller, Saku Gunasegaram, «Temporal order and the perceived mutability of events: Implications for blame assignment», in: *Journal of Personality and Social Psychology* 59, Nr. 6 (1990), S. 1111.

22 Vittorio Girotto, Paolo Legrenzi, Antonio Rizzo, «Event controllability in counterfactual thinking», in: *Acta Psychologica* 78, Nr. 1–3 (1991), S. 111–133.

23 Sonja Lyubomirsky, Susan Nolen-Hoeksema, «Effects of self-focused rumination on negative thinking and interpersonal problem solving», in: *Journal of Personality and Social Psychology* 69, Nr. 1 (1995), S. 176–190.

24 Susan Nolen-Hoeksema, Blair E. Wisco, Sonja Lyubomir-sky, «Rethinking rumination», in: *Perspectives on Psychological Science* 3, Nr. 5 (2008), S. 400–424.

25 Ethan Kross, Ozlem Ayduk, Walter Mischel, «When asking ‹why› does not hurt distinguishing rumination from reflective processing of negative emotions», in: *Psychological Science* 16, Nr. 9 (2005), S. 709–715.

26 Ethan Kross, Ozlem Ayduk, «Facilitating adaptive emotional analysis: Distinguishing distanced-analysis of depressive experiences from immersed-analysis and distraction», in: *Personality and Social Psychology Bulletin* 34, Nr. 7 (2008), S. 924–938.

4 DIE GEFAHREN DES BEISPIELS

27 Tim McAfee, Kevin C. Davis, Robert L. Alexander Jr, Terry F. Pechacek, Rebecca Bunnell, «Effect of the first federally funded US antismoking national media campaign», in: *The Lancet* 382, Nr. 9909 (2013), S. 2003–2011.

28 Eugene Borgida, Richard E. Nisbett, «The differential impact of abstract vs. concrete information on decisions», in: *Journal of Applied Social Psychology* 7, Nr. 3 (1977), S. 258–271.

29 Deborah A. Small, George Loewenstein, Paul Slovic, «Sympathy and callousness: The impact of deliberative thought on donations to identifiable and statistical victims», in: *Organizational Behavior and Human Decision Processes* 102, Nr. 2 (2007), S. 143–153.

30 Geoffrey T. Fong, David H. Krantz, Richard E. Nisbett, «The effects of statistical training on thinking about everyday problems», in: *Cognitive Psychology* 18, Nr. 3 (1986), S. 53–92.

31 David M. Eddy, «Probabilistic reasoning in clinical medi-

cine: Problems and opportunities», in: *Judgment under Uncertainty: Heuristics and Biases,* hrsg. von Daniel Kahneman, Paul Slovic, Amos Tversky, Cambridge 1982, S. 249–267.

32 Philip Dawid, Donald Gillies, «A Bayesian analysis of Hume's argument concerning miracles», in: *Philosophical Quarterly (1950-)* 39, Nr. 154 (1989), S. 57–65.

33 United States Government Accountability Office, «Countering violent extremism: Actions needed to define strategy and assess progress of federal efforts», Bericht aufgrund von Anfragen im Kongress, GAO-17-300I, April 2017, abrufbar unter: https://www.gao.gov/products/gao-17-300. Ich möchte hier auch meiner früheren Studentin Alexandra Otterstrom danken, die mich auf die Quellen hingewiesen hat, auf denen diese Analyse beruht.

34 Mary L. Gick, Keith J. Holyoak, «Schema induction and analogical transfer», in: *Cognitive Psychology* 15, Nr. 1 (1983), S. 1–38.

5 DIE NEGATIVITÄTSVERZERRUNG

35 Geng Cui, Hon-Kwong Lui, Xiaoning Guo, «The effect of online consumer reviews on new product sales», in: *International Journal of Electronic Commerce* 17, Nr. 1 (2012), S. 39–58.

36 Susan T. Fiske, «Attention and weight in person perception: The impact of negative and extreme behavior», in: *Journal of Personality and Social Psychology* 38, Nr. 6 (1980), S. 889–906.

37 Roy F. Baumeister, Ellen Bratslavsky, Catrin Finkenauer, Kathleen D. Vohs, «Bad is stronger than good», in: *Review of General Psychology* 5, Nr. 4 (2001), S. 323–370.

38 Irwin P. Levin, Gary J. Gaeth, «How consumers are affected by the framing of attribute information before and

after consuming the product», in: *Journal of Consumer Research* 15, Nr. 3 (1988), S. 374–378.

39 Woo-kyoung Ahn, Sunnie S. Y. Kim, Kristen Kim, Peter K. McNally, «Which grades are better, A's and C's, or all B's? Effects of variability in grades on mock college admissions decisions», in: *Judgment & Decision Making* 16, Nr. 6 (2019), S. 696–710.

40 Daniel Kahneman, Amos Tversky, «Prospect theory: An analysis of decision under risk», in: *Econometrica* 47, Nr. 2 (1979), S. 263–292.

41 C. Whan Park, Sung Youl Jun, Deborah J. MacInnis, «Choosing what I want versus rejecting what I do not want: An application of decision framing to product option choice decisions», in: *Journal of Marketing Research* 37, Nr. 2 (2000), S. 187–202.

42 Roland G. Fryer, Steven D. Levitt, John List, Sally Sadoff, *Enhancing the efficacy of teacher incentives through loss aversion: A field experiment,* Nr. w18 237, National Bureau of Economic Research, 2012.

43 Jack L. Knetsch, «The endowment effect and evidence of nonreversible indifference curves», in: *American Economic Review* 79, Nr. 5 (1989), S. 1277–1284.

44 C. N. DeWall, D. S. Chester, D. S. White, «Can acetaminophen reduce the pain of decision-making?», in: *Journal of Experimental Social Psychology* 56 (2015), S. 117–120.

45 Barbara J. McNeil, Stephen G. Pauker, Harold C. Sox Jr., Amos Tversky, «On the elicitation of preferences for alternative therapies», in: *New England Journal of Medicine* 306, Nr. 21 (1982), S. 1259–1262.

46 Eldar Shafir, «Choosing versus rejecting: Why some options are both better and worse than others», in: *Memory & Cognition* 21, Nr. 4 (1993), S. 546–556.

6 DIE TENDENZIÖSE INTERPRETATION

47 Graham E. Quinn, Chai H. Shin, Maureen G. Maguire, Richard A. Stone, «Myopia and ambient lighting at night», in: *Nature* 399, Nr. 6732 (1999), S. 113–114.

48 «Night-light may lead to nearsightedness», auf: CNN.com, 13. Mai 1999, http://www.cnn.com/HEALTH/9905/12/children.lights/

49 Karla Zadnik, Lisa A. Jones, Brett C. Irvin, Robert N. Kleinstein, Ruth E. Manny, Julie A. Shin, Donald O. Mutti, «Myopia and ambient night-time lighting», in: *Nature* 404, Nr. 6774 (2000), S. 143–144.

50 Ulysses Torassa, «Leave it on: Study says night lighting won't harm children's eyesight», auf: CNN.com, 8. März 2000.

51 Eric G. Taylor, Woo-kyoung Ahn, «Causal imprinting in causal structure learning», in: *Cognitive Psychology* 65, Nr. 3 (2012), S. 381–413.

52 Corinne A. Moss-Racusin, John F. Dovidio, Victoria L. Brescoll, Mark J. Graham, Jo Handelsman, «Science faculty's subtle gender biases favor male students», in: *Proceedings of the National Academy of Sciences* 109, Nr. 41 (2012), S. 16 474–16 479.

53 Joshua Correll, Bernadette Park, Charles M. Judd, Bernd Wittenbrink, «The police officer's dilemma: Using ethnicity to disambiguate potentially threatening individuals», in: *Journal of Personality and Social Psychology* 83, Nr. 6 (2002), S. 1314–1329.

54 Charles G. Lord, Lee Ross, Mark R. Lepper, «Biased assimilation and attitude polarization: The effects of prior theories on subsequently considered evidence», in: *Journal of Personality and Social Psychology* 37, Nr. 11 (1979), S. 2098–2109.

55 Dan M. Kahan, Ellen Peters, Erica Cantrell Dawson, Paul Slovic, «Motivated numeracy and enlightened self-government», in: *Behavioural Public Policy* 1, Nr. 1 (2017), S. 54–86.

56 Jessecae K. Marsh, Woo-kyoung Ahn, «Spontaneous assimilation of continuous values and temporal information in causal induction», in: *Journal of Experimental Psychology: Learning, Memory, and Cognition* 35, Nr. 2 (2009), S. 334–352.

7 DIE GEFAHREN DES PERSPEKTIVWECHSELS

57 Justin Kruger, Nicholas Epley, Jason Parker, Zhi-Wen Ng, «Egocentrism over e-mail: Can we communicate as well as we think?», in: *Journal of Personality and Social Psychology* 89, Nr. 6 (2005), S. 925–936.

58 Kenneth Savitsky, Boaz Keysar, Nicholas Epley, Travis Carter, Ashley Swanson, «The closeness-communication bias: Increased egocentrism among friends versus strangers», in: *Journal of Experimental Social Psychology* 47, Nr. 1 (2011), S. 269–273.

59 Susan A. J. Birch, Paul Bloom, «The curse of knowledge in reasoning about false beliefs», in: *Psychological Science* 18, Nr. 5 (2007), S. 382–386.

60 L. Newton, «Overconfidence in the communication of intent: Heard and unheard melodies», nicht veröffentlichte Doktorarbeit an der Stanford University von 1990.

61 Stephen M. Garcia, Kimberlee Weaver, Patricia Chen, «The status signals paradox», in: *Social Psychological and Personality Science* 10, Nr. 5 (2019), S. 690–696.

62 Shali Wu, Boaz Keysar, «The effect of culture on perspective taking», in: *Psychological Science* 18, Nr. 7 (2007), S. 600–606.

63 Xiao Pan Ding, Henry M. Wellman, Yu Wang, Genyue Fu, Kang Lee, «Theory-of-mind training causes honest young children to lie», in: *Psychological Science* 26, Nr. 11 (2015), S. 1812–1821.

64 Claire L. Adida, Adeline Lo, Melina R. Platas, «Perspective taking can promote short-term inclusionary behavior toward Syrian refugees», in: *Proceedings of the National Academy of Sciences* 115, Nr. 38 (2018), S. 9521–9526.

65 Tal Eyal, Mary Steffel, Nicholas Epley, «Perspective mistaking: Accurately understanding the mind of another requires getting perspective, not taking perspective», in: *Journal of Personality and Social Psychology* 114, Nr. 4 (2018), S. 547–571.

66 David Comer Kidd, Emanuele Castano, «Reading literary fiction improves theory of mind», in: *Science* 342, Nr. 6156 (2013), S. 377–380.

67 Colin F. Camerer, Anna Dreber, Felix Holzmeister, Teck-Hua Ho, Jürgen Huber, Magnus Johannesson, Michael Kirchler et al., «Evaluating the replicability of social science experiments in *Nature* and *Science* between 2010 and 2015», in: *Nature Human Behaviour* 2, Nr. 9 (2018), S. 637–644.

8 DAS PROBLEM DER SPÄTEN BELOHNUNG

68 Die Diskussion der Irrationalität von hyperbolischer Diskontierung stützt sich auf: Jonathan Baron, *Thinking and Deciding*, Cambridge 2000.

69 Walter Mischel, Ebbe B. Ebbesen, Antonette Raskoff Zeiss, «Cognitive and attentional mechanisms in delay of gratification», in: *Journal of Personality and Social Psychology* 21, Nr. 2 (1972), S. 204–218.

70 Tyler W. Watts, Greg J. Duncan, Haonan Quan, «Revisit-

ing the marshmallow test: A conceptual replication investigating links between early delay of gratification and later outcomes», in: *Psychological Science* 29, Nr. 7 (2018), S. 1159–1177.

71 Siehe zum Beispiel: Armin Falk, Fabian Kosse, Pia Pinger, «Re-revisiting the marshmallow test: a direct comparison of studies by Shoda, Mischel, and Peake (1990) and Watts, Duncan, and Quan (2018)», in: *Psychological Science* 31, Nr. 1 (2020), S. 100–104.

72 James Grosch, Allen Neuringer, «Self-control in pigeons under the Mischel paradigm», in: *Journal of the Experimental Analysis of Behavior* 35, Nr. 1 (1981), S. 3–21.

73 Amos Tversky, Eldar Shafir, «The disjunction effect in choice under uncertainty», in: *Psychological Science* 3, Nr. 5 (1992), S. 305–310.

74 Priyanka D. Joshi, Nathanael J. Fast, «Power and reduced temporal discounting», in: *Psychological Science* 24, Nr. 4 (2013), S. 432–438.

75 David J. Hardisty, Elke U. Weber, «Discounting future green: money versus the environment», in: *Journal of Experimental Psychology: General* 138, Nr. 3 (2009), S. 329–340.

76 Hal E. Hershfield, Daniel G. Goldstein, William F. Sharpe, Jesse Fox, Leo Yeykelis, Laura L. Carstensen, Jeremy N. Bailenson, «Increasing saving behavior through age-progressed renderings of the future self», in: *Journal of Marketing Research* 48, Nr. SPL (2011), S. S23 – S37.

77 Jan Peters, Christian Büchel, «Episodic future thinking reduces reward delay discounting through an enhancement of prefrontal-mediotemporal interactions», in: *Neuron* 66, Nr. 1 (2010), S. 138–148.

78 T.O. Daniel, C.M. Stanton, L.H. Epstein, «The future is now: Reducing impulsivity and energy intake using epi-

sodic future thinking», in: *Psychological Science* 24, Nr. 11 (2013), S. 2339–2342.

79 Renee D. Goodwin, Andrea H. Weinberger, June H. Kim, Melody Wu, Sandro Galea, «Trends in anxiety among adults in the United States, 2008–2018: Rapid increases among young adults», in: *Journal of Psychiatric Research* 130 (2020), S. 41–46.

80 Gregory E. Miller, Tianyi Yu, Edith Chen, Gene H. Brody, «Self-control forecasts better psychosocial outcomes but faster epigenetic aging in low-SES youth», in: *Proceedings of the National Academy of Sciences* 112, Nr. 33 (2015), S. 10 325–10 330.

81 Gene H. Brody, Tianyi Yu, Edith Chen, Gregory E. Miller, Steven M. Kogan, Steven R. H. Beach, «Is resilience only skin deep? Rural African Americans' socioeconomic status–related risk and competence in preadolescence and psychological adjustment and allostatic load at age 19», in: *Psychological Science* 24, Nr. 7 (2013), S. 1285–1293.

82 Liad Uziel, Roy F. Baumeister, «The self-control irony: Desire for self-control limits exertion of self-control in demanding settings», in: *Personality and Social Psychology Bulletin* 43, Nr. 5 (2017), S. 693–705.